台湾外交の形成

日華断交と
中華民国からの転換

清水 麗 著
Urara Shimizu

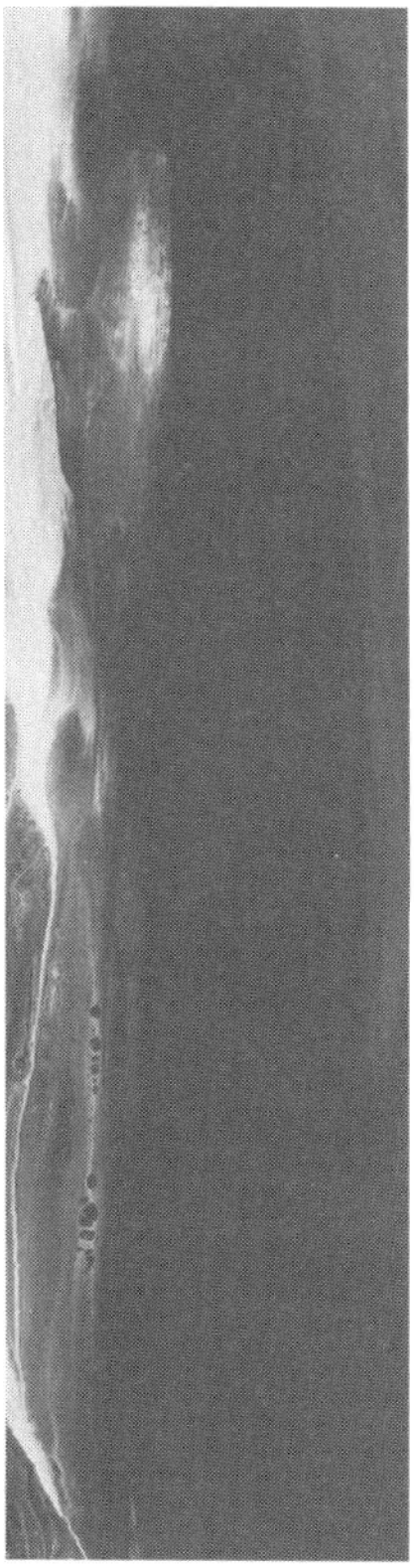

名古屋大学出版会

台湾外交の形成——目　次

序章 「現状維持」を生み出すもの

中国と台湾の分離状態は、一九四九年以降すでに六〇年を超える長さで続いている。この半世紀を超える時間は、中台間で「一つの中国」をめぐってなんらかの最終的な着地点を見出すことができなかった時間であり、また日米をはじめ関係各国が中台関係がどこへ行きつくのかを見守り続けた時間でもあった。とはいえ、日米はじめ関係各国やさまざまな国際組織は、ときにこの問題に深く関わり介入し、また八〇年代後半以降台湾が民主化し自立を主張しはじめると、それぞれに台湾とどのように付き合うかという課題に直面してきた。そして、その課題に適切に対処する画期的な方法を編み出すことができずに、すでに二五年以上の時間が過ぎた。

台湾は、二〇一六年に蔡英文政権が発足した当時には二二ヶ国との外交関係をもち、さまざまなかたちで国・地域、そして組織とのつながりをもちながら、実質上は国家として行動し存在してきた。しかし、そうした台湾のもつ国際的ネットワークは、蔡総統時代の最初の二年間で大きなプレッシャーを受ける。台湾と中国との間は公的な対話チャネルが機能しないままに膠着化し、中国が台湾を国際的に孤立させるべく圧力を強めるなかで、二〇一八年までの二年の間に五ヶ国が台湾と外交関係を断絶し、世界保健機関（WHO）の総会（WHA）にも国際航空機構（ICOCA）にもオブザーバー参加さえできなくなった。

こうした事象をニュースとして耳にしていても、二〇一七年現在台湾から約一八九万人が日本に観光に訪れ、日本からも四六一万を超える人々が台湾を訪れる往来のなかでは、台湾の政府、社会、そしてそこに住む人々がどのような困難に直面しているのかを見たり感じたりすることは難しいかもしれない。東日本大震災の際に台湾から多くの義援金が届いたつながりを思い出すまでもなく、いまや日本人にとって台湾はきわめて「近い」存在となっている。しかし、その台湾と日本との間に、現時点で政府間の公的な外交関係はない。七二年を境として、日本と台湾は公的な外交関係を断ったまま、経済・貿易・文化等さまざまな領域とレベルで実質関係をもち続けているのである。そして、日台間に何か問題が生じれば、事態に対応し交渉する機関を相互に置いており、また実務的な課題を処理するための取り決めも数多く交わされている。現役の日本の閣僚が台湾を訪問することは今のところ難しいとはいえ、元首相を含め閣僚経験者や現役の議員、地方の首長たちでさえ、台湾を訪問している。

一体、日本と台湾の間のこうした関係をどう表現すればいいのだろうか。なんらかの問題が生じ政治的な交渉が必要となったときに、日本と台湾の間で行われている交渉は、「外交」とは呼ぶことができないものなのだろうか。狭義における国家間の外交関係や外交活動という意味では、台湾は政府間の公的な外交ネットワークに入ることが難しい状況に置かれ、日本との間にも公的な外交関係はない。しかし、実質においては各国・地域との関係を維持していくための対外活動を展開し、民間活動の領域のみならず、非公式もしくは「半公半私」とでも呼びうるような、その特徴づけの曖昧な国際空間のなかで活動し続けている。本書の本文中では、この「外交」の語を、特に国家間・政府間の活動という狭義において用いるのではなく、広義の意味で用いている。ただし、本書の表題にある「台湾外交」、そしてそれへの対概念として提起している「中華民国外交」という語における「外交」は、政府を主体とし、管轄する領域の安全や利益の確保、経済活動、それにともなう他の国際主体との交渉や国際空間における自己規定とその追求等を含む活動を指す。そして、それらを「台湾外交」と呼ぶか「中華民国外交」と呼ぶかは、それらの活動がどのような志向と特徴をもっているのかによって適宜使い分ける。したがって、中華民国政府が行うから中華民国外交、台湾の政府が行うから台湾外交と呼ぶのではなく、憲法上中華民国という正式な名称を背負う政府が、どのような志向と特徴をもつ活動を行ったかによって区別をしていくものである。

こうした台湾の特殊な状況は、いかにして生まれてきたのだろうか。また、そのようなかたちで台湾が国際社会に生き残ることが、なぜ可能となったのか。本書は、一九五〇年代から七〇年代の台湾の対日外交と国連外交を中心としつつその後の変容過程を含め、台湾の中華民国政府の外交政策と実際の対応を分析することにより、それらの問いに答えようとするものである。

「現状維持」という言葉は、戦後の国際政治における一つのキーワードであった。そして、その維持されるべき「現状」とはどのような状態であるのかをめぐって、政治外交が展開してきた。誰の解釈が主流となり、誰の解釈が「現状」となるのか、それ自体が外交上の見えざる闘いの焦点となってきたのである。無論、この「現状維持」という言葉は、最近になって使われはじめたわけではない。一九五〇年代以来、東アジア、特に台湾海峡をとりまく状況を理解するうえで、それは一つのキーワードであり続けた。五〇年代から現在までの七〇年近い歳月のなかで、台湾海峡をはさんで中国と台湾がそれぞれ異なる政府によって統治され続けたという事実を一つの「現状維持」の姿としつつも、その内実については多くの状況の変化があった。台湾および中国の政治外交の変化があり、アメリカ、日本はじめ各国の関係も変容し、総じて状況は「変容」し続けてきたが、そのたびごとに「現状」という言葉で括りなおし、「維持」されてきたというのが歴史の経過であった。したがって「現状維持」とは、単に立場によって解釈が異なるだけではなく、時期によってその内実が異なるものであり、その解釈もまた異なるものであり続けている。

本書では、戦後台湾の中華民国政府の外交を中心に、国連での中国代表権問題や日台関係をめぐる政策決定のプロセスと特徴、その原則と実際の選択／非選択を考察しながら、それぞれの時期の「現状維持」という言葉が、どのような歴史的状況を含み込み、その意味内容を変容させ、そして国際関係におけるさまざまな複雑かつ全面的解決が困難な争点が台湾海峡をとりまく状況にいかに投げ込まれてきたのかを見ていく。台湾をめぐる「現状」とは一体何か、それ自体が大いに問題となり、政治外交の焦点であり続けてきた。そのことは、現在の台湾、そして台湾をめぐる状況にどのようにつながっているのだろうか。

本書におけるもう一つのキーワードは、「一つの中国」という言説である。「一つの中国」原則は、今や台湾の独立を認めない中国政府の不可侵の政治原則と考えられ、権力の正統性、共産党による一党独裁の維持と不可分のものと考えられている。それは、中国政府自身だけではなく、中国と関係をもつ多くの国にとって、さまざまな形と程度の違いこそあれ、チャレンジする対象ではない。つまり、この世界のなかでほとんどの国が、中国がこの原則を変更することなど不可能だと考えており、変更させようなどと火中の栗を拾うようなことはしない状況が生まれている。そのこと自体が、相互作用によって成り立つ関係論的な権力構造として、この「一つの中国」原則を成り立たせているように見える。

そもそもこの「一つの中国」原則は、歴史的産物である。福田円の研究によって、(1)「一つの中国」言説が歴史的にいかに形成され、どのように「原則」となったのかが明らかにされている。その過程は、(時に無自覚に) 各国がこれにチャレンジすることを次第にあきらめ、この問題に無関心となり、なんらかの別の可能性を中国に、また台湾にも求めなくなっていく時間でもあった。

それはまさに、日本が戦後の世界について日米の連携や同盟を軸とする形以外のあり方を想像できなくなっていったのと同様に、ある意味では徹底的なソフトパワーによる影響力の行使の結果だった。しかも、それは現在のように中国が一方的に主張し続けた結果なのではなく、一九九〇年代以前には、中国も台湾の政府もそれぞれにこの主張を維持することによって、出来上がってきたものである。本書で描かれる台湾の政治外交史は、まさに、この点に台湾の政府がいかに関わってきたのかを解明するものであり、そしてまた日本が中台との関係をめぐり当初から「中国か、台湾か」いずれか一方との関係を選ばざるを得ないという二者択一のもとにあったのではなく、さまざまな模索のなかで他の可能性、選択肢をとることを次第に「あきらめていった」のだという点を明らかにしていこうとするものである。

(1)「台湾外交」の起源としての一九七〇年代初期

台湾の中華民国政府による「一つの中国」言説、そして自らこそがその正統政府であるという主張が、決定的に力を失ったのは一九七〇年代初期であった。七一年の中華民国政府の国連からの退出、日本をはじめとする各国との相次ぐ断交という、国際空間での外交的な孤立現象は、なぜこの時期に生じたのだろうか。それは、頑迷なリーダーである蔣介石の一つの選択、または台湾の中華民国政府としての選択の結果だったのか。あるいは、それ以前の六〇年代までに台湾をめぐる国際政治のなかで積み上げられてきたものの、一つの帰結として出現してきたものであったのか。

この問いかけの文章には、すでにいくつか説明を必要とする用語が含まれている。台湾の政治外交にかかわる言葉は、台湾という存在をどのように解釈し表現するかという問題とかかわり、さまざまなものが用いられてきた。まず、台湾の政治主体については、「中華民国政府」「国民政府」「国民党政権」「台湾政府」「台北政権」など、多くの名称が存在する。「国民政府」はしばしば「国府」と略して用いられるが、歴史的には四八年の全国的規模での選挙に基づき召集された議会において中華民国憲法が制定され、「中華民国政府」へと正式名称は変更されている。しかし、この全国的な選挙は、中国共産党など一部勢力が参加しない、実質的に中国国民党のみによって行われたものだった。このため、四九年に中華民国の中央政府が台北へ移され中華人民共和国が建国を宣言して以降、四八年の中華民国政府の成立による全中国を代表する統一された中央政府の出現という言説に疑義を呈する立場もあり、四八年以後も国民政府、国民党政府などの用語が用いられることもある。

また、国共内戦に敗れた結果として台湾に移った中華民国政府自身が、自らこそ「中国を代表する唯一の合法政府」であるとの立場から中華民国政府という呼称を用いるのに対して、その主張にかかわらず実効支配領域に基づき「台湾政府」と称することもある。本書では、主に「台湾の中華民国政府」「中華民国政府」の語を用いるが、土着化していく中華民国をふまえ「台湾政府」を用いることもある。

さて、七〇年代初期の台湾の国際的な孤立化は、政府の国際的な威信や国内的な権威・正統性に大きな打撃を与えるものであったが、台湾の中華民国政府は、「中華民国」という枠組みを捨て去ることはしなかった。憲法上は、それは現在も続いている。しかし、その中華民国という枠組みのなかで、その後に各国との外交関係なき実質的関係を構築していく過程で、中華民国政府は「台湾としての」行動準則を形成しはじめたように見える。また、国内政治体制や政府と社会の関係の領域で、中華民国政府は政治体制改革を手直しという形で徐々に進め、八〇年代半ば以降には政治的自由化と民主化を進めた結果、「中華民国の台湾化」という変容を経験する。この八〇年代半ば以降の時期に展開された外交は、台湾としての国際社会における存在のあり方を現実に寄り沿う形で成り立たせる何らかの方式を模索するものとなった。そして、その後九〇年代に入り李登輝時代に本格的に展開される外交は、ある時期に大きな政策転換によってもたらされたものというよりは、それ以前に積み上げられてきた台湾外交の具体的内実と存在様式に基づいて実現されていくことになる。

こうして、台湾が中華民国の歴史を包み込みながら、あるいはそれと摩擦を起こしながら、政治主体としての具体的内実を有するにいたった結果、冷戦後の東アジアにおいて台湾問題が再浮上する。(2) この「台湾問題の再浮上」

が起きた冷戦後の国際関係がどのような特徴をもつのかについては、九〇年代にさまざまな見解が提出されたが、[3]ケネス・ウォルツに代表される構造的リアリストの議論にしても、フランシス・フクヤマの「歴史の終焉」にみられる議論にしても、最終的には「ポスト冷戦」に具体的な時代規定を与えることができなかった。しかし、その不確定な時代のなかで再浮上してきた台湾の存在は、民主化された国民国家としての道を歩むのか、あるいはまた国民国家の終焉を迎えて新しい国際主体としての先取的な存在となるのか、という意味でも注目を浴びた。

スタンレイ・ホフマンは、伝統的な存在である国家は冷戦後の複雑化した国際システムにおいて噴出してくる多様な問題に対応しあぐねていると指摘し、大きく広がりを見せている国家の分裂という現象の領域における問題については、つねに国家の存在を前提とする国際関係の一般理論では分析できないと主張した。[4]一方、アンニマリ・スローターは、国民国家の問題を解決するために国際的なルールや機構が必要だとするリベラリズムの見解をとびこえて国民国家の終焉を主張し、近代国際システム登場以前の過去へ回帰するとのビジョンを提起する。[5]そして、この「新中世主義」の議論を引き継ぎ、田中明彦は、東アジアは「新しい中世」へと向かう動きと近代を代表する動きが全面的に対決している舞台であり、[6]この地域における三つの問題群（領土問題、中国・朝鮮半島の分裂、軍拡競争の危険）はきわめて近代的な問題であるとした。[7]たとえば、中台統一および韓国・北朝鮮の統一が民族の統一という観点からのみ語られるとすれば、「これは国民国家を理想とするきわめて近代的な問題設定の仕方」であるという。[8]確かに、台湾問題は、中国の近代国家建設という「近代的」性格を多分に含んでおり、田中の指摘するように「近代的」問題設定と思考のもとでは解決の糸口を見出すことさえ困難である。そして、九〇年代以降の台湾の民主化が、台湾住民による国民形成、政治社会体制の変容を呼び起こしていったとき、この問題には中国の近代国家建設という側面だけではなく、あらたに台湾の近代国民国家形成の問題が加わっていく。

周知のように戦後の中台関係および台湾問題は、近代国民国家建設をめぐる中国の内政問題としてのみ展開してきたのではなかった。それは、むしろ米国・日本を含めた東アジアの国際関係において、不断に「現状の固定化」が図られ、現状維持が再生産されてきた結果として存在してきた。そこで、台湾をめぐる諸問題が未解決のまま存在し、現状維持が再生産されてきた時間という要素に立ち帰ってみよう。従来、台湾問題は解決されるべき問題であり、その解決を妨げる原因の解明こそが、台湾問題の分析における中心的課題となってきた。しかし、逆に問題の未解決、結論の非決定によって創出されてきた時間は、この問題にいかなる意味を与えているであろうか。すなわち、双方の合意による平和的な解決が難しい問題に対して暴力という直接的な方法による解決を避け、中台間になんらかの関係が「制度化」されることを可能にする時間が創出されてきたこと、そしてその過程への再評価を行うとすれば、どのようなものになるだろうか[9]。この問いは、高坂正堯が指摘したように、「黒白をつけようとすると状況が悪化するなら、その奇妙な状況を続け、中国人自身がなんらかの新しいフォーミュラ（方式）を作るまで待つしかない」という問題状況における政治と時間の問題である[10]。

そこで、現状維持による時間の創出と台湾問題を考える際に、次の二つの点は重要な示唆を与えてくれるかもしれない。第一に、時間的、空間的、概念的な「中間領域」という捉え方である。それは、紛争の範囲を限定し、局地化することが可能な「半公半私」の時間的および空間的「緩衝」システムとして存在し[11]、対立する二項や異質な要素のなかから暫定的な了解や流動的な共通項を見出し、共生を可能にする「間《マ》」のようなものである[12]。そうした「間」としての中間領域が、中台間、あるいは台湾をとりまく国際空間にどのくらい存在しうるのか。

第二に、その中間領域をつくり出すために必要なものは、「自己主張と自制、協力と自立性とをしったものの間のバランス感覚」であり、「それが与える外交の限界の認識」である[13]。それは、ある問題なり課題なりについて、それを「普遍的領域」と「聖域」と「中間領域」の三領域[14]のいずれに属する性質のものと規定するのかという問題設定をも含め、経験豊富な外交官が有する可能な妥結点を見出す能力と「わざ」である。すなわち、現状を絶えず再生産し続けてきたことの結果として見出される現状維持の本質は、「あいだ＝現在」[15]を生成し続け、中間領域を時代ごとに異なる状況のなかで絶えず再規定し、再生産していくことにある。

そうした観点からすると、一九四九年以降の中台関係は、「統一」と「独立」という両極のあいだのどこかに位置するものとして捉えられ、その状態を創出する現状維持の戦略には、時として統一か独立かという二元論的発想からすると矛盾する戦術が含まれることになったといえる。たとえば、台湾問題を「公」つまり国際問題であるとする台湾と、「私」つまり国内問題であるとする中国は、基本的に相容れない立場をとるが、時に公とも私ともつかない半公半私の領域において、九二年のシンガポールにおける中台直接会談の実現のように暫定的な了解を見出すことが可能であった。また、米国の台湾海峡の防衛に関する政策や上海コミュニケにみる曖昧さ、原則重視と現実的妥協の両面をもつ外交、さらには日台間の半公半私の関係などは、それぞれが自らの立場に基づく解釈により処理することを可能にする中間領域のなかで成り立ってきた。

こうした中間領域や半公半私の性質に注目する必要性は、台湾移転後の中華民国政府の外交が、蔣介石から蔣経国の時代を経るなかで、確固とした方向性をもっていたのかという問題に関わっている。すなわち、七〇年代初期の蔣経国時代の諸政策が、果たして明確に台湾化、つまり土着化し台湾サイズの国家となっていくことを志向したものだったかについては、内政と外交、中台関係それぞれの領域について、さらなる考察を必要とする。その外交と中台関係の領域について、統一と独立という二つの方向性を明確にしつつ述べるとすれば、それは歴史の後知恵にほかならないのかもしれないのである。したがって、本書では、台湾の公式な言説とは別に、方向性がある程度曖昧にされたまま短期的な実質的対応が積み重ねられた過程に注目することになる。そうした実践過程のなかに、それ以前の蔣介石時代の外交とは一線を画される蔣経国時代の特徴、すなわちある種の現実的姿勢（pragmatism）が見出されていくことになろう。

本書で用いる「台湾外交」と「中華民国外交」との区別は、明確な政策の変更によって与えられるものではない。七〇年代初期までの台湾の中華民国政府は、中国大陸時代からの歴史的な展開の延長線上で行動していた。そして、国共内戦の継続状況により正当化される台湾を含む「一つの中国」という立場に立って、「中国を代表する唯一の合法政府」としての思考・行動様式に基づいていたことを重視し、これを「中華民国外交」と呼ぶ。これに対し「台湾外交」は、台湾の中華民国政府が国際的な孤立に直面し、外交領域において「中華民国」として存在することが困難となった後、「中華人民共和国の一部」という状況規定から脱却するために、外交空間において自立的な「台湾」としての存在を確保するために展開されはじめた外交活動全般を指す。

それら外交活動のうち蔣経国時代の外交は、八〇年代末から展開された、台湾の国際的認知を求め二重承認も辞さないとする「現実外交」（実務外交）とは区別され、「実質外交」と呼ばれている。その詳細については後述するが、実質外交は、各国と正式な外交関係を有さない状態において、経済・貿易・文化などの実質的な関係を維持していくものであり、明確に台湾外交への変化を意図するものではなかった。厳密な意味で台湾外交と呼びうるのは、「台湾」としての国際的認知を求め、二重承認さえも辞さないという李登輝時代以降の外交活動である。その意味では、蔣経国時代の外交は、いわば中華民国外交から台湾外交への過渡的性格を有するもので、台湾外交の内実を徐々に形成していく時間となったように見える。

（2）日中・日華・日台関係の交錯

日本と中国と台湾の関係は、いくつかの意味で相当に複雑な歴史を抱え込んでいる。第一に、一九七〇年代初期以前に中国・台湾それぞれとどのような関係をもつのかという外交課題は通常、中国における唯一の合法政府を主張する実効支配領域の異なる二つの政府のうち、そのいずれを承認するのかという問題となるが、日本の場合はそれにとどまらない。五二年の日華平和条約の締結や七二年の日中国交正常化の交渉過程に見出されるように、日本はサンフランシスコ講和条約によって中国との間の戦争を終わらせたのではなく、個別に中国との間で戦争を終結させなければならなかったが、このとき二つの政府のいずれを選択しても、そこにはある矛盾が含まれざるを得なかった。

一九四九年以降、台湾とその周辺諸島を実効支配する中華民国政府は、日中戦争における日本の主要な相手ではあったが、その政府との戦争終結交渉の結果は、戦争の終結をうたうことはできても、中国大陸の人々やモノ、出来事を適用の範囲とすることは実質的に困難であった。また、中国大陸を実効支配する中華人民共和国政府との戦争終結交渉に関しては、日本外務省の「一つの戦争で二回の敗戦、二回の終結交渉」を行うことはできないという立場にみられるように、日本にとって中国大陸の人々への何らかの歴史の清算が必要となる一方、政府間での直接的な終戦処理が難しい状況を生み出した。この日中・日華関係の複雑性と矛盾は、日中台の間で、他にはあまりみられない処理方式を生み出すことになる。平川幸子は、この日中国交正常化における処理方式を「日本方式」と位置づけ、その後に他の国々が行った中華人民共和国との国交正常化交渉において一つのモデルとされたとしている[16]。

「一つの中国」を主張する二つの政府にどう対処するのかという意味では、日中のみならず日中・日華関係あるいは日中台の三角関係のなかで外交を考察する必要があり、それは単純に「中国か、台湾か」という二者択一の選択ではなかった。九〇年代以前の日中関係研究では、日華平和条約における吉田茂首相の決断は台湾にある中華民国政府との関係の選択であるとし、その決断がその後の二〇年間にわたる日中関係の大枠を決定したことをもって、戦後の日中関係史を語る基本的な出発点と見る[17]。東アジアの国際政治の文脈において、その時点での状況判断として選択せざるを得なかった「吉田の決断[18]」によって規定された日華および日中関係は、七二年の転換によってある面での「不正常な」関係を終わらせ、ある面での不正常さは残存させた。いずれにせよ、そうした国際政治の文脈における吉田の選択は、「中国か、台湾か」という二者択一的姿勢の象徴であった。

しかし、その実質的な日本の立場は、まさに中国と台湾それぞれとの関係をどのように構築するのかという課題の模索であった。井上正也はこの戦後日本の対中外交について、日米台の外交文書を詳細に読み解き再構築した[19]。井上はこれによって、日本政府が吉田茂以降佐藤栄作政権に至るまで、それぞれの時期に中国との関係を現実の状態に近い形で構築しようと模索したこと、そしてなぜそれが挫折していったのか、そしてそれらが七二年の国交正常化という形にどのように結びついたのかを明らかにしている。吉田の決断による台湾の選択と七二年の田中角栄の決断による中国の選択という二者択一の図式では見出せなかったさまざまな試みや現実化することのなかった可能性を、井上の詳細な考察は歴史の記憶として取り戻すことに成功している。

最後まで妥協なく主張された中国政府の「一つの中国」をめぐる立場が、交渉過程で最終的に残されたという事実と同時に、実現せずして消え去った日本外交の選択肢（可能性）が歴史のなかに存在していたことも事実である。長引く交渉／対立のなかで、どちらの主張が実現可能な状況が出現するのか、そしてその状況の出現まで忍耐強くもちこたえられるのはいずれの側か、あるいは時間をかけた対話のなかで「外交の限界」の認識へといかにして至るのかという、時間とタイミングの契機をともなった駆け引きのなかにこそ、その消え去った可能性は見出されるであろう。

日本と中国と台湾の関係を複雑にしている第二の点として、日華・日台の二重性が挙げられる。この点はすでに川島真らによって、これを一つのモチーフとしながら一九四五年から二〇〇八年までの関係史を論述する形で指摘されている。すなわち、戦後の日本と台湾の関係は、植民地統治を通じた日本と台湾の関係の上に、戦前から続く中国大陸時代の国民党・中華民国政府と日本との関係が上滑りするように流れ込み、日台と日華の関係が重なる二重構造のなかで展開してきたという点である[20]。それは日華平和条約締結交渉にみられたように、日華レベルにおける戦争終結交渉が植民地統治を受けた台湾の人々を視野に入れたものではなく、日華断交までの二十年の間にも話し合いがなされていないことに表れている。また、日本植民地統治時代以来の日台レベルにおけるヒト、モノのやりとりは、戦後も日台経済関係を支え続け、日華レベルにおける外交関係の断絶を経ても、その重要性は下がることはなかった。むしろ、外交関係なき日本と台湾の間の実質的な関係の厚みを積み上げていったのは、この日台レベルのやりとりだった。

しかし、七二年以後の日本と台湾の関係は、単に日華・日台の二重性のうち日台レベルのみに集約されていくものではありえなかった。それは、一つには中台関係において日本は、中台外交闘争が展開される国際空間であったからである。その日本における中台外交闘争は、五〇年代から「一つの中国」における正統政府争いという形で展開され、七二年にその一つの転換点を迎えはしたが、それ以後も台湾の存在をどう位置づけるか、どのような意味を付与するのかという次元において継続されてきた。これこそ、日中・日華関係を、日中台の三角関係として見る必要がある所以である。そして、その外交闘争における日本および台湾の選択や行為は、七二年を境に、半公半私という次元において「台湾大」[21]としての実質関係を構築していくことになる。そうした領域において台湾が「国家として行動する」ことは、「国家としてある」ことを生み出し、それによって形成された国際的なネットワークは、後に李登輝をして現実外交としての「台湾外交」の展開を可能にする基盤となっていく。

(3)本書の構成

本書では、第一章、第二章において、台湾海峡をめぐる「現状維持」が、関係各国のさまざまな変化と外交行動の結果として生じていることを提示する。そして、その後の各章において、国連における中国代表権問題、日本との外交関係の断絶およびそれ以後の実務関係の構築、日中関係への対応を中心として、台湾の中華民国政府がどのような外交や宣伝工作を繰り広げてきたのかを歴史的に考察する。

第三章では、国連における中国代表権問題をめぐって、米国に依存しつつも疑心暗鬼となる台湾において、現実主義路線をとる外交官と蔣介石の確執から、外交力が失われていく経過を描き、続く第四章、第五章において、中国との経済関係を進展させる日本に、台湾の中華民国政府がいかに対処したかを考察する。一九五〇～六〇年代の二〇年間は、台湾をめぐって日米台を軸にさまざまな模索がなされ、いくつもの挫折を経験し、台湾を国際空間に残す選択肢が失われていった時間であった。

第六章では、国際的孤立の象徴的出来事となった国連からの退出をめぐり、なぜ中華民国政府は「台湾として」も国連に残留することができなかったのかを考察する。さらに第七章で、その後の日中国交正常化交渉の急速な進展のなかで、日本が外交関係を断ちながらも台湾との実務関係維持を成功させ、台湾はこの衝撃をいかに受けとめたかを明らかにする。続く第八章では、日台航空路線問題を分析することによって、断交後に「日中関係のなかの台湾」という枠組みに閉じ込められそうになるなかで、台湾が中国とは別の存在としての活動空間をいかに切り開き、確保したのかを考察する。そして最後に第九章では、第一章から第八章までの議論を整理しながら、中華民国外交が過渡期を経て、李登輝時代の対日外交の展開によって日華関係とは異なる日台間の新たなつながりを表象するものが生み出されていった結果、いかにして台湾外交への移行が果たされたのかを論述する。

中国の正統政府としての「中華民国外交」は、形式上・表面上は大きな変更のないままに、実際の外交行動様式を変化させていく。これにより台湾国内での大きな変動や政治的衝突を抑制しながら、国際空間のなかで台湾としての活動空間をつくり上げることになった。その具体的な外交の実践の積み重ねの結果として、台湾として存在空間を確保し、台湾としての認知を求める「台湾外交」へと変化していく。本書は、九〇年代以降に明確に現れる外交の枠組みの変化に先立って生じてきた実質的な行動様式の変化、いわば台湾外交の起源といえる歴史的過程を明らかにするものである。

第一章　台湾の中華民国外交の特徴

一九八〇年代半ば以降、台湾では政治的自由化への舵が切られ、民主化によって台湾住民の政治参加が実現した。台湾におけるこの民主化は、若林正丈が詳細に描いているように、地に足のついていなかった政府が台湾に土着化し、中華民国が台湾化していくという意味をもった(1)。それはまた、上からの力や政治操作によって権力を保持してきた軍事政権、権威主義体制の特徴をもつ政権が、住民・国民の自発的な支持を得て合理的に権力の正統性を獲得するにいたる転換の過程でもある。

中国国民党は、国共内戦での敗退の結果、一九四九年に台北へと中華民国の中央政府を移した。その後、台湾を含む中国全土を代表する政府と称しながら、その実質は台湾とその周辺諸島のみを統治する状態となる。内戦状態の継続を背景として、台湾には戒厳令がしかれ、戡乱鎮定時期臨時条款により憲法が凍結されるなか、四八年に中国全土において選挙が行われ、そこで選ばれた議員らで構成される立法院などの中央民意代表機構は、改選なくそのまま維持されることになった。そして、中国各地で選出された議員から成る中央民意代表機構の存在によって、台北にある中華民国政府は中国全土を代表する中央政府であるとの建前がつくり出されることになる。その後、中央民意代表機構の全面的な選挙は九〇年代に入るまで行われず、台湾の住民は地方選挙や一部立法委員選挙に参加することのみ可能で、中央政治に本格的に参加することはできなかった。

この台湾の地において、いわば住民からの支持という面で脆弱な基盤しかもたない政府が、七一年までは国連において中国を代表する政府として安全保障理事会常任理事国の議席をもち、各国と外交関係を有していた。実態とは大きく異なる主張を強く押し通そうとする台湾の中華民国政府が、五〇〜六〇年代いかにして国際社会に「中国」として参画することができたのか。また、それは冷戦という国際情勢のなかで、圧倒的なパワーをもつ米国の支持を受けて成り立っていたとはいえ、中国を代表する政府として認知されえたのはなぜなのか。あるいは、この国内的な政治基盤における脆弱性をもつ政府が、七〇年代の初期に国連からの退出、それにともなう国際組織からの脱退を余儀なくされ、相次ぐ各国との断交にも見舞われるという外交危機に直面したとき、依然として米国との外交関係および安全保障条約は継続していたものの、どのようにして経済的な破局や政権崩壊といった状況に陥ることなく生き延びることができたのか。さらにいえば、そもそも、そうした危機を迎えながらも、中華民国政府はなぜ外部から見れば、あるいは現在から見れば、合理的ではないようにみなされる選択肢、すなわち国際社会からの政治外交上の退出、孤立への道へと進んだのか。

現在から歴史をふりかえれば、その後数十年にわたって台湾は国際社会でも生き残り、奇跡ともいわれる経済発展を成し遂げただけではなく、それほど大規模な混乱を経ることもなく民主化を成功させ、今や中華民国と外交関係を結ぶ国が二〇ヶ国前後（二〇一八年六月時点では一八ヶ国）になろうとも、その存在感を減退させてはいない。しかし、その存在を可能にしたものは、果たして八〇年代半ば以降の台湾の民主化の成功や経済の成功だけであったのか。

民主化が成し遂げられ、独自性や自立性が強調される流れのなかで、台湾でも日本でも、七〇年代初期の蔣介石らがなぜ頑迷に中国を代表する政府としての建前にこだわり、「台湾」として国際社会に残留する道を選ばなかったのかという批判の声が聞かれるようになった。実際には、あのとき、蔣介石ら政府に残されていた選択肢とは何であったのか。他に選択の余地は残されていたのか。その現実の可能性を確かめながら五〇～八〇年代までの歴史を見直し、民主化以前の台湾の中華民国政府の外交がどのような意味をもつのか考えていくことにしたい。

1 台湾の中華民国外交と内政の関係

（1）三つの時期区分

台湾の中華民国政府の外交は、外交方針と行動様式の組み合わせを基準に特徴づけをしていくと、現段階では大きく三つの時期に分けることができる。第一の時期は、一九四九年の渡台以後七一年に国連を脱退するまでの約二〇年間である。この期間、中華民国政府は、「中国」を代表する唯一の政府として承認を得ることを重視し、その地位をいかに維持するかに全力を傾けた。その意味でこの時期の外交は、中国大陸時代の中華民国政府が重慶であれ南京であれ、外交を国内での権力強化に活用し、国共内戦における優位性を獲得しようとしていた渡台以前との継続性が強く、その延長という面を強くもっている。

第二の時期は、国連脱退以後、八〇年代後半あたりまでの時期である。この時期、外交政策上は、正式には「一つの中国」を堅持する方針をとり続けるが、実際の行動様式においては、「国際社会における生き残り」を賭け、柔軟性、実務性をもって対外的なネットワークを発展させた。しかし、この時期の柔軟性や実務性は、第三期以後にみられるプラグマティズムとは異なり、主として「国共内戦の延長としての外交」の実践において見出されるものであった。

第三の時期は、八〇年代後半以降、戒厳令の解除による国共内戦の終了宣言を機に台湾国内の民主化が進み、中華民国政府が土着化・台湾化していった時期である。憲法上、中華民国の領域は変更されないが、台湾と中国大陸を含む「中国」のなかに現実としては二つの政府が存在し、台湾海峡をはさんで分裂状態が常態化していることを前提としたうえで、国際社会において台湾としての「認知」を広げていくことが目指された。その認知とは外交承認を獲得することに限らず、国際社会へなんらかの形で参加することや二国関係における実質的な交流レベルの引き上げなど、さまざまなレベルや形のものが含まれていた。

本書は、このうち前の二つの時期を対象としている。これら二つの時期は、いずれも台湾における中華民国政府が中国を代表する中華民国としての存在を賭けて外交活動を展開したという意味で、中華民国外交の展開時期である。しかしながら、第一と第二の時期では、その建前としての外交方針と実際の選択と行動において大きな相違があり、後者は、いわば中華民国外交から台湾外交への過渡期とも呼びうる。中国の正統政府としての主張を取り下げることはないが、実質的には中国大陸を統治する中華人民共和国とは異なる存在であることを前提にしてなんらかの関係を構築していこうとする、その模索を続けた時期であった。こうした言い方をすると、中華民国が台湾化していく国内での変動にともなって中華民国外交が台湾化していったというイメージをもたれるかもしれないが、のちに述べるように、実際には、国内の変動や外交の変化がすべて台湾化へと方向づけられていたわけではなかった。

無論、これらの時期区分は、明確な対外政策の変更として提示されているわけではない。外交原則や政策については大きな変化が見出されなくても、実際の行動において変化が起きており、それが積み上げられていくことにより、何かが習慣化され次の変化を引き起こす、そうしたつながりのようなものである。それは、第二の時期の特徴が第一の時期に徐々に形成され、第三の時期の特徴や基盤は、第二の時期にある程度形成されてきたというようにつながっていく。そうしたつながりを慎重にさぐりながら、何が次の時期への転換や引き継がれる特徴を築いていったのかを歴史的に追いかけていく必要がある。

(2) 政権の正統性と外交

第一の時期には、外交とは国内における政権の正統性を強化するための有効な手段であった。台北にある中国の中央政府としての中華民国政府が、国連において議席をもつことや、各国と外交関係を結んでいることは、中国の代表政府としての地位の象徴であった。当然のことながら、それは象徴であるだけではなく、外部からの支援を獲得するという実質的な意味においても重要となる。そしてそれは同時に、中国の一部としての台湾を統治する正当性をも政府に付与する。こうした外部からの認知を一つの柱としながら、国内的には、いつか中国大陸を奪還し、中央政府としての威信と実態を取り戻すための政府として存在していた。

この時期、台湾移転により立法委員や国民大会代表らがみな台湾に渡ってきたのではなかった。それは結果として、蔣介石を中心とする権力の再編を可能とし、最高指導者である蔣介石に対して、「光復大陸」(中国本土奪還)のリーダーとしての権力と権威の正統性を付与することとなった。したがって、「光復大陸」という目標またはスローガンと、台湾の確保のための現状維持という外交上の実質的選択は、理想と現実のなかで、蔣介石のリーダーシップに大いに影響することになる。

外交と内政、特に国際的孤立という対外危機と政権の正統性との関係について、台湾の権威主義体制における特徴の一つとして、外部正統性の概念を用いた分析がある。外部正統性の語は、台湾の研究者である王振寰や若林正丈が、チャールズ・ティリーの正統性概念に示唆を受けて用いたものである。(2) ティリーは、国家形成の或るケースにおいては、政府の正統性、すなわち組織された手段としての暴力を独占することの正統性は、人民の支持や忠誠に必ずしも依存しておらず、そのその源泉は「権力者たち（power-holders）の間の相互認可である」とする。[3] そして、政権安定の主要な基盤となり、かつ政権に影響を与える資源を有する権力者は、国家の外部にも存在する場合があるという。[4] 台湾のケースでいえば、軍事・経済援助、米華相互防衛条約、巨大な輸出市場の提供、国連における支持など、政治・経済・軍事の全面における米国への依存によって外部からもたらされる正統性であった。

しかし、この外部正統性は、米中の関係改善の結果、「中国の唯一の合法政府」「正統中国」としての「中華民国」が著しく国際的に孤立することによって、大きく減退する。それによって、「法統」体制[5]の正統性の虚構が対外的に全面的に崩壊し、直ちにそれまで外交関係を有していた国々すべてとの断交には至らなかったものの、米国の支持に基づく外部正統性が著しく減じる事態を招いた。そして、政府としては、権力基盤の確保という観点から法統体制の手直しと、外部正統性に代替しうる内部正統性の強化策が必要となった。[6] すなわち、蔣経国が行った中央民意代表機構への部分的な定期改選の導入と、いわゆる「台湾化」とよばれる中央政治エリートへの台湾人の登用拡大を根拠として、蔣経国は政権の基盤拡大を図り、外部正統性の危機に対応したと論じられるのである。

また、若林の研究は、政府と社会の関係に重点を置いており、台湾のケースでは、外来的な政府である中華民国と台湾社会とに分け、その分離状態と土着化を説明する。すなわち、米国の支持による外部正統性が米中接近によって減少することで、「中華民国」は著しく国際的に孤立するが、その一方では、米国の台湾防衛関与について中国が妥協し、また中国が各国に台湾との関係の全面的断絶を強制できなかったことによって、実質的関係を保持することが可能となり、そこに「台湾」が一種独特の国際的地位を保持し続ける余地が生じたという。

さらに王振寰は、上記と同様の正統性概念を用いながら、次のように説明する。[7] すなわち、「外在的な支持を失い、対内的には国家と社会との明確な隔離が存在したとき、国民党政府がとった戦略は、対内的正当性を強化し、社会のいっそうの支持を積極的に求めてその統治を維持していくこと」であった。そしてもう一つ、蔣経国がそうした「台湾化」に努めた重要な要因として、国民党政府が国際的な支持を喪失した後に台湾と世界をつないでいたのは経済とその他の非政府活動であったが、そのうち経済領域において世界経済との緊密な関係を有していたのが、その七～八割を占める台湾人の企業であったことを指摘する。蔣経国の「実質外交」政策は、世界との関係を形成する基礎として国民党政府が台湾企業に依存しなければならなかったことを意味していた(8)。

台湾社会において脆弱な内部正統性しか有さず外部正統性によって支配を維持してきた中華民国政府は、一九七〇年代初期の外交危機に直面し、政治改革の断行、台湾出身者の中央エリートへの抜擢による台湾化を図った。そして、それはその後の台湾の民主化および台湾化の起点として評価されている。

（3）中国の文脈における「正統性」

先に挙げた「権力者の間の相互認可」という権力の側面に注目するならば、中国大陸から移転してきた中華民国政府の場合、台湾社会との関係における支配の正統性だけではなく、中央政治エリートの論理としての、中国史の文脈における正統性の問題を考えておく必要があろう。一九八九年の天安門事件や九〇年代以降の中台関係のめまぐるしい展開をうけて、中国の政治外交研究には、二〇世紀の中国史の連続性に注目した研究も多く見出される。四九年の中華人民共和国成立による「新しい中国」の出現のなかに、その革命性、伝統中国および国民党政府時代との訣別といった新しさと変化を見出すことに重点が置かれ、変化のなかに内在する連続性を確認することが忘れられていると早くから指摘してきたのは、山田辰雄であった。

山田や横山宏章は、中国における「独裁」をキーワードとして、近代中国から現在に至るまで一貫して存在してきた権力の集中の問題や、孫文の訓政論や共産党の独裁論に共通する権威的支配のあり方、そうした支配を合理化する論理としての「士大夫意識」を取り上げ、二〇世紀を通して中国政治に広く存在していたかに見える「党の上からの指導」を導き出す「代行主義」という指導様式のあり方を提起する。山田の定義する「代行主義」とは、中国政治に遍在する特徴としての、「エリート集団が人民に代わって改革の目標を設定し、人民に政治意識を扶植し、目標実現のために人民を動員するが、人民が自発的に政治に参加する制度的保障を欠く指導体制と指導様式」である。(9)そして、そうした指導様式は、孫文の訓政論、袁世凱の帝政論、蔣介石指導下の国民政府、そして中国共産党に見出されるように、権力の集中と独裁を強化する可能性を含むだけではなく、逆に蔣経国の民主化の決断に見られるような「指導者の英断」をも導き出す可能性をも秘めているという。(10)

また、横山の研究は、孫文にとって政党とは「自覚したエリートが無知な大衆を『訓導する』唯一絶対的な指導的中核」で、「革命的独裁と訓導的独裁は民主社会の出現には不可欠なもの」であり、蔣介石の国民党一党独裁もそれを継承した形態であったとする。(11)そして、共産党による「『共産党の指導』を絶対化する政治方針の堅持は、まさしく『以党治国』による善政主義、賢人政治の伝統をひきずったもの」であると指摘し、(12)この指導様式のなかに共産党独裁と国民党独裁に共通する性格を見出した。こうした指導様式の背後にあるものとして山田と横山がともに指摘するのは、「士大夫の危機意識」である。この「士大夫の危機意識」とは、清末の革命志士から軍閥・政客・郷紳を含む近代中国の指導者たちに引き継がれていったエリート層の危機意識であり、旧体制である帝国の瓦解を目の当たりにしてどのような運動と体制によって新たな統一国家を再建しうるのかを危ぶむものであった。(13)

近代中国は、そうした危機意識を背負い、また社会をリードしていかなければならないという使命感をもった多くのエリートや英雄が割拠した時代であった。そして、そうした革命以来の政治的権威を有する幾人もの指導者たちの間で、抜きん出て指導者たりうるために、何らかの権威の正統性を必要とした。権威・支配の正統性の問題については、ウェーバーをはじめとして多くの論考がなされてきているが、(14)ここでは政治権力の正統性についてある具体的な歴史的・社会的文脈における事象として扱っていくことが有用であろう。(15)というのも、「政治権力の客観的な一般的存在理由」と「一定の歴史状況における特定の政治権力の是認根拠との問題」とは区別する必要があるとの指摘のとおり、(16) 歴史的・具体的な正統性の根拠が、中央政府やその指導者に対して各時代状況のなかで正統性を付与し、そして権力は時代の変遷とともにその正統性に拘束されてきたからである。また、次世代の指導者および中央政府の政治権力の正統性は、その時代に固有の状況のなかで正統性の継承や新たな意味での正統性の獲得を必要とする。

中華民国期の政治史における正統性について、軍閥を含む諸権力が、他から抜きん出て中央権力を掌握し支配の正統性を確立しえたのは、正統性を提供する諸要素がさまざまに組み合わさってその権力を強化したためと、横山は分析する。すなわち、①革命主義―革命、②民族主義―抵抗（対外）・統一（対内）、③殖産主義―自彊、④軍国主義―強兵の諸要素によって、各時期の勝利した権力がどのような要素から正統性をつくり上げていたのかを提示する。(17)

そして、その正統性を意味する中国語の「法統」という言葉は、単に客観的な一般的概念としての支配・権威の正当性という意味を超えて、分裂国家においては国家主権が存する正統政府はいずれなのかという政争上、実際的かつ具体的課題としての大きな意味をもっていた。たとえばそれは、一九一二年の中華民国約法によって成立した議会の法統を継承していることを国民党政権が強調し、また台湾移転後の中華民国政府も、全国選挙によって四八年に成立した全国国民大会の法統を強調したことなどに現れていた。そこでの重点は、継承および連続性の重視であった。

しかし、それと同時に、独裁的な権力における指導者が、どのような正統性を獲得しているのかということも問題となってくる。すでにふれた権力の独裁化傾向は、実際の指導者を通して体現される。すなわち、孫文というカリスマ的存在は、その政権の指導様式として「領袖独裁型党治」を可能としたが、そうしたカリスマ性のない指導者たちは、「中央派閥型党治」や理想としての「組織独裁型党治」などを志向した指導者のあり方をとることになる。

こうした場合、政権の正当性と一部重なるものの、別の次元で政権内部における指導者の正統性・権威を考えてみる必要がある。大陸時代における蔣介石の地位は、激烈な内部対立のなかで下位のランクから急上昇してきたものであり、ある種蔣介石よりも政治的権威をもつ最高幹部や軍人らとの対立のなかで、また共産党との戦いのなかで、革命を通じてようやく成り立っているものにすぎなかった。したがって、誰によってリードされる勢力が国民党内部において正統性を獲得し、権威を保持するのかということが重要な問題となったのである。これについて、家近亮子は、一九二七年に王精衛の武漢国民政府に対立して蔣介石が成立させた南京国民政府の正統性の確立過程を分析し、正統性は政権外部からの国内的・国際的レベルにおいて達成されるだけではなく、中国国民党内部においても確立される必要があったと指摘する(18)。

そして日本との戦争が終わったとき、国民党はすでに勢力を拡大していた中国共産党との協力なしには、統一国家における憲政の実施が不可能な状況となっていた。そうした状況において、蔣介石は国民党主導による憲政への移行を推し進めようとしたが、当初協力的な態度を示していた中国共産党は国民党一党独裁体制を糾弾しはじめ、一九四六年ついに国共内戦へと突入する。その後、中国共産党らの参加は得られないまま、憲法制定のための国民大会を召集、憲法を制定して四七年の国民大会代表の普通選挙の実施、翌年の第一回国民大会開催に至った。そして、この第一回国民大会において、特に「動員戡乱時期臨時条款」が制定され、総統に対して立法院の拘束から免れる地位が与えられた後、蔣介石は総統に就任することを受諾した。こうした国民政府の建設と憲政への歩みは、その過渡期において「全能の党」が人民の政権と政府の治権を統合した「以党治国」を行うことを認めるプロセスとなり、その必要性を強調した孫文の方針に沿って、「全能の党」とそれを指導する「全能の指導者」の役割を著しく高める結果をもたらした。[19] そして、この指導体制は、国共内戦における敗北と、最後の根拠地とした台湾への移動の過程で、蔣介石という指導者の独裁的立場のさらなる強化へとつながっていった。民主化以前の台湾の中華民国政府の権力構造は、こうした大陸時代から続く中国の文脈における正統性の観点と切り離すことのできない連続性を有している。

2 外交と指導者の威信

(1) 台湾移転後の蔣介石の権力再編

台湾移転後の国民党政権の権力構造や指導体制について、大陸時代における国民政府との間に連続性を見出せるのかどうかという観点から、五〇年代の中国国民党の「改造」に着目して分析しているものとして、松田康博の一連の研究がある。[20] 大陸時代と台湾移転後の国民党政権の性格や権力構造については、依然として研究の余地が残されているが、ここでは松田の研究に基づいて、台湾移転後の国民党政権の権力構造を概観しておきたい。

松田によれば、大陸時代からの中国国民党による党治形態は、①地方派閥型、②組織独裁型、③中央派閥型、④領袖独裁型の四つのタイプに分けられる。[21] 地方派閥型は、統一政権が既存の地方勢力の微妙なバランスの上に成立している一種の連合政権のタイプであり、組織独裁型は、組織力によって排他的な党治がなされる国民党の理想とするタイプである。また、中央派閥型は、個々人がすべて領袖に服従していながら団結せずに相争い、いくつかの中央派閥によって構成されているタイプで、その性質上、領袖は各派閥のバランサーとならざるを得ない。領袖独裁型は、唯一の領袖による上からの独裁的指導が貫徹されることによって党が統一されるタイプであるが、孫文のように個人的な権威に強く依存していない場合には、蔣介石のように自らの権力強化を試みはじめることになる。

中国国民党は、理想とする組織独裁型以外の他の三つのタイプを経験している。そして、台湾移転後の国民党は、中国大陸での内戦の敗因を「党の失敗」であると規定して、腐敗し弛緩し無能組織となっている党の諸問題を一気に解決するべく各派閥の一掃を図り、大きな障害となっていた地方派閥型党治を終結させようとした。そして、これを党の「改造」と謳い、理想とする組織独裁型党治を台湾の地において確立し、中国本土奪還（＝光復大陸）を実現するための思想強固な「戦闘体」へと党をつくりなおす過程であるとした(22)。

この過程で蔣介石は、内戦の敗北を受けた改革と自勢力による海上輸送力の独占によって、軍・党・政府を自らの直系により再編することを期して、地方派閥の一掃を図ろうとする。実際まず人事面において、党内の地方派閥が一掃され、中央派閥が再編されていく過程で、蔣介石は領袖独裁型の党治をほぼ確立した。しかし、そこには、すでに二つの勢力を中心とする中央派閥型党治が内包されていた。その一つは、台湾への移転以前に養成された経験豊富で相当程度に自律的なテクノクラート層を引き込んだ陳誠系統であり、もう一つは、蔣経国系統である。蔣経国は、一九五二年に設立された中国青年反共救国団（以下、救国団）を通して青年知識分子を党に取り込み、台湾社会から遊離する中央派閥の中で唯一社会的基盤の拡大を許され、国防部政治部（五一年に総政治部に改称）主任として軍を掌握し、かつ情報系統をおさえていた。

松田による改革期の党政関係の分析によれば、実際にはこの時期、政策面において党の政府に対する影響力は大きく制限され、陳誠のような実力者と先にふれたような専門行政官僚を擁する行政院が策定する政策を、党は追認するにとどまっていたという(23)。そして、党の指導に基づく「党治」は、総裁兼総統に対して服従する行政院長が、領袖独裁を貫徹するかたちで担保されていた。さらに、国民大会、立法院、監察院という中央民意代表機構に対する党の統制はやはり間接的なものにとどまった。台湾に移った後、中国全土における全面的改選が不可能となってしまった民意代表は、「中国全土」の代表性を政府に付与するものであったために、政府が「中国全土を代表する政府」としての正統性を放棄しない限りは改選されえない存在（万年議員）となった。したがって、独裁的な力をもっているかに見える総裁・総統でさえも、政府が中国全土を代表する政府としての正統性を放棄しない限り、彼らの地位に手をつけることはできなかったのである。

立法院（日本の国会に相当）は、正・副院長をはじめとして委員会常務委員などが党員の互選で決められ、また、大陸時代の各種派閥が一掃されていなかったため、党中央の意思に必ずしも従順であるとは限らなかった。実際、立法院は「中国全土を代表する正統性」にかかわる問題については、しばしば厳しく政府を拘束した。ただ、そうはいっても、台湾の社会に何ら基盤をもたず、かつその委員は出国も制限され台湾に留められている状態で、立法院が強大な権力をふるうようなことはありえなかった。そして、ここでもまた、党の優位はそれほど機能していなかった。監察院なども同様に、中央民意代表機構において党の実力者が領袖独裁を貫徹するというかたちとなっていた。

総じていえば、蔣介石の断行した党の再生プログラムによる権力再編は、蔣介石の領袖独裁を強化したものの、党組織による横からの指導というかたちでの強力な「代行主義」的党治とはならず、中央レベルにおける有力な党員の領袖への服従を担保にして「党の統制」を上から下へと貫徹させていく、間接的かつ非制度的なあり方となった。よってそこには新たな中央派閥の「小領袖」を生み出す余地が残された。また、台湾移転後の中央民意代表機構は蔣介石の独裁的権力・権威に守られる存在でありながら、一方ではその蔣介石の率いる政府に対して「中国全土を代表する正統性」を付与する不可欠の存在であった。いわば両者は相互依存的な権力関係にあったといえる。そうした権力構造は、蔣介石から蔣経国への最高指導者の交代が、単純かつ直線的な権力委譲とはならなかったことを示唆する。すなわち、蔣経国もまた、あらたに組織内の人々の服従を獲得することによって指導体制を確立していかざるを得なかったのである。

（2）「光復大陸」のリーダーとしての蔣介石とその外交

政権の体質やその正統性のあり方における連続性という点について取り上げてきたが、同様に外交においても、一九四九年以前からの連続性がみられる。中国国民党のすべてを克服して成立したとして、その革命性を強調した中国共産党政権であるが、その中華人民共和国も、実は克服されていない指導様式や問題を抱えていることが指摘されている。もちろん、克服すべき問題としてだけ連続性があるのではなく、引き継ぐべき良き伝統や経験としての連続性も存在する。その点に注目しつつ、劉傑は中国外交における連続性を論じている。[24]

劉によれば、春秋戦国時代以来の「合従連衡」に由来する伝統的な「以夷制夷」（夷を以って夷を制す）策や、「一面抵抗、一面交渉」（抵抗しつつ、交渉もする）、「一面闘争、一面改善」（闘いつつ、関係の改善も図る）という外交交渉のスタイルが、民国時代から現在に至るまでの中国外交に引き継がれてきている点を指摘し、その有用性を論じている。たとえば、抗日戦までの蔣介石は、満洲事変への対応にもみられたように、後に詳述する「安内攘外」（まず国内を安定させ、つぎに外敵を駆逐する）の策をとり、国際連盟への依存策により国際世論の喚起を期待して、日本との政治的妥協を図った。それは一種の伝統的な「以夷制夷」策であった。そしてまた、毛沢東の持久戦に通じる長期的な発想で、短期的には日本に譲歩しても、長期的には捲土重来により日本を打ち負かすというものであった。それは中国が歴史的に何度も経験してきた国家存亡の危機を回避するための、伝統的な選択肢の一つである。しかし、この「安内攘外」策は、一方で「安定」「統一」を異分子の絶対的排除によって達成するものだったために、軍事的対立も回避しえず、よりいっそう統一・安定を望むことが難しい状況へと陥らせるものだったという。[25]

また、抗日期における国民政府の外交には、基本的に二つの立場が存在していた。一つは孫科、宋子文、孔祥熙ら欧米派であり、彼らは日本の中国政策を牽制するために対欧米接近外交を展開する。この対欧米接近路線は、たとえば一九三六年駐仏大使であった顧維鈞が、サロー（Albert Sarraut）総理大臣と会談し極東問題への注意を喚起するとともに、南京政府に打電して、現在の中国と共通の利害をもつのはソ連であると訴えソ連と手を組むことを説いた事例などにみられる。また、当時駐ソ大使であった蔣廷黻は、対ソ接近外交を展開し、日本に対抗するための対中協力を要請した。このように欧米派は、日本を完全に敵とみなし、友を欧米諸国に求め、日本を抑え込もうとする戦術をとった(26)。

一方、蔣介石、何應欽、張群ら日本留学組を中心とし、蔣介石に代表される立場は、弱国中国としてはその当時の時点において日本と戦うことはできないと判断していた。そのため短期的には対日妥協路線をとり、日本に対しては「敵か友か」の論文を発表して、中国を敵に回すべきではないと説いている。国力の弱い時期に敵を減らすように努め、直接日本に対して友を求めたのである。また、蔣介石の抗日期までの政策は、満洲事変への対応にみられたように、「安内攘外」策である。これは、国内における闘争と日本の侵略というきわめて困難な状況において、まず国民党内の反蔣介石勢力を統一し、共産党を掃討して安定した中央集権国家を建設し、さらに近代国家として国力を充実させた後に、はじめて日本軍の討伐が可能になるとする「二段階戦略」であった(27)。こうした「安内攘外」策は、短期的には日本に譲歩し、長期的には捲土重来を期するという「時間的要素を組み込んだ長期戦の発想」であり、「以夷制夷」と「安内攘外」の戦略的組み合わせは、中国が歴史的に何度も経験してきた国の存亡の危機を回避するための伝統的な選択肢として合理化されるものと評価されている(28)。そして、その戦略的発想は、毛沢東の持久戦にみられる、戦いながら敵を泥沼に誘い込んで殲滅する発想と共通する。

当時の蔣介石は、日本に対しては軍事的抵抗を行うのではなく、国際連盟に日本の侵略の非を提訴し、国際世論を味方につけることで対応しようとした。これについても、欧米派の考えは異なっていた。すなわち、外交経験の豊かな顧維鈞は外交部長として、強制力のない国際連盟の決定に頼るのではなく、その監督と支持のもとで日本と直接交渉をすべきだと考えた。しかし、蔣介石は日本との直接交渉を避け、国際連盟の制裁に期待するという国際連盟依存策を採用した。中国の要求は、「満洲国」の不承認、すなわち日本の侵略行為を認定する「リットン報告書」の承認という形で国際連盟において認められたが、実際には日本軍を撤退させることはできなかった。[29] こうした蔣介石の対日交渉の原則と方法は、「一面抵抗、一面交渉」と規定されるなかに十分に表されているように、周恩来にまで続く「一面闘争、一面改善」の姿勢で、日本に抵抗しつつ妥協の可能性を求め続けるものであった。[30]

さらに、民国期以来の中国外交には、不平等条約の撤廃、失地回復、国際的威信の回復というかたちで民族主義的要求が表れる。それら現在にまで引き継がれる外交目標の達成は、中国国内における達成と外交手段による達成との二つの側面を有している。一九世紀後半以来の中国における外交は、対外的には主権の維持や独立のための手段であり、こうした面において、先に挙げた顧維鈞、蔣廷黻、董顕光ら、民国時代を通じ「中国」〈China〉の国際的地位の向上に寄与してきた外交官たちの存在は重要であった。また、それは同時に、借款や援助を獲得する重要な外交チャネルでもあった。一方、流動的な国内状況のなかで外交を担当するということには、まさに中央政府として中国を代表する政府であるという正統性を国内において表現する資源としての意味合いもあった。

先に挙げた顧維鈞は、軍閥期の外交総長（外務大臣）顔恵慶の時代に、アメリカのウィルソン大統領やイギリスのカーゾン外相との関係をもとに、中国本国の外交政策に対して影響力を行使した。[31] 顧は、上海聖約翰大学書院に学び、一九〇四年に渡米して、一二年にはコロンビア大学で国際法・外交博士号を取得して帰国し、袁世凱総統の英文秘書となった。その後、駐米公使、駐英公使、国際連盟代表などを歴任し、中華民国北京政府から、南京国民政府、台北に移った中華民国政府など三つの政府を通じ「中国」〈China〉の外交官として、また国際機関の外交官として活躍した人物である。彼は国家や政権を越えた理念的概念としての中国の外交官を、生涯を通して体現し、国内の代表政府がいかに変わろうとも〈China〉の代表として行動した(32)。

顧維鈞ら外交官の外交目標は、中国を国際社会の主体たる独立主権国家に、また大国たる威信をもった国家に仕立てていくことであった。その際の行動原則は、第一に国際法に則ることであり、第二に英米を中心に構成されている既存の国際政治の枠組みに準拠しながら、そのなかで可能な限り中国に有利な状況を引き出そうとする現実的なパワー・ポリティックスであった。そして、これは、顧をはじめとするヤング・チャイナと呼ばれた当時の外交官に共通する政策理念であったという(33)。この理念と方向性は、その後浮き沈みはあるものの台湾移転後の中華民国政府へと引き継がれていった。

内戦の敗北によって台湾へと渡った中華民国政府においては、蔣介石時代は特に外交が重視された。なぜなら、台湾における蔣介石率いる中華民国政府の命運が、外交上の、とりわけ米国からの支持を獲得しうるかどうかという面に強く依存していたからであった。蔣介石は外交、特に対米・対日関係を自らの主管分野とみなし、総統府を軸に主要な参画者を中心とした外交を行い、時としてそれは外交部頭越しとなることも少なくはなかった。

その参画者たちとは、先の顧維鈞を含み、さらに抗日戦初期に流行した「教授従政」によって大学教授から外交官へ転身し、その後外交分野で活躍した人々を含んでいた。先にもふれた蔣廷黻、葉公超、杭立武、陳之邁らの人物は、みなそうした経歴をもっていた。後に述べる葉公超は、八年にもわたる外交部長時代に、顧維鈞とともに日華平和条約の締結に参画し、また米華相互防衛条約の締結などを成し遂げ、一九五八年に駐米大使となってからも、総統府との密接な連携によって対米関係および国連での議席保持に関する政策において重要なアクターであり続けた。

また、蔣廷黻は、長年にわたり国連代表として活躍し、一九四九年以降中国代表権問題が国連で問題となるなかで、国連における中華民国政府の立場を保持することに尽力した。そうした人物の米国や世界各地における人的関係を資源として、対米関係の維持や国際的な地位の保持に努める一方で、蔣介石は、外交政策における宣伝の効果に期待をかけた。そこで、中央宣伝部、のちには行政院新聞局出身者の党務官僚を重視して、信用する忠実な「官邸」出身者を多く登用するようになる。(34)

清末に欧米留学をし、語学に堪能で思想的にも欧米の影響を強く受けた世代である「ヤング・チャイナ」および「教授従政」の流れをくむ外交官は、先に顧維鈞の外交理念として述べたような、現実の国際政治においてできるだけ中国に有利な状況をつくり出すために何ができるかという発想をもっていた。たとえば、中華民国政府の硬直した原則外交の代名詞となる「漢賊並び立たず」という立場について、葉公超はこう言ったことがあるという。すなわち、「漢賊並び立たず」とは、「そちらが来たら、こちらが出るというようなものではなく、むこうが来たら同じく闘い続けて、むこうを倒すまで闘うということだ」(35)。無論、彼ら外交官は、中華民国政府の抱える虚構性を捨て去り最終的に台湾のみを代表とする政府となっても構わないと考えていたのではなく、短期的な戦術としてある程度妥協することは辞さないものの、最終的には中華民国の国際的な地位をどのように確保し、威信を確保するのかという課題をたえず念頭においていた。その点は、一九八〇年代後半以降の第三期の台湾外交とは異なり、民国期以来の分裂中国における、「中国」〈China〉の中央政府としての外交という連続性の文脈において行動していたといえるであろう。

すなわち、台湾における蔣介石にとって、外交とは、民国期以来の外交と同様に、国共内戦という文脈においても、国内における指導者という文脈においても、ある種の正統性を獲得する手段であった。しかし、外交上の成果を利用して正統性を主張した蔣介石は、その成果と不可分の妥協という側面をも背負わなければならなかった。その妥協は、実際成果をアピールすることによって蔣介石が獲得する利益を浸蝕し、また代償として、現実的妥協を可能にした外交官の活躍の場を奪うことにもなる。そして、これに代わり、蔣介石の国内における威信と権威を確保するために外交を用いるタイプの党務官僚、たとえば沈昌煥のような人物による外交が主流となった。それは、外交権力の最高指導者個人への従属をいっそう強めることにつながっていくのである。

対米関係と蔣介石の国内権力との関係については、先行研究がほとんど存在しないが、若林正丈による蔣介石の「代替可能性／不可能性」への言及が参考になろう。すなわち、若林は、米国の国民党政権への支持の基礎は、アジアの冷戦における台湾の戦略的価値であり、米国からの支持を獲得するために、蔣介石は台湾において自らの「代替不可能性」を米国に対して立証しなければならなかったという(36)。

その蔣介石時代の最大の目標は、「光復大陸」であった。この「光復大陸」は、国共内戦における武力反攻、すなわち「大陸反攻」によって解決しなければならないものであり、外交交渉によって台北と北京との間で解決できるものではなかった。しかし、四九年に国共内戦に敗れ台湾へと移転した蔣介石率いる国民党政権にとって、単独での大陸への武力反攻は実現不可能であったため、他力本願的な代案として外交問題にすりかえざるを得なかった(37)。蔣介石は、米国からの支持をとりつけるために、中国共産党との戦いは単なる内戦ではありえず、民主主義と共産主義、民主憲政と暴民専政との戦いであるとして、四八年の第一回国民大会においてその認識を表明し、四九年四月二七日の「全国同胞に告げる書」においても「共産党の問題は国際問題」であるとした(38)。蔣介石は、民主主義対共産主義の対立という冷戦のイデオロギーを使って内戦の国際化を正当化し、具体的には米国の支援を勝ち取ろうとしたのである(39)。

朝鮮戦争の勃発という劇的な形で、蔣介石の最後の賭けは成功し米国の支持を獲得したが、その対外政策は必然冷戦状況の持続と緊張の上に組み立てられていかざるを得ない。そして、この蔣介石時代の外交の主要な側面は、国際社会において中共と闘争することとなる(40)。しかし、米国からの支持を獲得することが蔣介石の国内における権威の確立に寄与した一方で、彼の大陸反攻のリーダーとしての権威は、それによって浸蝕されていかざるを得なかった。蔣介石は、台湾移転後の権力再編において、陳誠と蔣経国とを二つの柱としながら権力を固めた。陳誠はアメリカの援助活用を担う経済分野のテクノクラートを抱え、蔣経国は情報治安部門において影で蔣介石を支えながら、救国団を通じて「班底」（追随者集団）の育成を図った。そして、当初対米アピールのために起用した孫立山、呉国禎らは、米国からの支持を獲得した後は、蔣介石の代替不可能性という点からいって邪魔者とされ、失脚させられることとなった。

そして、実際に米国との交渉を担当し、米国との関係を維持する面で力を発揮したのが、葉公超ら外交分野の人材であった。彼らは、国際的ルールに従って行動することによって国家の威信を高め、内政とは別に中華民国が「中国」〈China〉としての国際的な地位を確保することに大いに寄与してきたのである。蔣介石は、宋美齢夫人をはじめとする米国との強いチャネルをもつ人物の力量に依存して、米国との関係をある程度保っていた。いわばこの国際協調派、あるいは対米協調派は、外交においてはあくまで「中国」の国際的な地位を確保することを目標とし、それを可能とする米国との協調関係を非常に重視していた。そして、米国の支持を確保し国際的な地位を維持するためには、必要な妥協はやむなしとする外交姿勢であった。この外交姿勢の存在は、結果として蔣介石の権威と中華民国の国際的地位を両立させたのである。

以上のような先行研究には、いくつかの検討すべき課題が残されている。第一に、蔣介石の「光復大陸」のリーダーとしての威信が、外交における成功や妥協によってどのように影響を受けるのかという点である。そして、第二の課題として、そのリーダーとしての威信と外交との相互作用は、中華民国政府および中国国民党、いわば中央統治エリート内の権力者たちの間での相互認可の側面として考察される必要がある。また、第三の課題は、台湾移転後の中華民国外交には、蔣介石という最高指導者個人の問題ではなく、原則外交と現実的妥協のバランスの問題として、また独裁的ともいえる最高指導者と外交官の関係という体制上の問題として、どのような特徴が見出しうるのかという点である。

3　一九六〇年代までの政治力学

(1)「一つの中国」について

「一つの中国」という言説は、状況と主体とによって具体的な意味内容を異にしている。したがって、「一つの中国」という言説自体の意味内容と、その言説の象徴的作用は、本来歴史的に検討されなければならない。すでに福田円の研究によって明らかにされているように、「一つの中国」原則とは、国際社会において「二つの中国」「一つの中国、一つの台湾」が現実の選択肢として検討され、たびたび提起される状況のなかで、歴史的産物として形成されてきたものである。

抗日戦争が終了した後、中国国民党と中国共産党は、国家の統一を目指して武力衝突を繰り広げた。この国共内戦に勝利した中国共産党が、一九四九年一〇月一日に北京を首都として中華人民共和国の成立を宣言し、中国国民党は台湾へと撤退し中華民国中央政府を台北へと移した。その後も二つの政府はそれぞれに、自らこそが「中国の正統政府」「中国の唯一の合法政府」であると主張し、その論理の必然的結果として、相手の合法性を否認して「一つの中国」の主権を争うという分断状態の原型が形成されることとなった。

四九年から米中国交樹立に至る七八年までの時期は、中華人民共和国（以下、中国とも）政府は対台湾政策として基本的に「台湾解放」を掲げてきた。中国にとっての「一つの中国」とは、現在に至るまで一貫して中華人民共和国であり、台湾問題は内政問題であると主張してきたわけである。そして、その後中国の対台湾政策は、主として国内政治の路線転換やリーダーシップの強弱および対米関係を要因として、「平和解放」という柔軟な路線と原則的対応との間で揺れ動いた[41]。対米関係が改善され、中国国内におけるリーダーシップが相対的に確立されている状況においては「平和解放」を掲げ柔軟路線を採用したが、「百花斉放、百家争鳴」から「反右派闘争」へと国内政治が急進化すると、対台湾政策も原則的な対応へと回帰したのである。総じて中国にとっての台湾問題は、「妥協することのできない原則的問題であったと同時に、すぐに解決しなければならない最も切実な問題ではなかった」のであり、その最終的解決は先送りされてきた[42]。

一方台湾側はというと、五四年一二月に締結した米華相互防衛条約の付属文書である「ダレス・葉公超交換公文」によって軍事行動に先立つ米国との事前協議が定められ、単独での中国大陸への武力行使を封じられた。また、五八年八月からの第二次台湾海峡危機において、蔣介石は「内戦の継続」によって「反共陣営の最前線」としての台湾の戦略的価値を高めることに成功した一方で、「ダレス・蔣介石共同コミュニケ」において、中国大陸奪還の「主要な手段」は「武力の行使ではない」旨の約束を米国に対してせざるを得なかった。そして六〇年代において「大陸反攻」のスローガンは、いつしか「反共」へと変わり、軍事よりも政治および経済的成功により政府の正統性を獲得していく立場へと変化していった。この時期においては、国連における中国代表権問題にみられたように、「中国の唯一の合法政府」「正統政府」の座を二つの政府が争っており、他の国が分裂状況を制度化する構想をさまざまなかたちで提起したが、中台双方の政府は強硬に反対した。たとえば、ケネディ（John F. Kennedy）政権当初の「継承国家論[43]」などでは、国際社会において中台双方の存在を認めていく方向での模索が進められたが、これに対して、解釈は全く異なっていたにせよ「一つの中国」を志向する共通の立場から、中台ともに激しく反対したのである。

また、中国の対台湾政策は、対台湾外交闘争と不可分の関係にある[44]。それは、程度の差こそあれ中台分裂状況の原型が形成されてから現在に至るまで一貫してそうである。この対台湾外交闘争とは、相手国に対して「一つの中国」原則を承認させるか、あるいは中国の立場を承認、認識、尊重するという旨のなんらかの言及を迫り、台湾の中華民国政府の孤立化を図る台湾への間接戦略である。さらに、それは「二つの中国」「一中一台」などのように国家の分裂状況を固定化していく言動を国際的な場から排除していこうとする外交闘争として、全面的に繰り広げられた。その一方で、「中国」という枠内に台湾をとどめるための対台湾統一工作が、当初は武力による赤裸々な威嚇も含めた軍事・外交手段によって行われていたのであった[45]。

こうした中国の対台湾統一工作と対台湾外交闘争に対し、台湾は武力による大陸反攻を事実上放棄して以降、「政治七分、軍事三分」の方針を掲げた。そして、中華民国政府は、反共というイデオロギー的な立場によって日本や東南アジアとの連携を図ろうとしたが、国際情勢は、七〇年代初めまでに米中関係接近とイデオロギーからの脱却へと動いていった。そうした流れのなかで、台湾海峡が大国間の軍事対決ラインとしての意義を失っていくにつれ、「反共」の旗の下での各国との協力はもはや望めないものとなったのである。八〇年代後半になると、台湾独立を当時声高に叫んでいた野党を中心として、七〇年代初期を中心とする政府の受動的な外交姿勢に対して厳しい批判がなされた。そうした批判においては、七〇年代当時、台湾の政府はなぜより現実的で有効な政策をとらず、自ら孤立を選ぶような外交政策を堅持したのかとして政府の責任が強調される。

しかし、あの七〇年代初期に対外政策を転換していれば、台湾の孤立化は起きなかったといえるだろうか。一九五〇年以降の中華民国外交史を全般的に整理した高朗は、「逆に考えてみると、次々と断交した時に、我が政府がもし二重承認を受け入れたとしたら、断交は避けることができたのであろうか。かりに避けられたとすれば、『漢賊並び立たず』という政策は、われわれの外交を不利なものとしたということになるであろうが、もし断交が避けられなかったとすれば、断交とこの政策との関係はあまり大きくなかったということになる」と指摘した。[46] そして、「漢賊並び立たず」の原則は、中国が相手国に台湾との断交を迫る以上、台湾の政府としては断交が避けられないとわかると、「『漢賊並び立たず』を理由にして、外交上の窮地をごまかしてしまうにこしたことはない」といった用いられ方をしてきたという。[47] 第六章で見るように、まさに国連からの退出はそうした事例の一つであった。

（2）二人の指導者――蔣介石と蔣経国

一九六〇年代から七〇年代は、台湾の中華民国政府にとって、蔣介石を中心とする体制から次の指導者のもとでの体制へと変化していく時期にあたる。結果から見ると、蔣介石から息子の蔣経国へと徐々に権力が移譲されていったように見えるが、実際には単線的にそうした権力の移行が進んだわけではない。その権力の移行過程については、対米関係、対日関係、国防、経済など各領域の政策決定において蔣経国が中心的な役割を果たしはじめる時期が異なることがわかってきたが、この点については本書で十分に論じるまでにはいたらず、今後に残された課題である。また、蔣介石の次の総統であった厳家淦の果たした役割なども十分に検討したうえで、蔣経国体制の確立過程を論じるべきではあるが、この点も将来の研究の発展を待ち、あらためて考えなければならない部分であろう。

さて、蔣経国は、中央権力というレベルにおいて、父蔣介石のような指導者としての正統性の根拠を持ち合わせてはいなかった。彼の経歴からいって、国民革命以来ともに闘ってきたという過去に由来する権威を他の権力者たちから獲得することはできず、また「蔣介石への恩義」を一つの象徴として維持されてきた日本との関係でも、当初親米派ではないと警戒された米国との関係でも、蔣介石の権威をそのまま受け継ぐことはできなかった。その意味で、蔣介石から蔣経国への権力の移行において重要となったのは、蔣経国がその他の権力者および社会との関係において、どのような権威の正統性の根拠を、いかにして獲得していくのかという点であった。

その一つが、「模範省台湾」の建設者、あるいは改革者としてのイメージの形成であり、また蔣介石から中華民国の使命を引き継ぐ歴史の継承者というイメージの獲得であった。まさに、ティリーが指摘したように、権力者たちの間における相互認可によって、改革者・歴史の継承者としての正統性を獲得する必要があったのである。したがって、蔣経国への権力移行過程における権力者間でのリーダーシップの確立は、一方で対外政策において中華民国の名を変えることなく従来の柔軟性に欠ける立場を維持していたことと密接なつながりをもつ。そして、その中華民国という枠の堅持は、逆説的ながら、現実主義的な問題を実質的に処理することを可能とする背景となっていた。台湾の国際的孤立状況における蔣経国の実質外交は、原則上は中華民国の名前を捨てることなく、「一つの中国」を堅持したまま、対中外交闘争における不後退ラインとして「中華人民共和国の一省」とは異なる存在のしかたを確保するため、各国との関係の再構築へと向かうこととなる。

中台の共存を拒否する「漢賊並び立たず」の原則が、内戦レベルだけではなく、外交領域および内政をも包含し、これによって三者の強いリンケージが見出された時代においては、それら分野のいずれにおける大きな転換も困難であった。さらに、蔣経国時代における政策の転換を困難にした拘束要因として、対米関係におけるジレンマ、国内政治においては、新しい指導者として権力確立過程において勢力バランスを保ちながら政治的安定を維持する必要があったことや伝統中国の継承などを挙げることができる。蔣経国率いる新しい統治エリートたちは、原則に抵触しない範囲内での現実的な問題の処理様式を必要とし、対外活動においても、正式な外交関係を代替する機能をも含めたかたちで、各国との実質関係を維持することを可能にする「実質外交」を展開したのである。

蔣経国の実質外交については、これを「台湾の生き残り戦略」とする分析が多いが、「国民党自身の台湾における政権存続のための生き残り戦略」としての側面も指摘されている[48]。この実質外交は、結果として国際空間における台湾の存在、あるいは台湾国内における国民党政権の存続に大きく寄与してきたといえるであろう。しかしながら、本章で見てきたように、国際的および国内的拘束要因が強く存在する状況において、蔣経国時代の外交政策は、政策の選択という積極的な過程によって生まれてきたというものではなかった。むしろ、蔣経国時代の外交の本質は、本書で後述するように、拘束された状況において原則的な立場を大きく転換することなく、いかに選択空間をもちえたのかという、その実践過程において見出されるものである。(49)

4　小　結

一九四九年に台湾に渡ったのちの中華民国政府の外交を検討していくにあたり、本章では、渡台以前の時期の外交との継続性に注目し、そこでの外交官の役割、指導者と外交官の関係、政権や指導者の権威の正統性などを検討してきた。渡台以前との継続性の強い中華民国外交では、統治領域が台湾とその周辺諸島に限定される状況に直面しながらも、現実の統治領域を「復興の基地」・大陸反攻の基地と位置づけることによって、外交領域における思考様式や行動様式を大きく変更していない。すなわち、台湾を含む中国全土という、中華民国政府にとってのあるべき領域のなかで中央政府を台北に移しただけであり、外交の根本的な転換の必要性を認識していなかったのである。

しかし、国際空間において現実に直面する外交官は、台湾へ中央政府が移転する以前から、現実主義的な思考と国際法を重んじる立場に基づいて行動し、国際社会において中国〈China〉を最前線で守り続け、それによって中華民国の存続に寄与してきたのであった。そうした豊富な経験に基づく外交官たちの実践と指導者の権威の正統性とは、ときに摩擦を起こすことになる。そして、米国との協調関係により確保した台湾海峡の現状の固定化の結果、現実と原則との矛盾を抱える台湾の中華民国政府は、大陸反攻を表立って捨てることができないなかで「現状維持」という時間を重ねる。その時間がつくり出されていくなかで、どのような変容が起きていくのかについて、次章以降で考察していく。

第二章　一九五〇年代の米台関係と「現状維持」をめぐるジレンマ

1　揺れる米国の対台湾政策

（1）台湾を誰に任せるか

米国による台湾海峡の固定化は、中華民国政府による台湾確保を可能とした一方で、中華民国政府の中国における正統性と、「光復大陸」のリーダーとしての蔣介石の権威あるいは正統性とに大きなジレンマを投げかけた。本章では、「光復大陸」の放棄を含意する現状維持を原則上は肯定できない中華民国政府とその最高指導者蔣介石が、いかにして実質的次元において米国による現状維持を確保したのか、そして、それによって生じる矛盾のなかでいかにして「光復大陸」という目標を標榜し続けたのかを考察する。

周知のように、中国大陸での国共内戦に敗北した後、蔣介石率いる中華民国政府は台湾を最終基地として巻き返しを図ろうとした。そして、一旦失った米国の支持を再び獲得しうる状況が、朝鮮戦争の勃発を劇的な契機として出現する。政策転換以前の米国の対中政策は、国務省と軍部との間で意見が分かれ紆余曲折をたどった。一九四九年一月、中国国民党はまだ最終的に台湾へと撤退してはいなかった。この時点において、米国の国務省と軍部では台湾を共産主義の支配から守ることの重要性においては共通していたが、その実現手段と台湾における政治権力の主体については、大きく意見が分かれていた。統合参謀本部内では、中国共産党による台湾解放は至急のことではなく、友好的な台湾政府を維持できるように、適切な外交的・経済的手段で共産主義を阻止することは可能であるとの立場であったという。(1) これに対して国務省は、米国が領土もしくは基地の獲得によって直接台湾にコミットするよりも、むしろ現地における反ソ政権の育成を図る方が賢明だと考えていたが、その主体としては国民党も台湾人民も弱体であると判断し、ひとまず台湾における非共産主義の地方政権を支持するとの立場であった。(2) こうした議論から明らかなことは、台湾の確保という次元と、蔣介石の中華民国政府を支持するという次元は、米国の政策において別問題であったということである。米国が中国国民党をその主体として台湾の確保を図るのか、あるいは他の地方政権の育成を図るのかという問題は、敗色の濃くなっていく蔣介石にとって死活的な問題となっていった。

同年二月、米国政府によってとられた政策は、国務省の立場が強く反映されたものであった。そこには、非共産主義の地方政権の育成を図ることが明記され、それを実現するための経済援助プログラムの必要性と限定的な政治的コミットメントという方針が打ち出されていた。(3)

トルーマン（Harry S. Truman）大統領は、この時点において軍事的手段を用いることに反対する国務長官アチソン（Dean Acheson）の意見を支持し、国家安全会議において台湾に関する対応を定めたNSC37/2の補足文書として、既定方針にいくつかの点を付け加えた。そこには、①米国高官の派遣による台湾省政府との交渉、②効率的な経済援助のための経済協力局（ＥＣＡ）使節団の派遣、③将来に備えての台湾人運動家との接触、④台湾における軍隊の展開は一切行わない、などの事項が含まれていた。(4) この段階で国務省と軍部は、台湾を共産党政権に渡すべきではないとの方向で一致していたが、国務省は中ソ離間を視野に入れて将来における共産党との和解をも見据えたうえで、国民党にも共産党にも台湾を渡すべきではないと考えていた。すなわち、中華民国政府の支持という次元では、蔣介石は米国からの支持を獲得していなかったことになる。また、軍事的コミットメントについては、国務省としては情勢の変化があったとしてもこれ以上の深入りを避けたいと考えており、米艦隊や訓練使節団の撤退、および台湾放棄をも可能性としてもっていた。しかし、一方の軍部としては、これがまさに最低限のラインであった。すなわち、軍部の見解は、軍隊の展開は行わないということは戦闘行為を行わないことを意味していたが、そうであればむしろ訓練施設や艦隊を台湾に移動させて将来に備える配備展開をする必要があるというものだった。[5]

四九年八月の時点で、アチソンは、共産党による台湾の武力解放が差し迫った場合、米国が進駐してまでコミットするほどの軍事的価値が台湾にあるのかどうか疑問をもっていた。これに対し統合参謀本部は、米軍にとって必要なのは日本・琉球・フィリピンと連なるオフショア・アイランド・チェーンの堅持であり、台湾の問題はその防衛という観点から総合的に考えるべきで、状況次第では公然たる軍事力行使もありうるとの立場をとり、[6]蔣介石を中心とする国民党軍との関係を復活し、彼らに台湾を防衛させるしかないとの立場をとった。[7]

五〇年一月五日、トルーマン大統領は、議会の議決を経て継続中の援助以外は国民党政府に対する軍事援助は行わないとの声明を発表した。[8]しかし、将来の介入の可能性は残していた。続いて一月一二日、アチソンはナショナル・プレス・クラブにおいて、台湾はアメリカの防衛ライン（defensive perimeter）の外にあると述べたが、その裏側では軍事援助も継続され、ラスク（Dean Rusk）極東担当次官補と軍の将官たちとの間では、規定の枠内で援助の幅を広げる努力が行われていたという。[9]

五〇年六月の朝鮮戦争勃発により、米国の政策は急展開する。米国は台湾海峡への第七艦隊の派遣を決め、いわゆる「台湾中立化」を宣言した。しかし、この「台湾中立化」に含まれている軍事的中立についても、国務省と軍部とでは意見が異なっていた。すなわち軍事的中立とは、国務省にとっては「台湾の凍結」であったが、軍部にとっては「台湾侵攻の阻止」を意味していたのである。[10] その最大の相違点は、蔣介石と国民党へのコミットについてであった。国務省は、孫立人ら親米的立場の将軍など蔣介石以外の幹部や台湾自治運動などの第三勢力による親米政権の成立に期待をかけつつ、信託統治の模索も行うなど、台湾移転後の国民党政府を台湾を統治する唯一の主体とはみなしていなかった。一方軍部は、将来の大規模な軍事的関与が不可能であった場合の最も効率的な方法として、国民党軍の活用を考慮していた。しかし、結果として、時間の経過とともに台湾における第三勢力の拡大も中ソ離間の可能性も、さらには国連による信託統治の可能性も低下し、国務省の期待が実現する可能性は消失していった。そして、その一方で中国共産党による台湾武力侵攻が短期的に起こる可能性が低下し軍部の思惑も外れた結果、米国政府は蔣介石を中心とする政権を支持する以外に選択肢がなくなった。[11]

その後米国は、五一年五月のアジア全般に関する政策文書（NSC48/5）において、中華人民共和国を「ソ連から引き離す」ことを目標として、そのために同国を「孤立化させる方策」を決定した。[12] その一方、五二年三月（NSC128）には、台湾を共産主義政権には渡さないこと、台湾の親米政権の支持や第七艦隊の派遣継続などの内容が盛り込まれた。[13] このとき米国は、中ソ離間による将来の中国共産党政権との関係の可能性を見据えた中国政策と、共産主義政権からの台湾の保護を目指す台湾政策というダブル・スタンダードをとっていたのである。第七艦隊の台湾海峡への派遣により、台湾を確保するという次元での米国の立場は明確にされたが、もう一つの次元、すなわち正統性争いという国共内戦の次元においては、中国共産党と中国国民党のうち後者を選択したというよりも、台湾の政治主体として他の主体よりはとりあえず中国国民党を選択するほかなかったというのが内実であった。

台湾および国民党政権の支持という意味において、米国の台湾政策は十分なものではなかった。そして、その後の台湾中立化解除から米華相互防衛条約締結までの米台関係は、米国による状況の固定化と、対米関係の強化を図る中華民国政府の外交との間で、さらにジレンマを深めていく。五三年二月、アイゼンハワー（Dwight D. Eisenhower）大統領は、第七艦隊に対する命令を修正し、いわゆる台湾中立化解除を宣言した。この宣言の発表に先立ち、米国政府はランキン（Karl L. Rankin）駐華公使に、この決定を中華民国政府に伝えるとともに、この決定が中華民国政府への援助拡大につながるとの誤解を与えないように指示した。[14] ランキン公使は、この決定を蔣介石に直接伝えると同時に、大陸に対する大規模な攻撃を行う前には台湾駐在アメリカ軍事顧問団に知らせてほしい旨の要請を行った。[15] 一方、顧維鈞駐米大使は、アリソン（John M. Allison）極東担当国務次官補に対し、国府軍の大陸攻撃に対して共産党軍が台湾に報復攻撃を行う場合には、第七艦隊は戦闘に参加するのかどうかその意向を尋ねたが、アリソンは回答を保留していた。[16]

（2）相互防衛条約の締結

一九五三年三月、顧維鈞大使は、ダレス国務長官に対して相互防衛条約を結ぶことを提案した。[17] 中華民国政府は、米台間で相互防衛条約を締結することによって、米国との緊密な関係を構築することを求めるとともに、それに伴う国際的地位の安定と向上を目指していた。続いて六月七日、蔣介石はアイゼンハワー宛書簡において、防衛条約の締結について正式な申し入れを行い、[18] 一二月一八日には、米国に対して「米華相互防衛条約草稿」を提出する。しかし、ダレス国務長官は「来るべき適切な時期に防衛条約の締結に着手するつもりである」と回答して、態度を保留し続けた。[19]

中華民国政府側からの幾度にもわたる要請に対して米国が態度を保留していた理由は、第一に、当時の米国のアジア戦略においては東南アジア条約機構（ＳＥＡＴＯ）の設立が最優先事項であったからである。また第二に、米国議会で発言力のある民主党議員ウォルター・ジョージ（Walter George）らがこれに反対の立場を表明しており、共和党の立場からすると中間選挙の年に台湾との条約問題を提起することになれば政党間の政争の火種になると懸念していたからであった。[20] そして、もう一つの重要な理由は、条約締結を進めれば、米国が中華民国政府に対して地理的にどこまでの防衛支援を与えるかを明示することになるという、適用範囲に関する深刻な問題が存在していたからである。[21]

しかし、SEATO設立に反応した中国の大規模な軍事行動が、この米国の態度を変更させた。五四年七月後半、香港行きの英国民間旅客機が中国側に撃墜され、そのなかに六人の米国人が含まれていた事件や、米軍艦隊の空母の配備下にあった支援戦闘機二機が中国軍戦闘機の急襲を受けこれを迎撃するという事件は、米国上院の雰囲気を一気に対中強硬論へと転換させた。さらに、七月末から中国の大規模な「台湾解放」運動が高まってくると、米国議会をはじめとして、米台間で防衛条約を結ぶべきであるというコンセンサスが次第に形成されていくこととなった。五四年九月三日、おりしもフィリピンのマニラでSEATO設立会議が行われていた時期、中国人民解放軍は厦門に約一五万人の軍隊を配備し、金門島への砲撃を開始した。これに対し、米台は緊急に台湾および大陸沿岸諸島近海の防衛強化の措置を講じたが、周辺警備の強化というかたちできわめて慎重な措置をとるにとどめた。

九月三日の統合参謀本部では、「大陸沿岸諸島の防衛は『重要』(important) であるが、戦略的に見て台湾・澎湖諸島を防衛するために『死活的』(essential) な存在ではない」と考えられていた。[22] そして、大陸沿岸諸島の防衛への関与の是非については、消極論と積極論で見解が大きく分かれていたという。[23] すなわち、大陸への攻撃も含め積極的な防衛支援を行うべきだとする軍部に対して、アイゼンハワー大統領は「金門の戦略的な価値は、国府軍の士気を保つという心理的な重要性を除けば、それほど高いものではない」と消極論をとったのである。[24]

米国は、大陸沿岸諸島への防衛介入によって米中、米ソ戦争へと発展する可能性と、介入放棄によって中国の軍事行動をエスカレートさせ反共防衛ラインを脅かされる可能性との間で、ジレンマに立たされていた。そこで、「国連安保理停戦案」の検討を始める。それは、国連安保理において中国の軍事行動を「侵略行為」と位置づけ、台湾海峡危機終息のために米国が介入することへの承認を公式に獲得し、それによって台湾海峡の「現状維持」を試みようとするものであった。[25] しかし、五四年一〇月半ばから、蔣廷黻国連代表は、顧維鈞駐米大使、葉公超外交部長と協議を始め、国連安保理停戦案による試みを拒否するとの結論に達した。その理由は、国連安保理停戦案に則ると大陸沿岸諸島問題を国連に委託することになるだけでなく、「現状維持」の固定化を公言すれば中華民国政府は今後大陸反攻を行いえない状態を生み出してしまうことになるからで、それは、事実上の「二つの中国」の容認となるとの結論であった。[26] そして、一〇月二〇日、顧大使は極東担当国務次官補ロバートソン（Walter S. Robertson）に、国連安保理停戦案の現状維持の立場を受け入れることはできないとのメッセージを伝えた。[27]

一一月一日、中国の大陳島への爆撃および他の大陸沿岸諸島への砲撃が開始されると、翌日、米国家安全保障会議（ＮＳＣ）は、台湾との相互防衛条約締結に向けての交渉を開始すること、同時に停戦案を中華民国政府に受け入れさせること、条約の適用範囲に限定を加えることなどを決めた。[28] 同時に米台間では密かに話し合いが始められたが、その立場の相違は大きかった。中華民国政府は条約締結を、政府の正統性と国際的地位の向上の手段とみなしつつ、あくまで台湾海峡危機の終息・安定化という戦略的意味合いで捉えていた。

第一に、条約が「防衛」のためのものであるという点については、葉公超外交部長は、中華民国政府側は「大陸反攻」に固執していないとの立場を示し、当面の課題は島内における軍事力の近代化、経済の安定、政治改革だと説明した。[29] しかし同時に、中華民国政府側には「『大陸反攻』の権利を放棄したことをいますぐに公言できるほど心理的準備ができていない」とも説明し、「大陸反攻」の意思がないことを条文に明示するのは避けるべきだと主張していた。[30] 結局、米台間において条約が「防衛」に専念するものであることへの合意は得られたが、それを条約の規定として明文化することは避けられた。

第二に、懸案であった条約の「適用範囲」については、米国側では一一月二日の国家安全保障会議において、次のような合意がなされていた。すなわち、適用範囲はあくまでも「台湾・澎湖諸島」として、「大陸沿岸諸島」への対応については「曖昧」にしておくこと、そして「大陸沿岸諸島を攻撃した場合、米国がいかに反応するのかについて共産中国を疑心暗鬼にさせておく」ことを狙いとしていた。[31] 米国は、適用範囲に柔軟性をもたせることによって、中国へのいたずらな挑発を避けると同時に、中国の軍事行動を牽制しようと試みていたのである。[32]

この米華相互防衛条約の締結によって、中華民国政府側は表面上大きな妥協なく米国の台湾防衛への保証をとりつけることに成功し、国内的にも蔣介石の威信をいっそう高めることとなった。しかし、条約の締結を実現させた実質的次元においては、中国大陸への軍事反攻を行わないと合意したという点で、葉公超外交部長を中心とする外交交渉によって米国との間に現実的妥協が成立していたのである。一二月一日に条約が締結された後、適用範囲として沿岸諸島が明記されなかったことを憂慮した台湾側は、一二月一〇日の「ダレス・葉公超交換公文」において、「米華相互防衛条約第六条で述べられている領域および、その他の領域をともに有効に支配している」との一句を盛り込んだ。[33] それは、「その他の領域」に沿岸諸島が含まれていることを暗示し、中華民国政府が大陸沿岸を実効支配しているという点を米国に承認させようとするものであった。

五五年一月一八日、中国が一江山島を「解放」し、中華民国政府軍の同海域での根拠地であった大陳列島が、中国からの攻撃の危機にさらされた（「第一次台湾海峡危機」）。米華相互防衛条約が議会の批准を得る以前に起きた事態の急展開であったため、一月二九日に米国議会は「台湾決議」（Formosa Resolution）を圧倒的多数で可決させ、台湾防衛の意思を再度表明した。また、台湾決議には盛り込まれなかったものの、米国政府は大陸沿岸諸島のうち金門・馬祖島の防衛に介入することを密かに決定して、その旨を台湾側へ伝えた。[34]

台湾防衛についての米国の意思表明を獲得した後も、葉公超外交部長は、条約の批准を促すために米国に引き続き滞在していた。彼はすでに米国の台湾に対する支持について懸念を感じていたのである。葉は行政院長への手紙のなかで、米国の一部上院議員だけではなくダレスとロバートソンも、条約を利用して「二つの中国」論を推進している懸念があると表明し、幸いにも中共は「二つの中国」論に反対することで我々の助けになっているとの感想を述べていた[35]。そして、その後、この条約が台湾海峡危機における中台および米中の軍事衝突を避けるための一種の「安全弁」として機能し[36]、実質的には台湾海峡の現状維持が推し進められていくこととなる。

台湾側は、「二つの中国」的発想を含む米国の台湾海峡の現状維持政策に対し、実質的次元において妥協を成立させることを基盤としながら、米国との関係を維持していた。すなわち、この時期の外交は、主として国内的な事情から原則上、公式には妥協を許容しえない中華民国政府の強硬外交を、実質的次元における現実的な妥協によって支えてきたものであった。そしてそれは、次節において詳述するように、葉公超ら対米協調もしくは国際協調を基本とする現実主義的外交官の役割に負うところが大きかったのである。

2　一九五〇年代の中国代表権問題

（1）政治力学の場としての国連

国連における中国代表権問題とは、台湾をめぐる政治力学において、また台湾の中華民国政府にとって、一体いかなる意味をもっていたのであろうか。すでに第一章でも述べたように、本質的に国際連合という機構は、参加主体それぞれが有している複数の利害と正義（大義名分、正当性）が衝突したり協調が図られたりする場であり、なんらかの唯一絶対的な全体の利益を実現するものではなく、また権力政治に代わりうるものでもない。しかし、国連の決議という国際世論の力は、国連の権威を感じる側の存在との相互関係において作用し、一つの重要な役割を果たしてきた[37]。そして、国連における中国代表権問題は、常任理事国として大国の責任を果たし世論形成のコミュニケーションに参画するという実質的な国際的地位の保持の問題と、それに付随する象徴的な作用の問題との二つの側面をもち、その二つの側面は相互に密接に関係して展開していく。

国連における中国代表権問題は、どの政府が中国を代表するのかという問題を象徴的に表すものではあったが、実質的な問題解決を探る政治過程と呼びうるものではなかった。すでに述べたように、米国は紆余曲折の中で台湾の確保とその中国国民党政権を支持する政策をとり、国連創設国として名を連ねていた中華民国の政府代表は、台湾への移転後もそのまま国連総会および安保理にとどまることとなった。その米国の政策は、国連における指導力を保持するために共産中国を締め出しておくという意味で、台湾の中華民国政府に支持を与えるものであった。結果として、国連における議席の確保は台湾の中華民国政府に中国の正統政府としての象徴的な地位を付与するものとなったものの、国連の機能としてどの政府に正当性を認めるかという国際的な基準を与えるものではなく、むしろ国際政治における権力政治が国連の場において展開されたものといえた。

国連の代表権問題は、第一に中国史の文脈における国共内戦の延長として、国連という国際舞台において中国国民党政権と中国共産党政権が「中国の正統政府の座」を争うという象徴的な側面を有した。一九四九年一〇月一日、国共内戦に勝利した中国共産党は、国名を中華人民共和国とし、中華民国が抱えていた諸々の課題を乗り越えたと自らを位置づけ、「新しい中国」として成立を宣言した。そして周恩来は同年一一月一五日、国連に対して、国民政府代表団の権限を剝奪し、中華人民共和国政府の代表が中国の唯一の代表としてその権利を回復することを要求する電報を打った。

新しい国家としての中華人民共和国の成立は、「中国」の存在をめぐってさまざまな可能性を生み出した。その一つとして、中華民国とその中央政府が事実として完全に消滅してはおらず、人民革命というかたちで新国家が成立したものの、旧来の中華民国という国家を新しい国家が完全に継承するというかたちをとっていなかったことによる「可能性」があった。すなわち、歴史的な文脈では、一つの国家内において中央政府が転換したのではなく、中華人民共和国が新たに建設され、そして台湾に移転した国民党政府が中華民国の歴史を継承していると主張することが可能な状況が生じたのである。無論、そうした歴史的正統性や国際法的な解釈をめぐる議論によって、国連における中国代表権問題が展開したのではなく、むしろ米国のイニシアティブによる権力政治として展開した面が大きかったが、台湾とその周辺諸島のみを実効支配する政府の主張を支えるものとして、歴史的な正統性の議論はその後も一つの機能を果たすことになった。

国連における中国代表権をめぐる議論は、中華人民共和国の成立後すぐに始まることとなった。まず、五〇年一月に、ソ連が安保理において「国民政府代表の信任状を否認し、安保理事会から排除する」決議案を提出したが、これは否決された。この「信任状否認方式」と呼ばれる決議案が採択されると、中華民国政府代表は安保理事会あるいは総会の当該会期から排除されるが、これに代わってただちに中華人民共和国政府代表が招聘され出席が認められることにはならない[38]。また、五〇年九月一九日から開催された第五回国連総会において、キューバが「国連による代表権承認」問題を総会に議題として提起し、カナダは中国代表権問題解決のための「特別委員会」の設置を提案した。インドとソ連もそれぞれに中華人民共和国政府代表の総会への参加を求める決議を提出したが、いずれも否決された。このように、五〇年六月からの朝鮮戦争での対立を反映して、国連総会では激しい攻防が繰り広げられた。

すでに述べたように、朝鮮戦争が勃発する以前においては、米国は中国との関係を緊張させてはいたが、早々に中華人民共和国を承認した英国に続きなんらかの関係を構築する可能性は残されていた。しかし、米国は、台湾の中華民国政府を安保理から追放して中華人民共和国を加盟させるとのソ連の提案に対して安保理で反対投票を行い、またそのほかの国も中国が北ベトナムを承認したのを受けて反対や棄権に回ったため、この提案は否決された。その後、先述のように、朝鮮戦争の勃発により、トルーマン大統領が第七艦隊を台湾海峡に派遣し、対中政策を大きく転換させることとなる。武見敬三が分析したように、蔣介石は内戦での劣勢状況にあって、四八年頃からすでに国民党政府存続のための台湾防衛戦略として「内戦の国際化」を意図していたが、この朝鮮戦争を機にそれが実現することとなったといえる。[39] そして中国の軍隊が朝鮮戦争に参戦したことにより、西欧諸国も中国共産党政府の国連加入に賛成しえなくなったのである。

しかし、実際に中国大陸を実効支配しているのは、北京の中華人民共和国政府であり、中華民国政府は台湾と金門・馬祖・澎湖諸島を支配しているにすぎなかった。この現実からいえば、中華民国政府が二〇年にわたり中国全土を代表して国連での「中国」の代表権を維持し、中華人民共和国政府の加盟を阻止していたことが、当時の実情を反映していないことは当然である。そして逆に、その後中華人民共和国政府が発した、台湾とその周辺諸島を含む中国全土を代表して国連での議席を有するとの主張も、同様に実情を反映していないと考えざるを得ない。

そもそも、こうした現実とのギャップが維持され続けたこと自体、国連の一つの性質を反映するものであり、主権国家、国民国家によって構成されているはずの近代の国際体系においては、この中台関係を平和的かつ現実的に解決することが相当に困難であることを示していた。その一つの要因は、国連がこの種の問題を処理する規定と機能を十分に備えていなかったことにある。代表権問題がさまざまな形式をとって争われることになったのは、国連憲章に代表権問題についての明確な規定がないからであった。憲章においては、「加盟国の地位」について、第四条一項で「国際連合における加盟国の地位は、この憲章に掲げる義務を受諾し、且つ、この機構によってこの義務を履行する能力および意思があると認められる他のすべての平和愛好国に開放されている」とされ、その加盟については同条二項において、次のように定められている。すなわち、「前記の国が国際連合加盟国となることの承認は、安全保障理事会の勧告に基づいて、総会の決定によって行われる」[40]。

したがって、中華人民共和国が新規に加盟申請を行うのであれば、加盟に関わる手続きは、まず安保理の勧告に基づいて、総会で出席・投票国の三分の二の賛成を得て可決されることになる。しかし、当時安保理の常任理事国として中華民国政府代表がいたわけであるから、その反対票によって、中華人民共和国の加盟は容易に阻止されることになったであろう。そこで国連における中国代表権問題は、単純に中華人民共和国の加盟問題としてではなく、むしろ上記のような加盟手続きを避け別の方式を模索した動きとして展開することとなった。したがって、中国代表権問題を単純な中国共産党政府の加盟問題として見るのは誤りであって、むしろ通常の加盟手続きを避けている点が一つのポイントであったのである[41]。

（2）「審議棚上げ（モラトリアム）」案

国連において最初に中国代表権問題が論議の対象とされたのは、ソ連が一九五〇年の安保理事会においてこれを提起してからである。これ以後七一年に中華民国政府代表が国連からの脱退を宣言して退出し、中華人民共和国政府の招請が決まるまでの二一年間にもわたり、中国代表権をめぐる攻防が続くことになる。この間、中華人民共和国政府の招請を企図して、「信任状否認」方式、「緊急動議」方式、「議題採択」方式などのさまざまな措置が試みられた。これに対し台湾もしくは中華民国政府を擁護する立場をとる国々は、「審議棚上げ（モラトリアム）」案や「重要事項指定決議」案などによって中国代表権の変更を先送りしてきたのである。

一九五一年の第六回総会から六〇年の第一五回総会までの期間は、審議棚上げ案が毎年可決されることにより中国代表権問題の実質的な審議は行われなかった。すなわち、中華人民共和国政府代表を招請しようとするグループは、「議題採択」方式（五一年）、「信任状否認」方式（五二年）、「緊急動議」方式（五三〜五五年）、「議題採択」方

表1　中国代表権問題審議棚上げ案の表決

総会	年	賛成：反対：棄権（賛成率）	PRC 承認国／国連加盟国
6	1951	37：11：4（71%）	22／60
7	1952	42：7：11（70%）	22／60
8	1953	44：10：2（79%）	22／60
9	1954	43：11：6（72%）	22／60
10	1955	42：12：6（70%）	23／60
11	1956	47：24：8（59%）	26／80
12	1957	47：27：7（58%）	26／81
13	1958	44：28：9（54%）	31／82
14	1959	44：29：9（54%）	32／82
15	1960	42：34：22（42%）	36／99

出処：安藤正士・入江啓四郎編『現代中国の国際関係』（日本国際問題研究所，1975年）および河邊一郎編『国連総会・安保理投票記録――国際問題と各国の外交姿勢』（新聞資料センター）各年版より作成。

式（五六～六〇年）によりそれを試みたが、「国民党政府代表を総会から排除し、中共政府代表を総会に出席させるいかなる提案の審議も延期する」という審議棚上げ案は、それらさまざまな方式についての総会での審議そのものを拒否することに成功した。

台湾の中華民国政府では、当初「モラトリアム」という言葉の使用にも抵抗感を示し、「米国は現在中華民国を支持しているが、将来いつでも支持しないことがありうることも表している」との不安を抱えていた[42]。そして、この不安定な状態の改善を目指し、より確実な支持を獲得するために、第九回総会では「先送り」の語を削り、また第一一回総会では「本年度」の語句を削除するなどの技術的な微調整を試みていたという[43]。

しかし、表1に明らかなとおり、この期間に審議棚上げ案への賛成国数はほとんど増えていないのに対して、逆に反対国数は次第に増えていった。また、国連加盟国の中でも、中華人民共和国政府を承認する国の数が漸次増えていったので、相対的に賛成国の比率が低下している。最終的には、一九六〇年の第一五回国連総会で、賛成四二、反対三四、棄権二二となり、賛成率が四二%と五割を割り込んだため、米国は次の六一年の第一六回総会から新たな手法への転換を図った。

一方、中華人民共和国政府加盟を支持するアルバニアなどの国々からは、「中華人民共和国政府のすべての権利を回復し、同政府代表を国連における中国の唯一の合法代表と認め、蒋介石の代表をただちに国連から追放することを決定する」という、いわゆる「アルバニア案」が提出されていた。そして、この決議案に賛成する国の数は、中華人民共和国承認国の増加に伴い次第に増えていったが、六五年に賛成と反対が同数となったのをピークにして、それ以降六〇年代末までは大きく変化しなかった（表2参照）。

六一年から米国が始めた新しい方法は、国連憲章第一八条を引用して、「中国代表権を変えるいかなる提案も重要問題である」とする提案であった。このいわゆる「重要事項指定決議案」は、この決議案が可決されると、その問題に関わる提案は三分の二以上の賛成票を獲得しなければ可決されないというものであった。この方式により、六一年から七〇年までの間アルバニア案の可決は阻止されたが、審議棚上げ案とは異なり中国代表権問題が総会の正式議題として審議されるという意味においては、中華民国政府にとって歴然とした立場の後退となったのである(44)。

表2　アルバニア案の表決

総会	年	賛成：反対：棄権（賛成率）	PRC承認国／国連加盟国
5	1950	16：33：10（27%）	21／ 60
16	1961	36：48：20（35%）	35／104
17	1962	42：56：12（38%）	38／110
18	1963	41：57：12（37%）	40／112
20	1965	47：47：20（41%）	46／117
21	1966	46：57：17（38%）	46／122
22	1967	45：58：17（38%）	46／122
23	1968	44：58：23（35%）	49／126
24	1969	48：56：21（38%）	49／126
25	1970	51：49：25（41%）	53／127
26	1971	76：35：17（59%）	67／131

出処：安藤正士・入江啓四郎編『現代中国の国際関係』（日本国際問題研究所，1975年）および河邊一郎編『国連総会・安保理投票記録――国際問題と各国の外交姿勢』（新聞資料センター）各年版より作成。

この重要事項指定方式への転換の背景には、新規に加盟をしてきたアジア・アフリカの諸国家の動向が無視しえないものとなり、米国が国連総会における影響力を従来のように発揮するためのコストが、増大しつつあるという状況があった(45)。事実、六〇年の国連総会では、アフリカの新興独立国家一六ヶ国およびキプロスが加盟し、アジア・アフリカ国数は国連加盟国九九ヶ国のうち四五ヶ国を占めるまでになっていた。第一五回総会の中国代表権問題の採択においては、その一六ヶ国はすべて審議棚上げ案に棄権票を投じた。アジア・アフリカ諸国の動向が結果に大きな影響を与えるという意味で、中国代表権問題の主導権は、その後六〇年代を通じて「第三世界」によって握られていくこととなる。

そして、この一九六一年は、国連問題をめぐる中華民国政府の外交政策においても一つの分水嶺となった。すなわち、上記の重要事項指定決議案とモンゴルの加盟問題との間で、この年、台湾の中華民国政府は重大な決断を迫られることとなったからである。

3 小結

一九五〇年代の一〇年間は、米国からの支持を獲得することによって中華民国政府が台湾海峡の現状維持を図り、国連においても中国〈China〉の議席を中華民国政府代表が確保し続けた時間であった。国際政治の闘争の場となる国連における議席の確保は、米国の支持のもとでこそ可能となり、米国の政策転換に大きく影響されざるを得ない。台湾の中華民国政府にとって、特に対米協調を重視する立場の外交官らにとっては、国連とは対米協調にとって重要な要素であり、米国の支持を確保するためには国連における戦術的な選択はより柔軟に検討しうるものとなる。一方、法統や指導者の権威の正統性を重視する立場の権力保持者にとっては、過度と思われる戦術的な妥協は権威の正統性を傷つけるだけではなく、むしろ米国の政策転換につながるものとして危険視され、国連での議席をめぐる交渉は米国の政策転換への歯止めとして位置づけられた。

この五〇年代の中台分裂状況の固定化という現状維持は、米国によって台湾側からの軍事力による大陸反攻が事実上抑制されるなかで達成されてきたものであったが、その時間は、中華人民共和国政府が実際に中国大陸を統治するという実績を積み上げた時間でもあった。この時間の積み重ねが、各国にどのような変化をもたらしていくことになるのか。続く第三章では、各国が台湾海峡両岸の現実の状況をふまえたかたちで台湾との関係を検討しはじめた六〇年代に、米台の間にどのような問題が起き、中華民国政府がその時期にどのように対応したのかを分析する。

第三章　一九六一年の中国代表権問題をめぐる米台関係

1　ケネディ政権と「二つの中国」論

（1）重要事項指定方式への転換

一九五〇年六月の朝鮮戦争勃発後、米国は自身の安全と利益に鑑みて、公式には「共産中国の封じ込め」を標榜しつつも、「二つの中国」、もしくは「一中一台」の可能性を内在させた政策をとり続けてきた。そうした米国の姿勢は、五〇年代後半から台湾海峡の現状維持をつくり出すなかでより明確に表出されてくるが、五九年九月一日には、米国議会上院外交委員会の要請で、米国の外交政策についての研究報告「コンロン報告」が提出された。その報告では、米国のアジア政策のうち、特に中国政策にかかわる部分について次のような提起がなされている。すなわち、米国政府は北京が国連に加盟することに賛成する一方、台湾に対しては「台湾共和国」を樹立し安保理の議席をもたない加盟国となることを促しつつ、中華民国政府に協力して台湾を守る義務を従来どおり負うことを表明するというものであった。そして、中華民国の国軍は金門・馬祖から退却し、移住を希望する住民はその希望どおりにするとともに、「台湾共和国」成立後、台湾の大陸難民（外省人を指す）がもし台湾を離れたいと望むならば、その解決に米国は協力すべきであるという。さらには、北京とは通商条約を締結し、事実上の承認とするとの内容を含んでいた。また、六〇年四月号の『フォーリン・アフェアーズ』は、「中国問題を再検討する」という長文を掲載、米国は北京を承認し、中華民国は金門・馬祖を放棄して「中台国」（Sino-Formosa Nation）を建設すべきであるとの主張が展開された。

米国内では、中国および台湾に対する政策変更を示唆する論評が出されてはいたが、ケネディ政権は、国内の世論の動向を見極めつつ、一期目の任期においては慎重な姿勢で中国問題に糸口をつけるべく対処しようとしていた。まず国連の中国代表権問題については、それまでの審議棚上げ方式はもはや有効でないとの判断を下し、より戦略的かつ効果的に中華民国政府の議席を確保し共産中国の加盟を阻止するための別の手段を模索しはじめる。すなわち、ケネディ政権の一年目において共産中国の国連加盟を許すことは、国内政治への配慮から回避すべきであるとの立場をとり、六一年の国連総会では加盟を阻止する方策を模索しつつ、より長期的には共産中国の国連参加に向けて門戸を開く立場への移行を検討していたのである。それは、継承国家論に基づき、中華民国政府の国連における議席を残したまま中華人民共和国政府にも国連に参加する道を開くことによって、国際社会の多数からの支持獲得をより少ないコストで実現する方策への移行であった。そして同時にそれは、中国代表権問題を未解決にしているという道義的責任を北京側へ帰そうとするものでもあった。

一九六〇年の国連総会の結果を受け、次回国連総会においていかに中華民国政府の国連での代表権を確保するかという問題をめぐり、国連大使蔣廷黻と駐米大使葉公超は各国との協議を続けていた。そのなかで、モラトリアム案をもう一年利用できるかどうかを模索していた葉公超らは、なんらかの変化を望む米国側の明確な立場に直面することとなる。六一年三月一七日および二二日、葉はラスク国務長官と会談し、中国代表権問題についての非公式な協議を行った。この協議を通じて米国側は、審議棚上げ案は六一年秋の国連第一六回総会においてはもはや有効な対策になりえないとして、中華民国政府側が all-or-nothing の立場をとるのか、あるいは国連での議席維持に重点を置くのかについてその立場を質した。(1) 米国は、それまでのように審議棚上げ案によって国連の多数の加盟国を説得することは難しいと感じ、英国をはじめとする中華人民共和国をすでに承認している国家の協力をも要請しうる有効策を模索しはじめていた。

さらに、ラスク国務長官は、中国代表権問題を重要事項として総会で取り扱うべきことを示唆した。すなわち、多くの国が中国代表権問題を総会で議論すべきであると考え、審議棚上げ案に否定的であるだけではなく、それが資格問題、すなわち中国の議席に誰がつくべきかという問題として議論されることになれば、最悪の場合、北京の中華人民共和国政府が中華民国政府に代わりその席につくということになりかねないとの状況認識を示した。そして、米国としては、「台湾がすでに有しているもの」を確保することに対し、すでに北京を承認している国家からの支持をも新たにとりつけるべきだと考えていることを伝えたのである。(2) 台湾がすでに有しているものを確保するとはすなわち、領域や地位をも含め、台湾とその周辺諸島のみを統治する現状の維持を示唆していた。

しかし、中華民国政府側にとって、米国のそうした立場は、実質的にも含意の上でも、国連において「二つの中国」を模索することにほかならなかった。このため、葉公超は、中華民国の名前を維持することの重要性を主張しつつ、「二つの中国」の立場は容易に受け入れることはできないとする政府の原則的な立場を伝えるにとどめ、対応を検討するために台北へと戻った。(3)

六一年三月二六日、葉公超駐米大使の帰国をうけ、陳誠副総統官邸に、張群総統府秘書長、王雲五行政院副院長、王世杰委員、陳雪屏秘書長、周書楷委員長、沈昌煥外交部長、外交部次長許紹昌・王之珍らが集まり、深夜まで協議が続けられた。(4) この協議での発言は、それぞれの考え方をきわめて率直に表明しており、政府内部でどのような議論が戦わされていたのかを知るうえで重要である。

葉公超は、まず国連における状況および米国の認識に鑑みて、審議棚上げ案を継続して用いるのが困難となっていることを報告した。そして、米国での蔣廷黻代表との幾度にもわたる協議の結果として次のような立場を示した[5]。

葉公超　我が国は国連に最後の一秒までとどまるべきであり、決して軽々しく撤退を口にすべきではない。共匪が国連に入ることになった後に引き続き国連にとどまるべきかどうかについては研究を続けるべきである。したがって、我が国政府としては、当面は審議棚上げ案を二ヶ月引き延ばす姿勢をとり、その時になって国際情勢の変化を見ながら決定を行うこととする。……もし、審議棚上げ案が使えない場合には、我が国としても代替案を提出すべきであり、ただ座して待つことはできない。また、もし審議棚上げ案を堅持すれば、これが失敗した後の重大な帰結についても考えておかなければならない。……運用上は、米国の新しい案の一部を採用することによって共匪の国連参加の阻止という目的を達成することを検討していく。

（傍点は原文のまま。以下同）

そして、葉は、これに際して米国の政策変更はなく、万一台湾が国連を脱退することになっても米国との関係は維持され、軍事経済援助が削減される事態にはならないと言い添え、米国への信頼と協調の必要性にもふれた。

これに引き続き王世杰委員は、「代表権問題について、我々と共匪が対峙し中国の統一が実現するまで国連が中国の議席を空席にしておくという事態はありうるのだろうか。もし、暫時解決方法が見つからなければ、こうした事態も検討すべきであろう」と提案した[6]。また、周書楷は、「誰が中国を代表して国連に加入しうるかという問題を米国から提起できないのなら、国際監視下において大陸で公民投票を実施し、中国人民によって中華民国を支持し中共政権を抑える決定を行うという提案はできるであろうか。これに共匪は絶対に反対するであろうから、そうすれば膠着状態をつくり出すことができる」として戦術面における提案を行った。

一方、張群、王雲五らは、米国の政策への懸念を表明し、原則的立場が放棄された際に受けるであろう打撃の深刻さを考慮して、より原則論に近い立場をとっている。

張群　米国が提出した新しい方案は、完全には我々の代表権を支持してはいないようだ。むしろ、共匪の国連加盟を阻止するために、米国は「二つの中国」の方法に基づく政策により我が国の問題を解決しようとしており、この方案は、それを国連において先に試そうとしていることを示しているのではないか。

王雲五　もし、我々が基本的な考え方を放棄すれば、我々は台湾においてやっていくことができず、大陸の人心をつなぎとめられないだけでなく、内外の同胞たちの信頼をも失うことになろう。どちらにしても害があるとすれば、比較的害の軽い方を選択し、必要なときには国連を脱退するべきである。かりにその他の国家が次々と共匪を承認しても、元来の立場を変えずに保持すれば復国の希望は依然として残る。

そして、この協議のなかで、原則的な立場の堅持を最も強く主張したのは、外交部長の沈昌煥であった。

沈昌煥　現在の問題の重点は、単に技術的なところにはない。政治的な角度から見れば、……米国側はすでに従来の立場を捨て去っているかのようであり、国連総会において共匪の加入を協議するとし、また共匪がこれを受け入れるか拒絶するかに依るとしている。また、米国側は、我々が中国大陸に再び戻ることができ、中国を代表しうるという論理の上に、もはや政策を打ち立てることはできないと表明している。これについては、米国が観念の上ですでに大きな転換を行ったものと見るべきである。かりにそうしたことを受け入れれば、台湾の国際化、台湾共和国の成立などの議論が次々と出てくるだろう。これに対し、国連脱退も辞さずとの強硬な立場で米国に回答すれば、米国は共匪国連加盟後の重大なる影響についてきっと理解しうるであろう。そして他の別の方法を考えるかもしれない。したがって、もはや完全に転換の余地がないということではない。

以上のように、原則論的立場から米国に対する強硬論を主張する意見と、戦術的な妥協を含めて米国の政策転換に対応していこうとする立場とが対立していた。そこで、最後に陳誠副総統は、「二つの中国」のいかなる提案にも反対の姿勢を堅持するが、技術的にどのように対応するのかについては外交部で研究を続けるとして、協議を締めくくった。

葉公超、沈昌煥らは、翌日（六一年三月二七日）午前、蔣介石と会談した。(7) まず葉公超は蔣廷黻代表との話し合いをもとに行った米国との協議の経過を報告し、張群は前夜の協議の要点を蔣介石に報告した。そして、沈昌煥は、台湾と中国大陸それぞれを代表する二つの政府が国連に参加することになる米国案を非常に強い調子で非難した。そして最後に蔣介石は、国連脱退を辞さないとの強い決意をもって米国と協議を続けるよう指示を出したのである。

沈外交部長は、さらに三月三〇日付で蔣介石総統に「中国政府対我国在連合国代表権問題的立場（我が国の国連における代表権問題に対する立場）」と題する文書を提出した。(8) そこでは、七項目にわたって詳細な説明をしつつ、「二つの中国」的な立場に断固反対することを主張していた。この資料における沈昌煥の議論は、中華民国政府内部における強硬論の代表的なものであり、国連における地位と国家の原則的立場についての考え方が明確に述べられている。「反共復国」「光復大陸」という基本国策を堅持する国家の地位と目標と、国連における議席の確保との関係については、

国連において議席を保持することはもとより非常に重要であるが、しかし、その最大の前提として、我が国の合法的な地位が保たれ、同時に我が国政府の立場に違反しないということが不可欠である。かりに国連にお

いて上述の地位と立場を維持することができなくなれば、そのうえで国連における議席を守ったとしても、そのあるべき意義と効力は失われることになる。国連での議席を守るためとはいえ、国家の利益に基づく限り、国家の地位と反共という目標を損なうことはできない。

と述べ、中国を代表する合法政府・正統政府としての中華民国政府の立場と地位を確保することができないのであれば、国連の議席を確保する意義は見出しえないとしている。また、沈は、米国の政策は実質的には「二つの中国」の提案であり、それにより「大陸における全主権を放棄することになること」「民心および海外華僑、大陸同胞の士気が下がること」「共匪による統戦活動の拡大の結果、内部に動揺が生み出されること」などを理由として、断固反対の立場をとった[9]。

そして、北京政府の加盟阻止の手段としての「二つの中国」案については、その有効性に疑問を呈している[10]。

我が国は国連において中国の合法的代表であることを承認されている。したがって、今もし我々がこの資格を奪われ台湾だけを代表することになれば、大陸の民衆たちには代表がいないということになる。そうなった場合には、共匪の加盟を阻止することについてはすでに法律上の根拠を喪失してしまっており、その国連加盟を有効に阻止することはいっそう困難になるであろう。共匪が台湾を絶対に放棄しないことに鑑みれば、その後には国連において台湾の地位および米軍駐留等の問題が提起されることになり、その場合我々の台湾の代表としての資格にも問題が生じることになろう。その結果、いわゆる「台湾の国際化」および「台湾の独立」などの謬論がこれに伴って出現し、共匪がその機会をつくり出すに違いない。

……今後の情勢がもはや挽回不可能ということになって、国連に引き続きとどまることがその代表権を変質させ、どちらにしても害をもたらすことになるとすれば、害が比較的軽い方を選択し、むしろ国連を脱退し国家の立場と尊厳を保持することによって、将来に補救の道を残すべきだ。

そして最後に、「国の根本にかかわる事態になれば、立場を最後まで堅持し、引き下がる余地を考えることはない。その点では、過去の抗日がそうであったように、今日の反共抗ソもまた同様である」と述べて、戦術的な妥協の危険性を強調し、強硬姿勢で臨むことを強く主張していた。沈外交部長は、葉公超および国連代表蔣廷黻に対し、再度審議棚上げ案を使用する方向で米国政府と協議することを指示した。(11)

一方米国では、四月はじめ、ケネディ大統領と訪米中のマクミラン英首相との間で中国代表権問題が協議されていた。英国側は、国連総会において北京政府の加盟問題が取り上げられれば賛成票を投じるほかないが、この問題については積極的に進めるというよりはむしろ米国との共同歩調をとる立場であった。この会談では、英米の基本的な立場は現在の台湾の立場を守ることである点、中国代表権問題におけるなんらかの解決を引き延ばし、その間に継承国家論を模索する点が了解事項とされた。(12) 米国の立場は、「一中一台」的な英国の立場にいっそう近づいていたのである。

米国に戻った直後に葉公超はラスク国務長官と会談し、まず審議棚上げ案の有効性に関し二ヶ月程度の共同調査を行うよう要望した。その一方で、葉は、審議棚上げ案が次回国連総会で有効であるとの立場に固執していないことも示唆した。(13) この会談でラスク国務長官は、葉に対し、「全中国の事実上の政府としての中華民国政府の承認、中華民国政府への支持が内戦の継続あるいはその大陸反攻への支持を意味すること」という二点をめぐって中華民国政府は孤立していると厳しく指摘した。(14) これに対し、葉は、ラスクの指摘するその事実を認めながらも、そうした問題が外交上提起されることを拒否し、「二つの中国」を示唆するいかなる戦術も、五四年の米華相互防衛条約と五八年の「蔣・ダレス共同声明」が受け入れの限界ラインであると考えていることを伝えた。葉は、武力による大陸反攻の放棄と解釈される五八年の共同声明からのさらなる後退を避け、中華民国政府が一八〇度政策を転換したとみなされない方式を模索していたのであった。

この会談をふまえ、ケネディ大統領は、蔣介石総統へ宛てた四月一七日付の書簡で、現在の問題は国連における中華民国の地位を確保するための戦術的な問題にあり、この点は葉公超大使との緊密な協議の上に進めると伝えて、台湾側を安心させようとした。[15] しかし、沈昌煥は四月二〇日、ドラムライト大使に対して、最近の米国の立場は「二つの中国」に基づいていると強く懸念を表明した。

五月二六日、クリーブランド国務次官からラスクを通じて大統領へとメモが届けられた。[16] そのメモでは、国務省としては、蔣廷黻と葉公超との会談から、継承国家論が国連で可決された場合に中華民国政府側が黙認する可能性を見出しているとし、中華民国政府の黙認をとりつけるよう台北側を説得するよう提案していた。ドラムライト大使は、台湾側が妥協する可能性について台北の外交部へ打診するとともに、継承国家論への台湾側の姿勢をさぐったが、当然のことながら許紹昌外交部次長は、これを断固として否定した。[17] これまでのワシントンにおける国務省と葉公超らの協議と、台北における外交部とドラムライト大使の協議との間では、すでに議論にかなりの温度差が生じていたといえる。ドラムライトのこうした行動は、台北をいっそう強硬にしただけではなく、ワシントンで協議を続ける葉らに対しても、米国に対し妥協的な態度をとっているのではないかとの疑念を引き起こし、彼らの国内における立場を悪くさせた。そのうえ、ラスク国務長官のドラムライトに対する苛立ちも強まっていたのである。

（2）モンゴル国連加盟問題

中国代表権問題をめぐり、審議棚上げ案からの戦術的転換が模索されていた時期、もう一つの問題が米台間にもちあがった。一九六一年四月半ば、米国がモンゴルとの国交樹立を模索し、モンゴルの国連加盟提案に対して支持を与える可能性があることが表明されたのである。沈外交部長は、四月二一日、ただちに米国の政策転換に強い懸念を表明し、「米国がモンゴルを承認すれば、我が国にとって不利であることはもとより、全世界の反共人士はこれを米国が中共を承認する前触れだと考えるであろう」として、モンゴルの国連加盟には断固反対する旨を伝えた。(18)

台湾の中華民国政府は、もとよりモンゴルは独立国家を称する資格がないとの主張を堅持しており、五五年の国連安保理において初めて拒否権を行使してモンゴルの国連加盟を阻止した経験があった。しかし、今回のモンゴル加盟問題は、五五年のとき以上に複雑な問題となった。六一年四月、ソ連はモンゴルとモーリタニアの同時加盟を提案し、モンゴルの加盟が拒否されればモーリタニアの加盟も拒否されることになるというように、二つの問題を結びつけることに成功する。中華民国政府はいくつかの意味で深刻なジレンマを抱え込んだ。第一に、五五年のようにソ連の提案に対して原則的対応を堅持するわけにはいかず、自由主義陣営のリーダーである米国がモンゴルとの関係樹立を検討しているという一見矛盾に満ちた事態へ対処しなければならなかった。第二に、その米国の政策が反共政策のなんらかの転換を表しており、ひいては中共承認へ結びつく可能性があることを台湾側は非常に懸念していた。六月五日、沈外交部長はドラムライト大使に対し備忘録を渡し、ソ連の中ソ同盟条約における違反行為を譴責しつつ、「モンゴルの地位については中華民国が大陸を回復してから議論すべきである」と伝えた。また、モーリタニアの加盟問題がモンゴル問題と結びつけられることについては、すでに中華民国政府はアフリカ一二ヶ国に対してモーリタニアの加盟に賛成することを説明しており、これらは別問題であるとする立場から、米国はむしろモーリタニア加盟とモンゴル加盟問題とを抱き合わせるかたちで論じようとするソ連に対して圧力をかけるべきだと主張した。(19)

この強硬な中華民国政府側の姿勢に対し、米国務省は、「米国はモンゴルから公館を設置することについての十分な保証を獲得するまでは、国連安保理において棄権という方式をとるが、もしモンゴルが米国との国交樹立を受け入れれば、その国連加盟については賛成票を投じる」と伝えた。さらに、米国側の情報によれば、もし中華民国がモンゴル加盟を阻止することによってモーリタニアの加盟もできないという状況になれば、一二のフランス語系アフリカ諸国は中華民国と断交し、中共の国連加盟に賛成するだろうとの観測をも伝えている[20]。

米台は、自らの立場をそれぞれ主張して対立していたが、そうした状況下でも葉公超は、ソ連はモンゴルとの隣接地区で三箇所にわたり地下核実験を行っており、もしここに米国が公館を設置することができれば、日本の北部を経由してウランバートルへと飛び、ソ連の地下核実験施設を偵察できるようになると、米国のモンゴルへの接近の背景にある戦略的な意図を外交部へ伝えた[21]。それによって葉は、ソ連の「恫喝」外交への反発と米国への不信感を募らせる台湾の外交部に対して、米国の政策が「台湾切捨て」への転換ではないことを強調しようとしていたと考えられる。

ドラムライト大使は、六月一九日、再度沈外交部長に対してモンゴル加盟問題での自重を促した。「もし、この問題を過剰に重視してモンゴルの加盟を阻止すれば、中国代表権問題に危険が及び、ひいては中共の加盟を引き起こすことになる。もし、そうした事態になれば、各国は次々と中共の承認へと走り、中華民国政府の立場は次第に孤立化していくことになりかねない」と説得を試みたのである[22]。しかし、沈外交部長の態度は依然として強硬で、対米不信を強く表すものであった。

また、蔣介石も同様に激しい不信感を米国に対して表明した。蔣介石は、米国が「事前に我々と協議することもなく、一方的な行動をとっている」として、「とりわけ、米国は一方的な行動の後に、我々が提出した意見を重視することもなく、はなはだしい場合には意にもかけていない。こうした我が国を侮辱する態度は受け入れられない。我が国民族の独立した存在を守るために、今後はいかなることがあろうとも、二度と第二のヤルタ会談の苦渋をなめることはできない」、「米国がモンゴルとの関係樹立を模索するということは、アジア反共国家の観点からすると、米国が中共を承認する前触れであり、米国の元来の確固たる反共の立場に疑念が生じることは避けられない」と、きわめて感情的に米国に対する不信感を表明していたのである[23]。

ドラムライト大使は、ワシントンへと一旦戻って国務省との協議を重ねた後、再び台湾へと戻り、七月六日、沈外交部長と会談した。ドラムライト大使は、中華民国政府がモンゴル国連加盟問題で態度を変更することを期待していたが、沈は「モンゴルが加盟すれば、他のいくつかの共産国家も次々と加盟を申請してくるだろう。その影響は、おそらく収拾のつかないものになる。これは単純なモンゴル加盟問題ではなく、実際には中共の加盟を引き起こし『二つの中国』を作る序幕だ」として、立場の変更は不可能との強硬姿勢を崩さなかった[24]。米国のホワイトハウス・国務省・議会との協議を続ける葉公超らと、台湾国内との温度差は、深刻なまでに広がりはじめていた。この時期、日本に滞在し台湾独立運動を展開していた廖文毅の訪米に対して、米国がビザを発給したことへの不満も加わり、台湾側の対米不信はいっそう高まった。このため、予定されていた蔣経国の訪米は中止されることになる。

一方、ケネディ大統領とラスク国務長官は、台湾に同情的なドラムライト大使に不満を感じていた。しかし、台湾における対米不信が高まっているこの時期にドラムライト大使を更迭することは、台湾側の米国への疑念と不信をいっそう深めることになりかねなかった。このため、この段階におけるドラムライト大使の更迭は見送られた。そして、台湾側の不満をなだめ信頼関係の回復と関係の修繕を図るために、蔣介石自身もしくは蔣介石の意思を率直に伝えられる人物との会談を提案したのである[25]。その結果実現したのが、陳誠副総統らの訪米であった。

七月二九日、副総統の陳誠は沈昌煥外交部長ら一行一二人を引き連れて訪米し、ケネディ大統領、ラスク国務長官らと合計四回にわたる会談を行った。七月三一日の午前中にホワイトハウスで開催された第一回会談において、ケネディ大統領は陳誠副総統に対し「米国政府は現在まさに、中共の国連への侵入を阻止するあらゆる方法を研究している」と述べて、米国側がこの問題の解決に全力を注いでいることを強調した。続く八月一日午前の陳・ケネディ第二回会談では、米国側はモンゴルとの二国間対話を停止していることを伝えながら、問題は中国代表権問題において十分な票数が獲得できるかどうかにあるという点を強調した。この話し合いのなかで陳副総統は、米国がモンゴルの次に共産中国の国連加盟を考えているのではないかという疑念は大統領と国務長官との会談により消え去ったとして、訪米による信頼関係回復の成果を伝えたが、モンゴル加盟問題における態度については、台湾国内において監察院からの圧力などの拘束があるとして政策転換の困難を吐露していた(26)。

八月九日、陳誠副総統兼行政院長は、葉大使に密電を送った。そこでは、我々としてはモンゴルがもし安保理で七票の支持を得られないという状況になれば、棄権すると述べられていた(27)。沈昌煥外交部長が示していた強硬姿勢と比較すれば、陳誠のこの立場は多少とはいえ変化を示していた。しかし、その後の蔣介石のケネディ宛書簡にもみられるように、蔣介石および外交部は依然としてモンゴル加盟否決を堅持し、ケネディは再三にわたり中国代表権問題を持ち出して、中華民国政府に対し国連にとどまり中共の加盟を阻止するよう勧めるという応酬が続いた。

陳誠の帰国後、八月二六日付でケネディ大統領宛に送られた蔣介石の書簡では、米国に対する感謝と、米国の政策に対してできる限りの協調をしていく立場を表明しながらも、モンゴル加盟問題については下記のように述べられている(28)。

ただ、モンゴル加盟問題だけは、我が国の基本国策と国連憲章の原則に踏み入る事柄であり、かりに容易に立場を変えようとしても、実際には選択の余地がない。閣下にはこのことを明確にご理解いただき、その苦衷をご理解いただきたい。

ケネディ大統領および国務省としても、政権発足一年目に中華人民共和国が国連に加盟してくることは、国内政治的な考慮から阻止しようと考えていたため、交渉の重点を中国代表権の維持へと移し、それを理由としてモンゴル加盟問題での台湾側の妥協を獲得する可能性を模索していた。しかし、陳誠副総統の訪米は、米国への信頼回復とその信頼を獲得した中華民国政府の威信回復にはつながったものの、次節で見るように、台湾側は国内事情による制約から妥協は非常に困難な状況にあった。

2　蔣介石の決断――政策転換と葉公超駐米大使の辞任

(1)　米国務省と中華民国外交部の確執

中華民国政府がモンゴル問題で拒否権を行使すれば、中華民国の議席を保持するなんらかの方策を米国が提案したとしても、可決されなくなる可能性がある。しかし、米国が中華民国政府の譲歩をとりつけることができないまま、国連にモンゴル加盟問題が提出される日は近づきつつあった。

八月一五日付のケネディ大統領の蔣介石総統宛書簡では、この問題に関して、もし中華民国政府が拒否権を行使しないならば、米国は棄権に回るとの意向が伝えられた[29]。大統領特別補佐官バンディは、台湾側ではこの手紙が国務省の見解にすぎず、真の友人であるケネディ大統領の見解ではありえないと受け取られていることを懸念し、八月二二日に葉公超駐米大使と会談した[30]。バンディは、葉大使に対して手紙の真意を説明しようと試みるうちに、葉が中華民国政府がモンゴル問題における政策転換を模索していることを見出した。バンディと葉は、もし中華民国政府がモンゴルを拒否しないという非公式の保証をすれば、その見返りとして米国は、中国代表権問題についてフランス語系アフリカ諸国から最大限の支持を獲得するように喜んで協力するという条件によって取引を試みようとしたのである[31]。このメッセージは、葉がこうした提案に関わっていることは伏せられたまま、国務省の指示によってドラムライト駐米大使から沈昌煥外交部長へと伝えられた。沈を中心として原則重視の外交を展開する政府に対してそうした政策転換を促す動きは、葉の立場を危うくするものであり、また葉がワシントンにおいて妥協の可能性を示していることが台北に伝われば、台湾側の態度をいっそう硬化させる可能性もあった。

九月五日、ラスク長官と中国代表権問題について話し合ったケネディ大統領は、席上、今後スチーブンソン国連大使がとりうる選択について問われている。確認を求められたのは、「国連総会の研究委員会は六二年の国連総会の議論に向けて、継承国家論のアプローチにもとづく『二つの中国』による解決を基本的に進めてよいかどうか、また中国代表権問題に関する米国の立場に対してフランス語系アフリカ諸国のなかで支持を獲得するために、もしそうした投票が実質的に助けとなるとスチーブンソンが判断した場合には、モンゴルの国連加盟申請に関して安保理において肯定的な票を投じてよいかどうか」の二点であった。ケネディ大統領はそれらの質問に対して肯定の回答を与え、さらに、ポイントは今年共産中国を国連に加入させずにおくことだと述べた[32]。また、九月六日付で蔣介石総統へ書簡を送り、モンゴル問題について強く再考を促した[33]。

八日午前、陳誠、張群、王雲五、沈昌煥らが集められ、検討が行われた。九日の中国国民党中央常務委員会では、モンゴル加盟案の否決が決定されたが、その後蔣介石は陳誠と張群らとともに、ケネディへの返書の修正に頭を悩ませることとなった[34]。結果返書として出された蔣介石総統の書簡では、モンゴルの国連加盟を承認することは「国際的な恐喝」に屈服することにほかならず、そうした中華民国政府の道徳的な立場の放棄はあまりに「致命的な一撃」であり、国連に残ることではそれを補いきれないと述べられていた[35]。陳誠副総統帰国後の八月後半以後の台北の雰囲気について、ドラムライト大使は、「深い憂鬱と不満が、モンゴルと中国代表権問題において譲歩をするくらいなら、いっそ船とともに沈んでしまおうといった決意と混ざり合っている」とその悲壮感を伝えている[36]。しかし、こうしたドラムライト大使からの中華民国政府に同情的な報告は、ラスク国務長官の不満を招いていた。ラスク国務長官は、そうした憂鬱や不満は中華民国政府自身の決断によるものだとしたうえで、駐華大使は中華民国政府高官が米国の動機に対して抱く疑惑に迅速に対応し、この状況の重大性を明確にして台湾側からの協力を求めるべきだと叱責した[37]。

中華民国政府は、依然としてモンゴル加盟を否決するという既定方針を保持したまま、九月に外交部長らを訪米させた。九月二九日、ラスク国務長官は、沈外交部長に対し、モンゴル加盟で拒否権を使えば、中国代表権問題では北京招請・台北追放という事態になりかねないと状況の深刻さを訴え、かつこれまで米国が払ってきた努力に対して台湾側が価値を見出さないのであれば、その結果は残念ながら将来の二国間関係に好ましくない影響を与えることになるだろうと最後通牒のような強いメッセージを送った[38]。そして、この強いメッセージは、蔣介石総統の政策変更への動きを生み出したようであった。

(2) 蔣介石の面子と政策転換

一〇月一日の蔣介石日記には、「米国が共匪の国連加盟を否決するとの声明を出すことと、我が方がモンゴル加盟案を放棄することとを交換条件とすることは、可能か」と記されている[39]。翌一〇月二日、蔣介石は蔣経国に米国の情報機関を通じて連絡をとらせており、モンゴル加盟案否決についての張群や王雲五の建議をあらためて検討しはじめたことがうかがえる[40]。その日の午後、ドラムライト大使は蔣介石総統と会談した。その際、蔣介石総統は七項目にわたる質問を用意していた。その質問のほとんどは、中華民国政府が拒否権を行使した場合の対米関係に対する影響についてであった[41]。蔣介石総統は、米国との関係悪化を懸念し、和解への「新しい自発的意志」を示しはじめたのである。台北における政策変更の可能性を見出したラスク国務長官は、安保理がモンゴル加盟について提起せずに休会したことによって生じた時間を最大限活用しようと動きを早めた。ワシントンでは、葉公超がバンディに対し、ケネディ大統領から蔣介石総統へ個人的なメッセージを届けることが決定的に重要だと伝え、またドラムライト大使も、ケネディ大統領の個人的なメッセージと、中華民国政府が拒否権を使わなかった場合の見返りとして米国が棄権することが必要だと伝える電報を送っていた。[42] 国務省も、早急に蔣介石へメッセージを送ることを検討しはじめた。

一〇月五日、ケネディ大統領から蔣介石総統宛のメッセージが伝達された。しかし、これを受けて蔣介石総統は、さらに米国に対して次のことを要望した。すなわち、政策転換は立法院に責任を負う行政院長を辞任に追い込むことになるかもしれず、当局と軍隊、大衆に対して転換を説明するという手ごわい仕事に直面することになる。この事態に対処するために、一つにはケネディ大統領が中国代表権問題で拒否権を使用することがありうるとの声明を出すこと、そして次に、そうした保証を通じて今年のモンゴル加盟が翌年の共産中国の加盟へとつながらないことをも再び保証することを要請したのである。[43]

バンディは、一〇月一一日に記者会見で発表するための原稿を早速作成し、大統領の同意を得たが、ラスクはこれに対して批判的であった。というのも、重要事項指定決議案に対する支持を集めることが重要であるこの時期に、安保理での拒否権への言及や政策が今後もずっと維持されるということを示唆する発言は、逆効果だと彼は考えていた。[44] したがって、記者会見では、北京の加盟に強く反対することと中華民国を支持する立場をあらためて強調はするが、安保理における拒否権の行使については言及を避けようとしたのである。

一〇月八日、蔣介石は葉公超へ電報を打ち、もし米国政府の公式声明が得られないのであれば、モンゴル問題の否決の準備をするよう指示を出していた。そのなかで蔣介石は、「外電で私がモンゴル省について否決を放棄したとのニュースが伝わってから、人心には不安が募り世論は激昂している。さらに党政内部では憂慮の念が増している。あなたは外にいてこのことをまだ理解していないと思うが、影響はかくのごとくに大きい。だからこそ私は一度ならずあなたたちの言行については特別に慎重を期すべきだとお願いしてきたのだ」と国内の苦しい状況を伝え、海外での不用意な言動を戒めた[45]。

ドラムライト大使は、一〇月八日、記者会見でケネディ大統領が述べる内容を外交部へ伝達した。ラスク国務長官は、これでは蔣介石を満足させられないと懸念するドラムライト大使に対して、「中華民国政府の度重なる要求への忍耐もそろそろ限界だ」と厳しい口調で付け加えた[46]。しかし、台北側はこれでは満足できなかった。ケネディ大統領による公式声明が得られないことがわかると、沈昌煥と葉公超には既定の方針を維持するように再び指示が出される[47]。その直後、陳誠副総統は急遽、葉公超に帰国するよう九日、一〇日と重ねて急電を送った。陳誠副総統は、「いま米国になんらかの国際的な損害をこうむらせてはならない」とし、既定方針を堅持すると伝えたことは、「決してケネディ大統領に対するいかなる不信感をも意味していない」ことを強調したが、他方でもしケネディ大統領が声明のなかで、安保理であらゆる方法を使って北京政府の国連加盟を阻止すると提示できないのであれば、「かりに私が辞職しようとも全国人民が了承するところとはならない」し、「この種の声明はいたずらに我が国の人々の懐疑を呼び起こすばかりである」とした[48]。そして、とにかく大至急帰国するよう葉に指示したのである。

一〇月一〇日、葉公超駐米大使は、国務省に対し陳誠副総統からの電報の内容を知らせ、「蔣介石総統と中華民国政府の面子を守るために、記者会見における声明で要望された言及を行う必要性について再考してほしい」と要請した[49]。これに対して翌日、ラスク国務長官は、それは「国連総会において万事休す」を暗示することになるとして、公式声明で言及することを拒否したのであった[50]。国務省としては、重要事項指定決議案への十分な支持を獲得していない時期にこうした声明を出せば「敗北主義」とみなされてしまい、加えて「二つの中国」による解決を支持する多くの国家が研究委員会の設立を真剣な提案とみなさなくなってしまうことを懸念していたのである。

葉公超はこの回答を得た後、急遽帰国の途についた。その日、バンディはＣＩＡのチャネルを使って台北のクライン（Ray Steiner Cline）との間で動き出した。バンディは、クラインに対して、「大統領は、蔣介石総統に対して、非公式の再保証を与える準備をしている」と伝えたうえで、「この保証が最も効果的な方法で、それを最も実現しうる人物によって蔣介石に伝達されるよう」模索を始め、台北に戻った葉公超と話し合うよう指示した。[51] それらの動きについて、大統領と国務長官は知っていたが、台北のドラムライト大使は知らされていなかった。[52] ドラムライト大使と中華民国政府外交部のラインを外した動きが密かに動き出したのであった。

一〇月一三日、クラインはまず蔣経国と会談し、続く一四日には、その日蔣介石と会う予定の葉公超と会談して、非公式の保証とケネディ大統領の公式声明とを組み合わせて蔣介石に拒否権を用いないよう説得するとの考えを伝えた。[53] クラインは、葉公超との協議および蔣経国との長時間にわたる話し合いの後、蔣介石総統とケネディ大統領との間の機密の申し合わせに関する草案を作成した。[54]

その草案とは、ほぼ次のようなものであった。[55]

A　米国はモンゴルの国連加盟について投票しない。

B　ケネディ大統領は、合意される早い機会に、下記のような公式声明を発する。

「アメリカ合衆国は、つねに中華民国政府が中国を代表する唯一の合法的な政府であると考えており、その地位と国連におけるすべての権利に対して全面的な支持を与えるものである。したがって、アメリカ合衆国は、共産中国が国連あるいは国連のいかなる構成組織に加入することについても断固として反対する。」

C　ケネディ大統領は、蔣介石総統に対し、外交チャネルを通じて下記のような非公式の保証を与える。

「私は、あなたに対して次のようなことを保証したい。それは、アメリカ合衆国の拒否権が必要なとき、および共産中国の国連加盟を阻止するのに有効であるときにはいつでも、拒否権を行使するということである。」

今回そうした言質を与えることが公にされれば、国連における自由世界の地位を保持し、また共産中国をその組織に入れないでおくという合衆国と中華民国政府の共通の利益に反する影響を与えることになるため、この保証は、完全に非公開なものとされなければならないという明白な理解とともに与えられるものである。

D　中華民国政府は、モンゴルの国連加盟に対して拒否権を使用しない。

また、これと同時にクラインは、現在蔣介石は、行政院長の辞任を含めて、自身が政治的に非常に困難な状況に置かれていると考えていること、また非公式の保証が外交チャネルを使って口頭で伝達されるよう求めていることなどをケネディ大統領に伝えた[56]。

一〇月一六日、クラインからバンディへの報告は、モンゴル加盟問題に関する政策変更の最終決定について、こう記している[57]。

一〇月一五日に私が行った葉公超と蔣経国との長時間にわたる協議においてわかったことは、蔣介石総統は息子を通じて私に約束したのだが、この事実を葉公超には明らかにしていなかったということである。というのも、葉公超は、一五日の遅くまでいかにして総統を説得するのかということを私と議論していたのである。その点は、我々［クラインと蔣経国］がすでにまとめあげて、ワシントンに送っていたことだった。蔣経国は、ワシントンから最終的な賛同が得られるまでは知られないようにしてほしいと言った。明らかに、総統は、葉公超の長引いた議論が、総統がすでに決断していることが正しいと他の高官たちを説得するのに役立つであろうことを期待していた。

一〇月一七日、ドラムライト大使は、万一公開されることがあれば、外交的には否認せざるを得ないとされた非公式の保証を、予定どおり蔣介石に口頭で伝えた(58)。そして、翌一八日、米国政府は公式声明として「アメリカ合衆国は中華民国政府が中国を代表する唯一の合法政府であると考え、国連におけるその政府の地位とすべての権利を全面的に支持する。したがって、合衆国は国連またはそのいかなる構成組織への共産中国の参加にも固く反対する」と発表した(59)。同日、蔣介石から沈昌煥へ、国連における地位を守るためにモンゴル加盟問題における政策を変更するとの指示が送られた(60)。さらに台湾国内では、米国の声明発表をうけ、一〇月二一日の中央常務委員会においてモンゴル加盟反対の政策自体に変更はなかったものの、投票に際しては行政院の訓令によって行動することが決定された。拒否権不行使への手続きがとられはじめたのである(61)。二三日午後の行政院臨時会議では、モンゴル加盟について「原則上は終始反対を堅持するけれども、拒否権の行使については変更を考えざるを得ない」と決議され、その方針は二四日に立法院の同意を経て公布された。ぎりぎりの政策転換ではあったが、モンゴル加盟についての議論に間に合うよう計算されたタイミングでの行動であった(62)。

国連安保理では、一〇月二五日午後三時にモンゴル加盟についての議論が始まり、賛成九、反対〇、棄権一（米国）で通過したが、中華民国政府代表は投票に参加しなかった。そして、一二月一日には重要事項指定決議案が提出され、その月の一五日に、賛成六一、反対三、棄権七で可決されることとなった。これにより、中国代表権の変更についてのいかなる提案も重要事項とされ、この年アルバニア案は、賛成三六、反対四八、棄権二〇で否決された。六一年も、台湾の中華民国政府の国連における中国代表権は、無事に維持されることとなったのである。

一一月半ば、葉公超は駐米大使を辞任し行政院政務委員へ就任したが、これは事実上外交分野からの引退であった。その異動決定があまりにも急であり、また葉自身も当初はすぐに米国に戻る予定であったことから、今回のモンゴル国連加盟問題に関わる引責辞任であったとも言われ、さまざまな憶測を引き起こした(63)。当時の蔣介石の葉公超に対する怒りは相当なもので、その政務委員就任も蔣介石の本意ではなく、「内外関係によって」とらざるを得なかった選択であったようである(64)。

その外的な要因は対米関係への配慮と考えられるとして、内的な要因とは何であったのかについては、葉公超の排除に慎重な陳誠あるいは蔣経国らの存在が考えられる。陳誠の日記は、蔣介石からの手紙の内容について言及している。

「(葉)公超のことについては、対外関係をすぐに解決していかなければならないにもかかわらず、この人の近年の米国での言動が荒唐無稽であることは、誰もが知っていることであり、なかにはその意ではないものもあるが、最近のさらに進んだひどい状況は、特に想像しえないほどのものである。その一例が、「逆跡中之小者(曹文彦の報告)」――『民族雑誌』に掲載された台湾独立の謬論――で、これは、おそらく台湾のある者に託されるかたちで投書されたものだ。曹文彦は議論をただそうと修正を試みたが、そのなかには『この島の蔣○○政府を心から擁護するのでなく』という語があり、この『蔣○○政府』という表現は、凌崇熙参事としては一字として変えることはできないという。曹君は言い争いの末に、かりに断章取義だとしても、台湾独立の謬論を主張する者たちの気焔を助長するに足るものだと言った。葉はこれを聞いて、怒りをあらわにし、英語で曹君に言ったという。『米国では、この政府を心から擁護する人はいない。(蔣○○が何だと言うのだ――一匹の犬にすぎない)』。掲載内容はすでに決定され変更できるものではなかったが、最終的には曹君の意に沿って発信したと」。だから、決してこの者を再び米国に戻して職にあたらせるわけにはいかないのだ。さもなければその行いうる悪は、国家・政府いずれに対しても、呉国禎と比較しても甚だしくひどいものになる。だから自ら辞するよう示唆し、それによって今後の新たな余地を残しておいたなど……(65)。

これに対して陳誠は、蔣介石に次のような書簡を返した。

一昼夜じっくりと考えました。わたくしは、古人の言うように「信頼しない人を用いるほど危険なことはない」と考えます。「信頼しない人を用いず」との戒めがあり、いま公超に対してはすでに信頼が失われておりますので、わたくしとしてはすぐに総統の意に従って処理すべきと思います。公超の欠点は皆が知っております。ただ、曹某の報告は、おそらくは説得力がありません。なぜならば、台独案は、公超と建文ら（游総領事）が確かに争いました。わたくしは今回の訪米で、台独分子がデモ行進を計画していると詳しく聞いた後、公超と何度も相談をし、一部の台湾籍の青年と話す約束をいたしました。そのため、この案については比較的よく了解しております。病中で鶏鳴を聞けば確認もせずに夜が明けたと信じてしまいますが、どうぞ総統は鶏鳴を盲信せず、それをきちんと見て確認していただけますように。（二八日）

三〇日の日記には、総統が夫人を伴って来た際に、葉公超の辞職の処理状況を説明し、「この件はここまでで終わりだ。もう心配しないように。しっかりと休養をとることが重要だ、もう彼のことを気にする必要はない」と言ったとある[66]。葉を政務委員に更迭し米国に戻ることを許さなかったものの、それ以上に彼を処罰するようなことはしないと伝え、陳誠を安心させたのであった。

とはいえ、それは少なくとも同時に、外交の政策決定における重心が、葉公超のように自尊心高く指導者個人のためではなく国家のために尽くすタイプの外交官から、沈昌煥をはじめとする党務官僚と蔣介石・蔣経国の指導の下に取り戻されたということをも意味していたのである。

モンゴルの国連加盟をめぐって、中華民国政府は安保理において拒否権を行使せず、その結果として国連における代表権を維持した。中華民国政府側にとって米国への妥協と見えたその決断は、米国側からすれば、対米協調の獲得というよりも、むしろ蔣介石に対する「不必要な取引」にしかならなかった。米国政府は、主に国内的な考慮からこの年以降継承国家論にもとづく政策を進めていく予定であったため、この年は中華民国政府の議席を確保しつつ将来の変化への可能性を残していくという難しい課題に取り組まざるを得なかったのである。この米国の政策変化への兆しに対し、中華民国政府は外交部を中心として非常に強硬な反応を見せ、米国への不信感を募らせた。そして、そのリーダーである蔣介石は、最終段階において強硬姿勢からの転換を図るために、国内的な事情から、再び米国への執拗な要求を続けざるを得なかった。中華民国政府にとって国連問題とは、まさに対米関係そのものであったのである。

3　小　結

本章で見てきたように、台湾移転後の中華民国政府は、米国の台湾海峡の固定化と現状維持の政策によって、事実上台湾を実効支配する政府としての存在を積み重ねてきた。しかし、この現実は、現状維持を容認するがゆえに、「中国を代表する正統政府」「光復大陸」などの基本原則と矛盾するものであった。そのため、中華民国政府は原則上米国の現状維持を肯定できない一方で、実質的にはその現状維持の範囲内で自らの存在を保ち続けた。こうした大きなジレンマを抱えた対米関係において、理想と必要な現実的妥協とのバランスを維持していたのは、民国期から抗日戦争期、国共内戦期において「中国」の国際的地位を確保してきた現実主義的外交官によって主導される中華民国外交であった。

そうした外交官は、第一章ですでに述べたように、国際政治の現実状況において、できるだけ有利な立ち位置を獲得するための「わざ」としての外交を目指した。本章で分析した一九六一年の国連における中国代表権問題とモンゴル加盟問題をめぐる米国との確執において、そうした外交への考え方は、理想とかけ離れていく現実状況のなかで、対米協調により国際的地位を確保するという方針に基づき短期的な妥協をも許容するものであったのである。一方、「光復大陸」のリーダーとしての蔣介石が対米関係に抱えているジレンマは、こうした現実主義的行動への拘束となった。すなわち、米国との関係により獲得しうる威信は、政権内におけるリーダーとしての正統性を蔣介石に与えるものではあったが、一方、対米協調路線に必要とされる妥協は、「光復大陸」のリーダーとしての蔣介石の権威を浸蝕せずにはおかなかった。そして、蔣介石の権威と原則を重視する勢力は、主として中国を代表する国家たる地位を象徴的に獲得する手段として国連問題を捉えており、その利用価値がない場合には国連脱退をも辞さないとの発想を固持していた。

国内的考慮と国際的威信をめぐる米国・台湾それぞれの立場が米台関係に動揺をもたらすなかで、台湾側で対米協調路線により中華民国政府の国際的な地位の確保に寄与してきた元外交部長、そして六一年当時駐米大使であった葉公超が、第一線から退くこととなった。それは、民国期以来外交官の活躍によって弱国中国の国際的威信を支えていた、表面上強硬な原則重視の姿勢と実質的な妥協という外交の「わざ」を駆使した中華民国外交の時代が、終わりを告げたことの象徴であった。こうして、台湾の中華民国政府の外交における一つの可能性が狭められたことは、七〇年代初めに大きな転換期を迎えた中華民国政府が、孤立化もやむなしとの状況へ追い込まれていく一つの要因となるのである。

第四章　政経分離をめぐる日中台関係の展開

一九六〇年代の日本は、岸信介内閣から池田勇人内閣、佐藤栄作内閣の長期政権へと移り変わるなかで、高度経済成長を実現させ、オリンピック開催も経て経済大国としてアジアのなかでいち早く先進国入りを果たす。この六〇年代の前半、池田内閣の時代に、日本は中国との関係についてさまざまな模索を行った。第三章で見た六一年の国連における中国代表権問題においても、日本は外務省を中心に議論を重ね、欧米各国との対話を進めていた。それは、四九年以降一〇年以上続く分裂状況の固定化という現実をふまえ、中国に対する政策をより現実に基づくものへと修正していこうとする模索であった。

それを検討することは、現時点から見れば、いわば六〇年代の日中台関係における、結果として実現しえなかった選択肢への努力に目を向けることでもある。そこでは、何が実現できなかったのか。どのような模索が行われていたのか。なぜ、それは実現へと進まなかったのか。それらに目を向けていくことによって、次の大きな転換期となる七〇年代初期に向けて残された選択肢が何であったのかを明確にしていくこともできるだろう。日本は、現実に存在する二つの政府との関係をいかにして構築しようとし、そしていわば「失敗」したのか。この日本に対して、中華民国政府と中華人民共和国政府はどのように対応したのか。本章では、「一つの中国」原則に収斂される以前の六〇年代の日中台関係に垣間見られる、いくつかの可能性とその喪失をさぐる。

1　一九六〇年代前半の日中台関係

（1）日本における「二つの中国」論

近年の日本外交史研究における成果の一つである陳肇斌の『戦後日本の中国政策』[1]は、主に米英の膨大な資料を活用しながら吉田内閣から岸内閣までの中国政策を分析したものである。この研究において陳は、日本の歴代内閣の共通点として、「二つの中国」もしくは「一中一台」の立場にたち、「政経分離」を戦略的手段として中国問題に対処するという基本路線があったことを明らかにした。陳は、戦後の吉田内閣から岸内閣までの日本の対中政策は、その基底に一貫して「二つの中国」という発想が流れていたとする。すなわち、日本政府は、中国と台湾の分離状態による台湾の「確保」と日中関係の「打開」とを同時に実現することを望み、その手段として「政経分離」を用いた。そして、これら内閣はそれぞれ国際政治の文脈のなかで「二つの中国」政策に失敗したと指摘される。まず、吉田から鳩山にかけての日本政府は、「二つの中国」政策を進めるために米国を説得する必要があると考え、そのためにまずイギリスの支持を獲得しようと工作した。しかし、イギリスは、対中政策の基本的な姿勢を米国とは異にしつつも米国との協調関係を重視し、日本からの働きかけについて積極的に応じることはなかった。これによって、日本の「二つの中国」構想は一旦挫折する。また、岸内閣は、「一つの中国」の立場をとる米国、中国、台湾それぞれの反対のなかでもやはり「二つの中国」の姿勢を維持し、対米関係の強化によって不信感をぬぐいながら中国大陸との経済関係の強化を図ろうとしたが、最終的には妥協点を見出しえず、北京か台北かの二者択一を迫られて挫折した。

陳の注目すべき指摘は、この日本の「二つの中国」政策は、従来指摘されているような蔣介石の恩義論とは全く別のものであり、植民地台湾との歴史的な関係を引き継ぐ形で戦後の台湾との関係構築をめざす姿勢が基底にあったとする点である。すなわち、「日本政府関係者の台湾に対する『親近感』は、普通言われているように終戦後寛大な対日政策をとった蔣介石個人に感じた『恩義』ではなく、旧植民地台湾への『郷愁』から発したものである」とし、その「郷愁」に基づいて、「日台連合王国」を構想していたと考えるのが妥当だと主張する。[2]

陳の研究で指摘されたある種の懸念、すなわち当時の日本が旧植民地台湾の確保により連合王国の構想を実現させようとしているとの懸念は、中国の側から日本と台湾との特殊な関係を考えるにあたって、現在に至るまで残る思考の一つでもある。こうした構想が日本の台湾政策を形づくっていたわけではないが、少なくとも、蔣介石の恩義論については、陳の指摘するように日本の台湾政策を規定した最大の要因ではなかった。後述するように、蔣介石の恩義論は、台湾側の対日工作において、日本人に最も効果的かつわかりやすく訴えかけることのできる手段であった。そして、確かに日本側も、蔣介石率いる中華民国政府と台湾という存在を分けて思考していた。その意味で、台湾の確保と中華民国政府支持とは異なる問題であった。

総じて一九五〇年代の日本の中国政策は、「一つの中国」のもとで正統政府争いの文脈において北京か台北かを選択していくというよりも、むしろ長期的には「一つの中国、一つの台湾」を指示する立場から進められた。その日本政府の主体的な取り組みは、短期的には台湾人民による台湾統治よりも蔣介石率いる中華民国政府の台湾支配を是認し、中国共産党による「解放」を阻止することにより台湾の独立した存在を確保しながら、中国との関係構築をも模索するというものであった。したがって、それは短期的には「二つの中国」政策といえるものである。日本政府は、中国の正統政府争いの文脈において、二つの中国政府の存在を認めていく「二つの中国」政策をとりつつ、将来的には中華民国政府の台湾への軟着陸もしくは台湾人民の統治の実現による「一つの中国、一つの台湾」への可能性を模索していた。しかし、五〇年代のそうした日本の政策において、岸内閣時代の第四次日中民間貿易協定をめぐる日華紛争と長崎国旗事件を一つの契機とした日中交流の断絶はその挫折となった[3]。

日本政府は、中国との経済・貿易関係の拡大を支持する立場から、通商代表部の設置とそこでの国旗掲揚についても政治承認とは異なるとして黙認した。これに中華民国政府は強く反発して抗議し、経済の断交を通告する。日華紛争にまでもつれこんだ関係を改善するべく、日本側は「国旗を掲げさせないよう努力する」ことを内々に中華民国側に約束した。こうした背景のなかで、五月二日に長崎のデパートの展示会場で、中国の五星紅旗が引きずり下ろされる事件が起きた。日本側がこれを軽犯罪として処理したことに対し、中国は国旗汚辱・侮辱事件として重大視し、最終的に日本との経済・貿易関係を「断絶」させることになった。岸内閣がもつ「二つの中国」「一中一台」の姿勢は、中台双方からの圧力を受けて、妥協点を成り立たせることはできなかったのである。

六〇年代前半の中国は、周知のように五〇年代後半の大躍進政策の失敗により人民公社や大躍進といった急進的政策が修正された調整期にあたり、行政と外交の部門では劉少奇・鄧小平・周恩来がリードして孤立からの脱却と国際環境の整備が図られた時期であった。その対外政策は、資本主義国であってもアメリカとなんらかの対立・矛盾を抱える西欧・日本を「第二中間地帯」として統一戦線を形成する対象とみなしており、これにともなって中国の対日政策は五八年以来の交流の中断を脱して再開し、LT貿易（後述）が開始されるとともに交流が再び活発化していったのであった[4]。一方、この時期の台湾の中華民国政府は、第二章で述べたように、国連の中国代表権問題、モンゴル国連加盟などをめぐり国際的地位の確保が思わしくない段階に入りつつあった。また、この当時のアメリカは、日本政府の中国政策に関しては、冷戦下における自国の政策に合致した戦略的環境の維持に資するものであるか否かを最も重視していた。すなわち、①台湾の中華民国政府承認、②国連の中国代表権問題、③日米安全保障体制の維持、④対中貿易におけるココム措置の徹底などを主な軸とし、それらの戦略的目的が損なわれない限りにおいては、日中貿易には非介入との姿勢をとっていたのである。(5)

そうした国際情勢のなかで、日本は、政経分離政策を主張することによって民間貿易としての日中貿易の性格を強調し、日中貿易の拡大に懸念を示す米国および台湾の中華民国政府、さらには逆にいっそうの日中関係の拡大を求める国内の対中貿易推進勢力からの圧力に対し、ある程度の距離を保つことができていた。しかしその一方で、一九六〇年前後から外務省は、国民党政府が第三次国共合作や国民党政府の崩壊というかたちで台湾支配を事実上放棄する事態の可能性をも考慮しはじめ、その際の対応を検討していた。そしてそれと同時に、日中関係を推進していこうとする日本国内の動きが中国ペースで進んでいく状況を危険であると捉え、政府が日中関係により積極的に関与していく可能性についても検討がなされていた。(6)

また、六二年に入りケネディ政権は、対外援助政策における不要なドル支出を削減するために、台湾を含めた対外軍事経済援助についての再検討を始めていた。米国の台湾に対する毎年一億ドル前後の経済援助も、六〇年代に入り激減していったこの時期に、米援運用委員会副主任委員である尹仲容は、日本との関係を模索しはじめた。六二年五月二三日に日本を訪問した尹は、六月一日に池田勇人首相と会談し、四五〇〇万ドルの円借款を要請した。(7)同年七月には外務省経済協力局との意見交換が始まり、その後正式な交渉へと進み、六三年五月には日華協力委員会の東京会議に際して張群秘書長が来日し、台湾側の原案を日本に示すところまで進んできていた。その内容は、主として工業建設のために、韓国への借款と同程度の条件で六三年から六八年の六年間、甲案として二億ドル、乙案として一億二〇〇〇万ドルを借り受けるという提案であったが、これらは陳誠行政院長からの指示をうけてのものであった。(8)しかし、訪日した張群は、張厲生大使と相談の上、日台関係が改善するまで日本側への提案を保留することとした。(9)こうして円借款等をめぐる日台経済協力関係の動きは、ビニロン・プラント問題をはじめとする日台間の政治的摩擦のなかで一時頓挫することとなる。

（2）ビニロン・プラント問題

一九五八年の長崎国旗事件を決定的な契機として、日中民間貿易は一旦頓座した。その後、配慮貿易や友好貿易というかたちでわずかにつながっていた日中経済・貿易関係が、「日中総合貿易」（以下、ＬＴ貿易）として、本格的に再開されることになる。中国側廖承志と日本側高碕達之助を代表とし、その頭文字をとり「ＬＴ貿易」と称されたこの貿易は、それぞれが相手国に通商貿易事務所を設置するなど、実質としては政府のバックアップの下で進められていったため、中華民国政府側は、日本が五八年の時よりも踏み込んで中国との経済・貿易関係を構築し、政治的関係へと進んでいくのではないかとの懸念を強めることになる。中国へのビニロン・プラント輸出をめぐる紛争は、日本輸出入銀行（以下、輸銀）の融資というかたちで日本政府の関与を引き出そうとする中国、日中関係のレベルアップに歯止めをかけようとする台湾、その間にはさまれながら、中華民国政府との関係を維持しつつ中国との経済関係を発展させようとする日本の池田内閣の間で、繰り広げられていった。

六二年一一月に調印された準政府間協定である「日中総合貿易に関する覚書」（いわゆる「ＬＴ貿易」覚書）に基づき、高碕達之助の全面的支持のもとに、北京において対中国ビニロン・プラント輸出の議定書が調印された。翌六三年七月四日、倉敷レーヨンが正式に中国との間で輸出契約を取り結んだが、この契約は輸銀の融資を条件としたものだった。池田内閣は、すでに「共産圏貿易の拡大」の方針のもとに対中貿易促進の要望をまとめ、六二年半ばまでには、日中貿易には日本政府は関与しないとの条件つきで延べ払い措置を認める決定をしていた。「西欧並みの条件で対中貿易を促進する」という日本政府の基本的な姿勢を背景として、六三年春には、通産相官房長の職にあった渡辺弥栄司が河合良一の仲介によって孫平化・王暁雲と会談し、その後、輸出物件にココムなどの観点から問題がなければ輸銀融資は局長レベルの決定事項とすると定める当時の制度の「陥穽」を突いて、通商局長の説得に成功した[10]。輸銀融資は、ＬＴ貿易協定には明記されていない問題であったが、これに対して池田内閣は基本的に受け入れるとの決定を行った。六三年八月二〇日、通産・外務・大蔵大臣の会談で、分割払いの利子を年率六％に引き上げることを条件として輸銀融資による倉敷レーヨンの対中プラント輸出を認めることが合意され、これは二三日に正式に閣議決定された。

池田自身は、「政経分離」のたてまえで中国との経済・貿易関係を進めるべきであると以前から考えており、台湾の政府に対しても友好関係を維持するとの姿勢であった[11]。添谷芳秀は、池田が六二年頃から友好貿易とは異なる日中貿易のあり方を模索しはじめていたことについて、「対中国積極姿勢の表われというよりは、対米『協調』派による自然体の姿勢」として考えるべきだとしている[12]。しかし、長期的な構想としては、池田も岸まで引き継がれてきた吉田構想の流れを引き継いでおり、「最大の反中共国であるアメリカをしだいに説得し、その意見の変化によって、新しい国際情勢をつくりだすという努力をつづけ、日本が最後に中共を承認する国にならなければならない」との信念をもっていたという[13]。

輸銀融資承認という日本政府の決定に対し、台湾の中華民国政府は、輸銀融資は単なる貿易問題ではなく、中国に対する「経済援助」にあたるとして強硬に抗議した。正式な閣議決定直前には、駐日大使が大平外相に抗議し、また張群総統府秘書長が台北で木村四郎七大使と会談を行ったほか、八月二二日に蔣介石総統から吉田茂元総理宛に、吉田の池田内閣への影響力に期待をかけて電報が打たれた[14]。このほか、日華協力委員会のルートを通じて、岸信介や大野伴睦ら自民党議員にも攻勢をかけたが、結局日本政府は上記の閣議決定を行って輸銀融資を許可したのだった。吉田茂は、九月四日付で八月二二日の蔣介石の電報に対する返電を送り、ビニロン・プラントの延べ払い方式での輸出は「決して中共に対する経済援助といった性質のものではなく、その条件は他の国家が中共と行っている同種の貿易を超えるものではない」と説明し、台湾側の報道等で故意に問題が拡大されてしまっていることなどから、日台間でのいっそうの忌憚ない意見交換を促進する機会となれば有意義である旨を書き送った(15)。親台湾派と呼ばれる自民党議員たちも、基本的には経済援助ではなく普通の貿易であるとの説明を繰り返した(16)。

抗議した台湾側は、駐日大使を召還すると発表し、九月二一日、張厲生大使は帰国の途についた。これに引き続いて一〇月には、来日していた中国代表団の通訳である周鴻慶の亡命事件が起き、日台関係はいっそう悪化していく。この周鴻慶亡命事件は、通訳として来日していた周鴻慶が当初中華民国への亡命意志を表明し、中華民国政府が引き渡しを強く求めたが、後に本人が中華人民共和国への帰国意志を示すにいたり、日本側は対応に苦慮したものの、最終的には中国大陸へ送還した出来事である。同年一二月三一日、ついに台湾側は代理大使、参事官二人、一等書記官一人を召還すると決定し、四人は六四年一月二日に帰国した。さらに一月一一日には、台湾側は、日本からの輸入全体の四割を占める政府による買い付けを停止すると決定した。経済的報復措置により日華関係はまさに断交の危機へ陥ったのである。

2 「第二次吉田書簡」と池田政権の中国・台湾政策

表題にある「吉田書簡」の語は、主に、一九五二年の日華平和条約締結をめぐり、吉田茂からダレス宛に出されたものとして一般に知られている。吉田茂の書簡は数多く残されているが、外交上重要な意味を有するものとして、一九五一年一二月のダレス宛書簡を「吉田書簡」と称する。六四年に吉田が張群宛に出したとされる書簡は、断交の危機にあった日華関係の改善に重要な役割を果たした。そこで、五一年のものとは区別して、「第二次吉田書簡」

と呼ぶ。しかし、この「第二次吉田書簡」は、六〇年代の日中台それぞれの言説を調べてみると、指している書簡およびその内容が異なっている。そのため、本章では、四月四日付で吉田から張群に出されたものを「吉田書簡（四・四）」と称し、従来日本でこのときの「吉田書簡」と呼ばれていた五月七日付のものを「吉田書簡（五・七）」と記して区別する。「第二次吉田書簡」は、この二つの日付の異なる書簡の総称である。六〇年代を通じて、中国はこの吉田書簡を破棄せよと主張し、日本は私的文書であると距離をとりつつも尊重し、台湾の中華民国政府は、日華平和条約の補完文書であるとまで格上げする。一体、この「第二次吉田書簡」とは何なのか。そして、六〇年代の日中台関係においていかなる作用をもったのだろうか。

（1）「中共対策要綱」と「吉田書簡（四・四）」

強硬な措置をとっていた台湾の中華民国政府であったが、同政府を取り巻く国際状況は、この時期いっそう厳しいものとなっていた。一九六四年一月、フランスと中国が国交を樹立し、台湾の中華民国政府はフランスとの断交を宣言したのである。こうした台湾をとりまく状況の悪化をふまえて、これ以上日本との関係を悪化させることへの懸念が台湾側に生じ、また周鴻慶が帰国して事件が一段落したこともあり、危機的状況であった日華関係の転機がつくり出されることとなった。日本外務省は、台湾での日本に対する非難・抗議は沈静化しつつあるとみなし、また蔣介石総統が厳家淦行政院長に対し「吉田元総理の訪台を資格等に拘泥せず無条件に歓迎する旨を表明した」との情報も得て、台湾側には吉田元総理の訪台を関係改善のきっかけとしたい意向があると捉えていた。[17]

この台湾側の状況をふまえて、池田首相の要請を受けた吉田茂元首相は、二月二三日から二七日にかけて個人の資格で訪台し、蔣介石総統ら要人との会談を重ねることとなった。池田首相の親書を携行したという吉田は、蔣介石総統ら要人との会談において、具体的な問題を協議するのではなく、むしろ日華関係についての基本的姿勢やその反共政策などについて話し合った。そして、その会談の了解事項として会談記録および「中共対策要綱五原則」がまとめられた。その五原則とは、以下のようなものである(18)。

一、中国大陸六億ノ民衆ガ自由主義諸国ト平和的ニ共存シツツ、此等諸国トノ貿易ヲ拡大シテ、世界ノ平和ト繁栄ニ寄与出来ル様ニスル為ニハ、中国大陸民衆ヲ共産主義勢力ノ支配ヨリ解放シ、自由主義陣営内ニ引キ入レルコトガ肝要デアル。

一、右目的ノ為、日本、中華民国両国ハ具体的ニ提携協力シテ、両国ノ平和ト繁栄ヲ実現シ、自由主義体制ノ具体的模範ヲ中国大陸民衆ニ示スコトニ依リ、大陸民衆ガ共産主義政権ヨリ離反シ、共産主義ヲ大陸カラ追放スル様、誘導スルコト。

一、中華民国政府ガ中国大陸内ノ情勢、其他、世界情勢ノ変化ニヨリ、客観的ニ見テ、政治七分軍事三分ノ大陸反攻政策ガ成功スルコト確実ト認ムル時ハ、日本ハ大陸反攻ニ反対セズ、之ニ精神的道義的支持ヲ与フルコト。

一、日本ハ、所謂二ツノ中国ノ構想ニ反対スルコト。

一、日本ト中国大陸トノ貿易ハ民間貿易ニ限リ、日本政府ノ政策トシテ、中国大陸ニ対スル経済的援助ニ支持ヲ与フルガ如キコトハ、厳ニ之ヲ慎シムコト。

この合意内容は、「反共政策」を進めることについて意見の一致を見たことを示している。と同時に、蔣介石総統は「政治七分、軍事三分」の大陸反攻政策をとることにあらためて言及し、日本はそれに対する「精神的道義的支持」を求められている。また、池田内閣の対中積極姿勢をうけて、「二つの中国」構想をとらないように釘をさしているほか、問題となっていた中国向けビニロン・プラントへの輸銀融資に関しても、第五原則として述べられている。すなわち、第五原則は、日本と中国との貿易は民間貿易に限ること、日本政府として中国への経済援助を支持しないことなど、文字通り原則的な内容にとどめられていた。したがって、蔣介石・吉田会談の成果とは、この原則的な了解事項をまとめあげることによって台湾側との信頼関係を再度確認し、日華関係改善へのきっかけをつくったことにある。そして、これら基本的合意に基づき日本政府が具体的にどのような措置をとるのかについて、台湾側はその後注視していくこととなった。

吉田帰国後の三月四日、張群秘書長は、吉田と蔣介石の会談記録および「中共対策要綱」を吉田に送り、内容の確認を求めた。そして、これに対して吉田は張群宛に四月四日付の書簡を送ったという。この内容は、後に『蔣介石秘録』を編纂する過程で、台湾側から日本の担当者に対して明らかにされたが、それは下記のようなものであった。[19]

岳軍先生

先日お手紙を差し上げましたが、お目通しいただけたと思います。

このほど三月四日付のお手紙とともに、会談記録および中共対策要綱を拝見しました。第三次会談の小生の談話の中で、インドとあるのはインドネシアの誤りですので、ご訂正ください。その他については、全く誤りありません。特にお手紙差し上げます。

台湾側は、これをもって会談記録を持ち帰った吉田が池田首相の了承をとったことを示す書簡内容であると理解する立場をとり、非常に重要視しているわけである。[20]しかし、この書簡の存在については、日本の外務省は認めていない。

ただし、この書簡の存在をめぐる問題は、書簡の存在自体にあるのではなく、むしろその問題の本質は、次の二点にあるといえよう。すなわち、第一に、吉田訪台時における蔣介石総統との会談内容が一体何であったのかという点であり、第二に、池田首相がそれを了承したのかどうかという点である。台湾側は、池田がこの内容に同意していたのだということを含めて、四月四日付書簡を本当の「吉田書簡」と呼んでいるのである。

第一の点については、蔣介石・吉田会談の内容として、先の五項目からなる「中共対策要綱」がまとめられたことは明らかである。[21] したがってここでの問題は、個人の資格で訪台した吉田と蔣介石の了解事項を池田内閣がどのように扱ったかという点に絞られる。

五月二九日、木村駐華大使は、蔣介石と会談を行った。その席で蔣介石から、「国府側としては吉田元総理を重心的人物即ち軸として今後日華問題の展開を計って行きたい意向であるところ、池田総理は右所見を如何に考えられるや、同総理の御意向を伺って来て貰いたい」旨の要請がなされた。[22] この要請を受けた木村大使は、会談文書として日本側へ送ったが、その回答は、六月二三日に黒金泰美官房長官から伝えられたという。その回答の内容は、「会談記録は総理の貴覧に供しました左様に御考へあって結構であります」との趣旨であった。[23] これを背景として、沈外交部長は、七月初めの大平正芳外相の訪台時における一回目の会談の冒頭で、この基本的な日華間の了解について持ち出した。すなわち、「今後日華間の問題は右蔣総統・吉田会談の同意および吉田・張群往復書簡の同意を基礎とし、その線に沿って調整処理していきたい旨」について、池田総理および大平外務大臣の了承を得ているとの報告を受けているが、そのような了解で差支えはないかと切り出したのである。[24] これに対し、大平外相は、「その通りである」と回答した。[25]

六四年六月末の魏道明大使の派遣、そして七月初めの大平外相訪台の後、訪日した張群秘書長は、八月一六日に大磯の吉田邸において吉田元首相と会談した。台湾の外交部資料によれば、この会談で張群秘書長は、六月に木村大使が日本へ一時帰国する際に、総統から木村大使に対して「蔣総統・吉田会談」についての池田総理の意見を尋ねるよう求めたところ、木村大使から官房長官を通じて池田首相は蔣・吉田会談内容について完全に同意しているとの通知があったと述べている。(26) 台湾側は、「蔣総統・吉田会談」の合意について、機会あるごとに日本側の姿勢を質していたことがわかる。

「吉田書簡」といった場合、台湾側は四月四日付張群宛の吉田書簡がそれにあたると位置づけ、それは「蔣介石・吉田会談」の了解事項である「中共対策要綱」とその会談録が、吉田によって確認されたことを示すものであるとする。そして、その内容は、単に吉田個人とのやりとりではなく、池田首相にも確認されたものであるとしているのであった。その姿勢は、後の六五年八月に行われた沈昌煥外交部長と三木武夫通産大臣との会談にも示され、その会談で沈外交部長は、「国府としては、吉田書簡は単に貿易の問題をどうするというものではなく、日華関係根本に係はるものとみているので、日本側もこの点をよく考えて欲しい」と述べている。(27) さらにまた、六八年六月一〇日には、蔣介石総統は日本記者団に対して「吉田書簡の廃棄は日華平和条約の廃棄を意味する。吉田書簡は、日華平和条約の不備を補うものとして作成された」と語り、それを日華平和条約の補完文書であると扱っている旨を表明したのである。(28)

(2) ビニロン・プラント問題の展開と「吉田書簡（五・七）」

日華関係についての基本的合意としての「蔣介石・吉田会談」とその「中共対策要綱」をめぐる高いレベルのチャネルでの外交がなされる一方で、ビニロン・プラントに関わる具体的な問題が展開していく。

まず、日華関係が改善へと向かう雰囲気のなかで、外相訪台の地ならしとして、一九六四年三月五日に毛利松平政務次官が訪台した。訪台当初、毛利は駐日大使派遣については台湾側からよい感触を得ていた。しかし、三月七日になり、福田一通産相が、中国との貿易関係について「広義の民間貿易にはいるもので政府間貿易ではない」と述べて中国向けビニロン・プラントの延べ払いを認める意向を示した。このため、沈昌煥外交部長は、「東京と台北の間にはなお多くの相違点がある」として、対日姿勢を再び硬化させたのである。

この台湾側の態度の変化について、毛利政務次官は、台湾側の「最高幹部で特にプロ日本的な考え方を有するものは、吉田訪台のほとぼりのさめぬうちに、出来るだけ早く大平外務大臣の来台を実現させて、このムードをコンソリデートしたいとの態度であったようだ」が、福田通産大臣らの発言に対して「特に立法院における対日強硬派が沈外交部長らに対しその宥和政策をなじる攻撃を開始するに及んで、極めて大きな変化を見せた」と報告した。[29]さらに、毛利次官は、日華関係改善の象徴的意義をもった大平外相の訪台が行われる前にビニロン・プラントの輸出承認が行われた場合には、蔣介石総統・張群秘書長および沈昌煥外交部長は、日本との一切の関係を断つという最悪の事態に進まざるを得ない可能性もあり、「立法院、監察院等との間で板ばさみになっている」状態であると伝えている。[30]

毛利政務次官訪台と並行して、三月一〇日に吉田は張群に宛てて書簡を送り、①日本政府がビニロン・プラントの輸出を当面許可しない方針に変わりはない、この問題については大平外相の訪台によって両国関係が正常化された後に政府間で十分に話し合うことを希望する、②大平外相訪台の方針に変わりはないが、準備が必要であり、中華民国側の新任大使派遣を希望する、と伝えた。[31]しかし、先に述べたように、台湾側は毛利政務次官訪台中の通産大臣の発言によって、「中共対策要綱」の第五の了解事項である「日本ト中国大陸トノ貿易ハ民間貿易ニ限リ、日本政府ノ政策トシテ、中国大陸ニ対スル経済的援助ニ支持ヲ与ウルガ如キコトハ、厳ニ之ヲ慎シムコト」という基本合意に基づき日本政府が具体的にとる措置は、台湾側にとって受け入れ可能なものではないのではないかという懸念を抱いていたのである。

四月一〇日に張群秘書長から吉田に宛てた書簡では、「日本政府が政府銀行を経由してクレジットを与えない、また今後対中共民間貿易に政府は介入しない方針を守ることを保証するよう、池田総理に再度相談してほしい」との要望が出された[32]。この要望に対して作成されたものが、五月七日の吉田元首相から張群秘書長宛の書簡である。この書簡は、下記のようなものであった[33]。

お申越の次第は池田総理とも話合ったが、同首相は、(イ)中共向けプラント輸出に関する金融を純粋の民間ベースによることについては貴意に添うよう研究をすすめたい。(ロ)いずれにしても本年（昭和三九年）中には日本輸出入銀行を通ずる大日本紡績プラントの対中共輸出を認める考えはない。との意向であった。以上の次第で、私も今後とも貴台のご要望にそうよう側面から努力する所存であります。

その直後に新聞報道では、政府筋の談話として、ビニロン・プラントの対中共延べ払い輸出問題については、民間ベースに切り替えることを検討中であり、その検討結果が出るまでは対中共延べ払い輸出は認めない旨の親書が送られたと伝えた[34]。当時池田は、その書簡によって台湾側に冷却期間を与え、次年度には輸銀融資を認める思惑であったという[35]。そうした池田首相の思惑をよそに、台湾側としては、ビニロン・プラントへの輸銀融資を認めないとする日本政府の保証が得られたことに基づいて、新任大使を派遣することを決定した。六月二六日には、外交部長を歴任しベテランの外交官である魏道明が駐日大使に着任することとなった。

（3）日台経済関係と台湾の対日政策

魏道明大使が着任した後、七月三日から三日間にわたり大平正芳外相が訪台する。この外相の訪台は、台湾側では「日本政府の中華民国に対する誠意の象徴という意味」を有するものとして位置づけられ、台湾側からの厳しい追及も、ビニロン・プラントについての具体的な言明や実質的な討議も行われなかった[36]。この訪台によって、表面的には日華関係は正常化し、関係改善が成功したようにみられたが、対中プラント輸出への輸銀融資については、台湾側は日本政府に対して執拗に保証を求めながらも、問題の拡大は回避するよう対応していた。

七月一八日の池田内閣改造により、外務大臣が大平から椎名悦三郎へ交代したことをふまえ、魏道明大使は、七月二九日の椎名外相との会談で、「蔣・吉田間の了解」を幾度も強調しつつ、日本との経済提携を積極的に推進していきたいと述べた。[37] これに対し、椎名外相は「日紡のビニロン・プラントの対中共輸出については、輸銀によらず民間ベースでゆくよう検討しているが、実際問題として仲々難しいようだ。いずれにしても吉田書簡の趣旨により処理するよう努力している」と応じた。[38] さらに吉田訪台への答礼として八月に訪日した張群秘書長と池田首相の会談でも、一年目は市中銀行を使い、二年目以降は輸銀を使うという案について、池田首相は否定的見解を表明し、対中プラント問題が再度台湾との間で政治問題化することを避けるよう努力していた。

そして、台湾側は、張群と吉田との会談にもみられるように、日華間に政治的影響力はもつが私人である吉田茂の存在を介在させた対日工作を、対中貿易に積極的な池田首相への間接的な圧力として重視し、実質的に中国との経済関係を強化しつつある日本との関係を維持していたのであった。

魏道明大使は、中央社の駐日記者であった黄天才の取材に応じて、次のように述べている。日本に対する外交政策における目標は、国交の維持と国連における代表権への支持獲得の二つだけであり、「その他の細かい問題は気にしない」。また、日本と中国大陸との貿易を進めようとする勢力の活動が強まっていることについては、「貿易については、あまり関与しすぎず、ただ日本政府に『政経分離』の原則を守ってさえもらえばそれでよい」との姿勢であった。[39]

すなわち、日本政府の政経分離政策については、中華民国政府は公式には認めていなかったが、実際上日華関係を維持する最低ラインとして、日本側が政経分離を保持することが必要であると認めていた。そして、日華関係の沈静化を図っていたこの時期、日本ではあらためて台湾に対する円借款問題が検討される。円借款については、もともと六二年五月に台湾側からの申し出をうけ、その年の夏ごろから日本側での検討が始められていたが、ビニロン・プラント問題や周鴻慶亡命事件などで日華関係が悪化したことにより、台湾国内は日本への円借款を持ち出せる状況ではなくなっていった。その後、吉田訪台以降、日華関係が徐々に修復されてくると、六五年二月末から円借款の交渉が始まることになる。この時期、第四次四ヶ年計画を進めていた台湾側としては、アメリカからの経済援助打ち切り措置にともない、円借款と日本企業の投資を必要としていたのであった。したがって、台湾の中華民国政府としては、日華関係を早急に沈静化させ、その後も揺れる輸銀融資問題が立法院などの対日批判を再燃させないよう影響を最低限に抑えながら、対日政策を展開させざるを得なかった。そして、六五年四月二六日、木村四郎七大使と経済部長兼国際合作発展委員会副主任委員である李国鼎との間で、総額五四〇億円にのぼる借款に関する文書がようやく交換されることとなった。

（4）「第二次吉田書簡」と一九六〇年代後半の日中台関係

その後、このビニロン・プラント問題は、病に倒れた池田首相から、一九六四年一一月九日に組閣した佐藤栄作首相へと引き継がれることになった。

佐藤内閣は、六五年一月の訪米から帰国した後、日紡の対中プラント輸出は認可するが、それへの輸銀融資については認めないと決定した。対中プラント輸出については日立造船が中国側と六四年一一月に調印した契約のなかで、六五年二月一五日までに輸銀融資をとりつけることを契約執行の条件としていた。佐藤内閣は、二月一一日、貨物船の輸出は認可したものの輸銀融資については許可しないとした。中国側は、この融資とりつけの期限を三月三一日まで延長して輸銀融資の許可を獲得するように日立造船に迫ったが、佐藤内閣は三月三〇日に「日立造船の契約は早急に実施されるべきである。融資の問題は別途協議する」との方針を発表した。最終的に、輸銀融資を獲得できなかった日立造船と中国との契約は失効し、また四月三〇日には日紡プラントの契約も失効することとなった。

先に見た「吉田書簡（五・七）」が、日中関係の障害として取り上げられ問題化されるようになったのは、まさにこの過程においてであった。六五年一月三一日、北京での岡崎嘉平太日中総合貿易連絡協議会会長主催の招宴において、中日友好協会会長の廖承志が「単にLT貿易の廖承志事務所の代表としてではなく」と前置きしたうえで、中日貿易の障害の一つは蔣介石への「吉田書簡」であると述べたことが、翌日付の新聞各紙で報じられた(40)。これを契機に、佐藤内閣の対中政策に対して、中国側および対中貿易関係者は「吉田書簡」に言及しつつ非難や反対を表明するようになり、日立造船および日紡プラントの契約失効の責任は、吉田書簡の拘束を重く見る佐藤内閣が、日中民間貿易に干渉したためであるとの姿勢をとりはじめる。そして、「日中関係を改善し、日中貿易を発展させようと思うのであれば、佐藤政府がまず『吉田書簡』を撤回し、行動でもって誠意を裏づける必要がある。……蔣介石一派を日中貿易に介入させるどんな事柄にも、我々は強く反対する」との強硬姿勢をとり続けた(41)。その後、七二年に輸銀融資が許可されるまでの間、中国側は関係改善への象徴的な第一歩として「吉田書簡」の破棄を日本側へ求めていくこととなった。

ビニロン・プラント輸出への輸銀融資を許可するかどうかという問題を、佐藤内閣の対中姿勢を決定するものとして中国側は非常に重要視し、また日中関係改善の試金石と位置づけていたと考えられる。そして、日本政府が「吉田書簡（五・七）」をどのように扱うのかという点は、日本の中国に対する基本姿勢を象徴的に表すものとして位置づけられていたのである。

六五年二月六日、橋本登美三郎官房長官は、記者会見において「吉田書簡については佐藤内閣として関知するものではない」、「佐藤内閣としては中共向けプラント輸出に今後輸銀を使わせないとはいっていない」と発言した。先の一月二六日の椎名外相との会談で、魏道明大使は、「政治資金は使わない」との保証を得ていたので、台湾側は台湾国内における反響を懸念して報道を控え、再度日本側の態度を質した。[42] 佐藤首相は、台湾側の反応を懸念しつつ、[43] 二月八日の衆院予算委員会において、吉田書簡については「直接ではないが、私はやはり拘束されていると考える」との見解を示したのである。[44]

しかし、その後の日本政府の「吉田書簡（五・七）」の扱いは、紆余曲折をたどる。通産省は従来から中国向けプラント輸出に積極的であったが、八月初めになると三木通産相の発言をはじめとして、吉田書簡は私信であり拘束力をもつものではないとの見解を表明するようになった。[45] この動きをうけて、佐藤内閣は政府見解として、「[「吉田書簡（五・七）」に]法的には拘束力はない、輸銀融資は政府が自主的に判断」すると発表した。[46] そして、この直後八月五日付『毎日新聞』は、政府筋の情報として「吉田書簡（五・七）」の内容を明らかにし、書簡の内容が現在も日本政府を拘束しうるようなものではないことを明らかにしたのである。[47]

一方、台湾側は、先に述べたように「吉田書簡」とは「蔣介石・吉田会談の了解事項」、すなわち「中共対策要綱」を含めた日華関係の基本的合意事項であると考えていた。このため、六五年八月一六日に行われた沈昌煥外交部長と三木通産大臣との会談は、「国府としては、吉田書簡は単に貿易の問題をどうするというものではなく、日華関係根本に係はるものとみているので、日本側もこの点よく考えて欲しい」とする沈外交部長に対して、三木通産大臣が「日華の長期的友好関係を重視しており、これを壊すことは絶対しないことはもとよりであり、確言してもよいが、他方輸銀問題は共通の土台をくずすというような性格のものではない」と述べたことで、物別れとなった。[48] 台湾側は、日本政府が中国への輸銀融資を許可するかどうかを、日本の「政経分離」の原則に対する考え方を具体的に示す試金石と位置づけていたが、「吉田書簡（五・七）」の扱いを重視するというよりも、むしろ「吉田書簡（四・四）」、すなわち「蔣介石・吉田会談」の了解事項を日本側がどのように位置づけているのかが焦点であった。

その後、日本政府は、「吉田書簡（五・七）」自体の拘束力については無力化しながら、政府の自主的な判断としてケース・バイ・ケースで対中輸銀融資を検討していくとの姿勢をとるようになる。六八年一月三一日には、「吉田書簡については、政府もこれを超越して日中貿易を考えている」と発言し、また七〇年四月一七日には「吉田書簡は政府が関与したものではない。したがって、いまさら変更するとか、廃棄するとかいうものではない」と述べていたが[49]、実際には、七二年になるまで輸銀融資の許可は出されなかった。日本政府は、「吉田書簡（五・七）」に拘束力はないと表明する一方、吉田書簡の破棄を正式に表明することを要求する中国側に対しては、私信である書簡を正式に廃棄する必要などないとの立場をとっていたのである。

六〇年代の日中台関係は、六三年のビニロン・プラント問題に端を発し、その後「吉田書簡」を一つの軸として展開した。「吉田書簡」の取り扱いは、いわば日本の中国と台湾への姿勢を象徴的に示すものとして位置づけられたのである。すなわち、中国は、六〇年代後半に文化大革命期へと突入し、その対日政策を硬化させていくなかで、蔣介石の国民党政府の介在を許したうえで日中関係を展開させようとする日本政府の「中国に敵対的」な姿勢の象徴として、「吉田書簡（五・七）」を位置づけた。一方、台湾の中華民国政府は、六四年吉田訪台の際の「蔣介石・吉田会談」の合意事項をその後の日華関係の基本に据え、これを「吉田書簡（四・四）」に象徴させた。この合意は、蔣介石と吉田茂という個人でありながら政府を超える高いレベルで取り交わされたものとして、日本政府や日本国内における対中関係改善推進の動きから距離を置くことを可能にしたのである。

台湾をめぐる国際環境の悪化、米国の援助の打ち切りなどは、円借款や日本企業の投資促進などの面で台湾における対日経済関係の重要度を高めた。そのため、総統府の蔣介石・張群および行政院は、台湾国内の立法院などにおいて対日批判が強まり日華関係の諸問題が政治問題化しないよう、波風を最低限に抑えなければならなかった。そこで、きわめて政治性の強い問題については、「蔣介石・吉田会談」をベースとして、池田や佐藤に強い影響力をもつ吉田ら長老格の政治家を中心とする対日工作を行い、吉田・佐藤首相への信頼を軸に、「精神的道義的支持」を求めるというかたちで日華関係を展開させたのである。

一方、日本側も、吉田・佐藤―張群・蔣介石チャネルを重用して台湾との関係を維持していた。そして、日本国内における対中関係改善積極論が自民党議員を含めて高まるなかで、佐藤内閣は、単に台湾との関係を断ち切るかたちで中国との関係を構築することを避け、台湾からの信頼をとりつけつつ中国との経済関係を維持する外交姿勢をとったのである。毛利政務次官訪台時の蔣介石総統との会談では、「中華民国としては、日本の政府に対し必ずしも物質的に支援を求めておるのではなく、精神面で中華民国を支持してほしいのである」と述べられている(50)。こうした「精神的道義的」な中華民国政府への支持を軸とする六〇年代の日華関係は、七一年の国連における中国代表権問題に際して逆重要事項指定決議案の共同提案国となった佐藤首相の決断へと結びついていった。

3　小　結

以上見てきたように、中国に対する輸銀融資をめぐる日本の決定は、台湾側の過剰な反応を引き起こし、円借款交渉の頓挫に加えて、駐日大使の引揚げというまさに日華断交の危機へと発展した。しかし、台湾側は、米国の支援の停止に代わる財源の確保や、中仏国交樹立に伴う台湾の中華民国政府と仏政府との断交という台湾を取り巻く国際環境の悪化を背景として、早急に日本との関係改善を図ろうとする意向をもっていた。

中国国民党の「敵」を援助する日本への強硬論が高まるなかで、その強硬論を沈静化し、中国との貿易関係拡大をさぐる日本との関係を維持していくために、台湾には表面上原則を堅持すると同時に、内実を確保するという外交が必要となった。すなわち、原則的な対日姿勢は柔軟化させることなく、象徴的次元においては、蔣介石を中心とする日華間の緊密な関係を維持した。そしてそれを可能としたのは、実質的次元における吉田茂という個人チャネルの活用であった。台湾の中華民国政府は、六四年二月の吉田訪台をきっかけとして、日華関係改善のムードをつくり出しただけではなく、五度にわたる蔣介石と吉田の会談の成果として、その後の日華関係の基本合意をまとめた。

その「蔣介石・吉田会談」記録と張群・吉田の往復書簡は、形式上は吉田個人と台湾側との了解事項であったが、これに対する日本政府の態度次第では、大きな影響力を生み出すものであった。台湾側は、こうした吉田個人のチャネルを使いながら、その後の日本との関係を維持していこうとしたのである。このような最高レベルでの非公式なチャネルの構築によって、太く緊密な関係として見えた日華関係は、七一年に至って国連中国代表権問題における佐藤の決断を生み出した。しかしながら、この佐藤の決断は、帰結として同時に「道義は尽くした」との日本の立場を生み出し、さらには佐藤内閣から田中角栄内閣への政権交代にともなう中国政策の急展開をゆるす構造的要因を醸成することとなる。

七〇年代初期の台湾の孤立化は、台湾の外交的選択そのものの結果というよりも、中華民国政府の外交における現実的選択の可能性が一つ一つ消え去っていった結果として生じた。第三章で見たようにケネディの国連における「二つの中国」という可能性が失われ、また本章で見たように六〇年代に池田政権の中国・台湾政策にかかわるいくつかの可能性が消えていくなかで、台湾の中華民国政府は国連からの退出および国交断絶やむなしとの状況に追い込まれていった。そして、このように選択の可能性を失わせた主な要因は、中華民国政府の外交自体の強硬性と硬直性であった。それは、対外的には、中国との関係改善と台湾との関係維持を両立させようとする日本の「一つの中国、一つの台湾」の模索を短期的には阻止し、また対内的には、対外的強硬姿勢を示すことによって、非現実化していく「光復大陸」の指導者および政権がその威信を確保することを可能にした。しかし、その短期的成功の積み重ねが、長期的には自らの選択肢をせばめていくことになるのである。

第五章　一九六〇年代の日華関係における外交と宣伝工作

戦後から一九七二年の外交関係断絶までの日本と台湾については、日華と日台という関係の二重性をふまえながら考察していく必要がある。政府の外交という面では、それは主に日華関係であり、外交関係断絶以前の日華関係においては、政府間関係、党レベルの関係、個人的なネットワークなどが錯綜するなかで、さまざまなチャネルが活用され、その結果としてほぼ二〇年間の正式な外交関係が維持された。台湾の中華民国政府にとっての日本は、「中国の正統政府」としての地位を維持する外交政策の一環にまず位置づけられるが、無論それだけではなく、反共政策および対中国共産党闘争における最前線でもあった。

五〇年代および六〇年代の日華関係は、日中民間貿易の進展などをめぐって摩擦を起こす一方で、日本の自民党政権が米国との関係を重視し、かつ台湾の中華民国を支持するという枠組み自体には揺るぎは生じなかった。もっとも、その日華関係とは実際のところ、多くの深刻化する問題を抱えながら、表面上はあたかも緊密あるいは友好な関係が維持されているというイメージがつくり出された結果にすぎないのかもしれない。表面上、あるいは象徴的には緊密でありながら、実質的関係のなかに脆弱さを抱え込む日華関係がどのように形成されていったのか。本章では、外交と宣伝が表裏一体となり展開され、処理の難しい問題は外交交渉よりも水面下での工作によって切り抜けようとする中華民国政府の対日外交の側面に焦点を当て、「象徴的友好、実質的脆弱」の特徴が生み出される要因を探っていく。

台湾の中華民国政府が国際的孤立を防ぎ、国際世論を味方につけるような外交力を発揮できなかった原因として、何度にもわたり指摘されてきたことは、組織体制の問題である。一九七三年から亜東関係協会東京弁事処代表として断交後の日台関係を担った馬樹禮が、「窓口の一本化」を重視していたことは、彼自身の自伝のなかで何度もふれており、いくつかの研究でも指摘されてきた。あるいはまた、七一年二月二四日に中国国民党中央常務委員会（以下、中常会）に提出された新聞局長魏景蒙の「国際宣伝工作芻見」とそれをめぐる意見交換においても、人材と経費の問題を含め、在外組織における力の結集をいかに実現するのかという問題が指摘されている[1]。さらには、本章でも取り上げるように、六四年の陳建中の対日工作のなかでも、指揮系統などを統一して「戦闘体」へと組織化していく必要があると強く指摘されている。

本章では、こうした課題の解決が最も必要と考えられた時期に、幾度も同じように問題が指摘されながらも結局解決せずに七〇年代初期に至ったのはなぜなのかという問題意識の上で、主に六〇年代の台湾の中華民国政府が、どのような対日政策および外交活動を展開し、かついかに非公式チャネルを活用したのかについて、その一端を明らかにする。外交活動と宣伝工作がどのような重要性をもって繰り広げられたのかをたどるとともに、その活動主体を分析することで、中華民国政府と中国国民党とが錯綜する活動のなかで力を「統一」し、結集することに失敗したのはなぜなのか、その背景を考察する。そして、その一方で実はそのなかから、それ以後の日華・日台関係に引き継がれる関係がつくられていった、その過程を追いかける。

具体的には、第一に、海外宣伝工作や対中闘争のなかで日本との関係や日本での工作がどのように位置づけられ、展開されたのかを明らかにし、第二に、具体的事例として六四年の吉田茂訪台と台湾独立運動への対応を分析し、それがその後の日華・日台関係にどのような影響をもたらすことになったのかを明らかにする。

1　「反共」政策をめぐる組織と対外政策

（1）中華民国の組織における外交と宣伝

土田哲夫によれば[2]、重慶国民政府時期における中国国民党の政治対外宣伝は、主に公式の外交ルートを用いての米国政府に対する援助供与および対日制裁の要請と、非公式ルートを用いたアメリカ世論と議論、政府関係者への宣伝やロビーイング、および親中国的民間団体の組織と活動支援などに分けられる。このうち非公式ルートは、主に一九三七年に設置された国際宣伝処によって担われた。国際宣伝処はもともと、一九三四年頃に党内で作成された「拡大国際宣伝計画書」をもとに、中央委員会直属の中央国際宣伝局を設立し、国際宣伝工作を統括することを構想したものだった。この構想は、三五年一一月の国民党の第五回全国大会第二次会議で通過し、中央宣伝部に国際宣伝処が設置された。蔣介石は三七年に、この部局の強化のために、軍事委員会第五部（宣伝担当）部長に陳公博、副部長に谷正綱（国内宣伝）と董顕光（国際宣伝）を任命し、三八年には、第五部を国際宣伝処に吸収する形で廃止した。

これ以後、国際宣伝工作は董顕光が軍事委員会委員長の蔣介石に直接責任を負う形で統括され、経費も軍事委員会から支出されていたために、党系統は関与できなかったという。抗戦期間中、国際宣伝処は国際連盟および国際世論、英米仏独ソ各国に対してさまざまな働きかけを行い、中国にとって有利な対応を導き出すことを目指した。具体的には、外国語による日刊紙・特報刊行、政府声明や要人の演説の翻訳提供、月刊誌編集刊行、ニュースの国外伝達、国際放送、在華外国記者の接待と管理等、業務を拡大し、大規模な機構をもつ組織となった。

対外活動において宣伝部門を重視する体制は、中華民国政府が台北に遷されてからも継続する。四九年の渡台以後、党の宣伝部門は第四組の担当となり、各党営文化事業・メディアについての政策立案、実施の監督指導などにあたったが、その機能強化のために五四年九月に中央宣伝指導小組がつくられる。その具体的活動としては、たとえば、五六年一一月には、中央宣伝指導小組第三九次会議の報告をうけて、黄啓瑞の「旅日観感及建議」と杜蘅齡の「日本中国記者懇談会設立計画」が通過し、対日宣伝の参考として第四組から葉公超外交部長に送付されている[3]。この黄の旅日視察報告では、日本の大手メディアとの連携や反共団体との連携を建議するとともに、日本国民の思想傾向を紹介している。そこでは、五〇歳以上の「戦前型」の人々は天皇中心主義で民主主義の影響を受けているが基本的に戦前と変わらず、三〇歳以上五〇歳以下の「戦中型」は左傾的な傾向が強い人たちと共産主義には合わず欧米の民主主義や自由経済を重視する人々とに二分化し、そして三〇歳以下の「戦後型」はノンポリで、現実主義・個人主義だと指摘されている。そのうえで、日本に対しては、比較的穏健な「戦中型」の後者の人々をうまく運用して、左傾思想の蔓延を防ぐべきであるという。

さらに五七年三月には、中央宣伝工作指導委員会の設立が認められ、文化宣伝業務の一切を一元的に策定・指導することとなる。同委員会は特に国際宣伝を重視し、中央通訊社、中央日報、中華日報、香港時報らと協調しながら、宣伝機能を発揮した。中央宣伝工作指導委員会そのものについて書かれているわけではないが、宣伝工作における党や政府との連携や協調が実際にどのように行われたのかは、六一年から八五年まで中央日報特派員として日本に滞在していた黄天才の回顧録に詳しく描かれている[4]。

以上述べてきたように、党の宣伝部門が重視され、国際宣伝においても重要な役割を担っていたが、外交を管轄する組織をもつ行政院との関係はどのようになっていたのであろうか。党と行政院の関係は松田康博によって明らかにされているが、五八年から六三年まで陳誠が行政院長を務めていた際には、「行政院に対する党の指導は、有力党員である陳誠行政院長の『領袖独裁』によって担保されていた」という。[5] 実際のところ、改造時期においては、党の実力者と膨大な行政専門官僚を擁する行政院が策定した政策案について、専門的知識や情報がないままに党中央が審議することは難しく、ほとんどの場合その政策を単に追認せざるを得ない状態であったという。さらに、総統府機要室資料組や、国防会議の下の国家安全局などは、いわば体制外の組織であり、総統府と行政院の関係も、そうした法的根拠のない組織の設立などによって、その時々で変更されうる。

たとえば、国家安全会議は、六七年二月一六日に成立し、二四回もの会議を開催し、一〇二の重要事項を処理してきたが、七〇年五月に、党の組織との重複という理由で、ここに所属する国家安全局や委員会、秘書処は、顕著な実績が乏しく改革が必要であると蔣介石に提起している。[6] それによれば、この会議は、中央党部と行政院のつなぎ役であるが、総裁が国家安全会議の主席となり、その構成員は中央常務委員会に参加する人員と大部分が重複しており、職務上、二つを切り分けることが難しいという。組織のスリム化と呼ぶべきか、蔣経国の権力継承とのかかわりかはわからないものの、以後「以党領政」を継続し、国家安全会議は必要な時に招集するとされた。

しかし、一方で、たとえば第二組が担当する大陸工作は、活動の内容が情報、宣伝、民主運動工作、離反工作、防諜工作、ゲリラ工作など幅広く、大陸あるいは前進基地である香港などで組織をつくり活動をする場合や、それが海外での対中闘争となる場合には、さまざまな組織が部分的に関わることとなる。そうした問題が起きる場合には、横断的な組織を新たに設定するか、問題への対処のための専門小組などをつくることによって、担当者を明確にし、情報を共有して実行に移すことが必要となる。

(2)「反共」および対中闘争としての対日外交工作

呉瑞雲によれば、戦後の日華関係における非政府レベルでの政治経済協力機構の組織化と、その活動の本格化が進んだのは、政府間で摩擦が繰り返された一九五五年の時期からであるという[7]。日本の鳩山政権のもとで、全面的な反共組織の結成が難しくなるなかで、中華民国側と連携を強化しようとする日本側の動きが活発化する。五二年七月に組織された中日文化経済協会（会長：張群）、アジア人民反共連盟の中華民国総会（支部）などと連携するかたちで、五五年に自由アジア協会が設立され、日台貿易やいわゆる「バナナ利権」と呼ばれるある種の特殊利益を反共活動の資金源とする体制が目指された。

そうした反共チャネルや対中国共産党闘争の担当部署は、組織的には外交部ではなく中国国民党のなかに設置され、それらをより強化し連携させるための組織として、「海外対匪闘争工作統一指導委員会」が設定された。中央改造委員会のもとで、大陸工作については第二組と国防部保密局であったり、海外工作については第三組と僑務委員会であったり、党と行政院の業務が交錯することもあり[8]、担当部署が複数あっても担当者が共通している場合もあった。

この海外対匪闘争工作統一指導委員会は、五六年一一月二一日の中常会第三一六次会議において設置が決議された。そして、同委員会主導の、海外における対匪闘争工作の実施を強化するために、特に「加強海外工作方案」が、「海外対匪闘争工作統一領導辦法」に改定された[9]。その任務は、海外対匪工作の検討や作成、各地での業務の監督と協調、訓練、経費の運用や審議などである。その具体的な実行部隊として、各地の大使館に工作小組を設置し、こうした監督指導を行うことが目指され、主に(1)情報分析・判断、(2)心理作戦（宣伝を含む）と経済作戦の指導、(3)僑務工作と聯戦工作の協調、(4)駐在地政府と反共党派との連携、などが任務とされた。その任務が横断的に設定されていることがわかる。この小組・特派員・督導員をおく地域として、第一にタイ、香港・マカオ、日本、シンガポール、次に欧州、インドネシア、ミャンマー、カンボジア、ベトナムなどが検討されている。

この委員会への参加メンバーを見ると、党秘書長である張厲生をはじめ、主席を務める周至柔、蔣経国、彭孟緝、鄭介民、鄭彦芬、馬星野、陳建中、葉公超、徐柏園、江杓の一一名となっている。第一次会議から、鄭介民の代理として陳大慶が出席しているが、彼らはそれぞれ国家安全局の局長・副局長であり第二組主任でもある。さらに、周至柔は国防会議の初代秘書長であり、その副秘書長が蔣経国である。ほかにも、馬星野は宣伝工作を担当する第四組主任、陳建中は第六組主任を務めており、関係する党と政府の責任者や実力者が集められていた。

五七年三月三〇日に開催された第五次会議において、前回から検討されていた「統一指導日本地区対匪闘争工作」について討議され、日本地区対匪闘争工作の原則と組織が決められた。その内容は、東京、神戸、大阪、長崎、仙台にばらばらに存在する組織を統一的に指導する機関をつくろうというもので、各部署から派遣されている組織と人員は、原則として中央主管機関の指揮監督を受けることとされた。メンバーは、駐日大使（招集人）、駐日党務督導員（秘書兼）、国家安全局駐日督導組責任者、第六組駐日工作責任者、中央派遣の文化・新聞・僑務責任者で、駐日陸軍および空軍武官、駐日大使館商務参事、駐横浜総領事、その他工作小組が認める者も参加できるとされている。

こうした組織が駐日大使館のなかでどのように位置づけられるのかは、懸案の一つであったようで、第一二次会議記録によれば[10]、五七年五月二四日の会議では、蔣介石総裁の指示として（第三組報告）、「駐日機構の統一は、やはり党務情報機構の権限・経費・人力の統一が主であり、情報系の人員は減らすべきである」と伝えられ、駐日大使を中心とした体制をつくるよう指示されている。さらにこの会議では、「現在、日本工作小組はまだ設立されていないが、現在の仕事上の必要に応じ、日本における党務を強化するために、できるだけ早く日本に党務督導員を派遣することが必要だ」として、日本から帰ってきたばかりの李徳廉の名が挙げられた。

続く五月三一日の第一三次会議記録によれば[11]、当初この機構を本格的に始動させるにあたり、高いレベルの責任者三人を日本に派遣して、党政軍および情報機関の駐日機構の組織と業務を視察することになっていたのだが、駐日大使から「大使館と党政軍および情報機関の派遣する駐日本各機構は、密接に連携をとっており、統一的指導の権限と責任は発揮できている。各機関と業務の調整は、日本工作小組成立後、沈大使が具体的な意見を検討し報告する」との意向が伝えられ、先送りにされたとみられる。総裁である蔣介石も、各項について沈駐日大使の賛同を経ることや、関係主管同志は任務を決定どおりに実行し、視察団派遣の先送りが決まれば、それを中常会に出して決定することを指示しており、駐日機構に新たな組織ができることには消極的であったように見える。

その後、海外対匪闘争工作統一指導委員会は、「周海通」という架空の人名を模した「通称」を使うことになるが、五七年八月七日付で周海通から沈観鼎に宛てられた文書のなかで[12]同会は、「統一指導日本地区対匪闘争工作意見」を作成して中常会に提案した結果、日本地区に対匪闘争工作小組を成立させ、駐日大使が招集人となって駐日各党の情報および文化宣伝機構と人員を統一指揮監督し、対匪闘争工作を推進する規定が通過した旨を通知した。人名を模した名称の使用は、各国駐在の機構についても求められ、この時期、香港では「江品今」、タイでは「周震宇」、日本では「盛岳星」、韓国では「韓光大」などの名義がつくられている。

五七年九月一三日の第二三次会議で、九月三日に日本の「盛岳星」から、宣伝工作と対匪闘争工作の体制案ならびに工作推進綱要が提出されたことが報告されている[13]。それによれば、対匪経済作戦小組を、駐日大使館経済参事処、中央信託局東京弁事処、中国銀行東京分行、招商局東京分公司、台湾航業公司日本代表処などの責任者で組織し、対匪経済作戦の情報収集、交換、研究、建議などを行うとしている。また、対匪宣伝工作を、新聞局駐東京連絡員、中央通訊社東京分社主任、中央日報社東京特約記者、新生報東京特約記者、中国国民党直属駐東京支部秘書らで組織し、同様に情報資料の収集、交換、研究、建議などを行うことになっている。また、このほか、大阪、神戸、長崎、仙台、北海道などの各地に小組を設置するが、工作を強化する方法については別途定めるとある。

こうした、一見すると重要な党の対匪闘争工作の委員会も、設立当初はこの工作の機密性を重んじて、関係会議の出席者は自ら出席し代理人による出席は不可とされ、初期の頃は蔣経国はじめほとんどのメンバーが出席していたものの、六〇年代の会議記録を見ると、ほぼ代理出席のメンバーしか集まらなくなっており、単なる情報共有の場所、もしくは単なる執行機関の一つとなったようである。

また、これとは別に、日本との間でより戦略的な連携として模索されるのが、六一年八月の岸信介訪台以降に動きはじめる「反共参謀部」設立の動きである。これは日本と台湾それぞれに会社組織をつくり、それを隠れ蓑にして反共活動の支援や推進を図ろうとするものであった。[14] その後、六二年三月には「中日反共合作秘密同志会」、六三年一〇月には「反共連合組織（反共共同参謀部）」などの構想が出され、反共を軸とした非公式なレベルでのチャネルがつくられている。

こうした反共を軸とした日華間の非公開活動の組織には、日本側では「日同会」（日本大同会）に岸信介、石井光次郎、福田赳夫、渡辺渡が、中華民国側では「中公会」（中華公会）に彭孟緝、陳大慶、陳建中、蔣経国らが名を連ねている。反共ネットワークの形成を模索する中華民国側の動きには、情報系の他の組織と共通するメンバーが関与していたことがうかがい知れる。[15]

（3）総統府宣伝外交綜合研究組

一九六一年三月、総統の直接指導のもとで国際情勢を研究して外交宣伝の方針を検討・作成し、総統の政策決定の参考に具する機関横断的な組織が設置された。これが総統府宣伝外交綜合研究組である。この宣伝外交綜合研究組は、六一年三月二〇日の中国国民党中常会第二八五次会議記録によれば、陶希聖の建議により、従来の宣伝工作指導委員会も抱合する形で、党と政府の外交宣伝を主管する機関が集まるものとして設定された。[16] この会議の秘書業務は中央第四組が担当するとあり、行政院長兼副総統である陳誠を包み込んでしまう形で総統府のなかに党と政府が一体化し、外交と宣伝を統括する組織をつくってしまったことになる。

六二年一二月、陳誠副総裁はこうした体制について、「外交と国防は高度な機密性と時間的な要素を含むもので、その重要なものは総裁自らが処理する。時に、総裁は沈部長あるいは彭総長に命じて直接処理をさせ、［その内容について］本席（中常会）で事後になって初めて知ることもある。このため、多くの立法委員同志が多くの会議を開くように要求するが、事実上は不可能であり、事前に広く意見を徴取する必要もない。立法委員の同志たちが、総裁の叡智と外交・国防に従事する同志の忠誠を信じ、会議を多く開きすぎてかえって正常な業務を誤ることがないよう望む」と述べている。[17] 五〇年代から国防会議、国家安全局といった法的根拠のない体制外の組織をつくることによって、自らの指導下に国防を置いてきた蔣介石であるが、外交においても、自らに情報が集まり、指示を出せる体制をつくり上げようとしたと考えられる。

三月二一日に張群秘書長主催のもとで開催された第一次会議では、以後の会議を二週間に一度の定例開催とすること、アメリカ研究小組、欧州研究小組、アジア研究小組、匪俄研究小組のほかに、特に事件が発生したような場合には専門小組を設けて処理することが定められた。このうちアジア研究小組のメンバーは、外交部亜東司司長、汪公紀外交部顧問、馬樹禮立法委員、陳元中央委員会第三組副主任、呉俊才中央日報主筆（台湾大学教授）、毛松年中央銀行秘書処処長、梁子衡中央委員会第三組秘書らであった。

六一年二月一九日の沈昌煥委員宛の文書では、[18]「『二つの中国』問題に対して発表する声明案は、第二次会議で決定した。⑴声明については外交部が準備をし、外交部長の名義で発表する。時期は早い方がよい。⑵詳細な説明は本月二〇日前後、総統府の月会の場に、外交部長が出席し報告をする」とされている。また、この報告を公開発表することで政策的な補充説明とせよという指示からは、当初は総統府宣伝外交綜合研究組に、各種・各ルートの情報を集めて分析し、誰が、何をすべきなのかについて具体的な指示を出す役割を担わせようとしていたことがうかがえる。

この研究組の会議記録は、基本的に張群から総統へと提出されており、それに基づき総統からの指示が下りるという流れになっている。国際情勢と外交、海外活動、宣伝工作（国際、国内）などすべてのトピックについて報告と討議という形で上に報告があげられ、必要に応じて指示が下りてくるのである。たとえば、六四年九月の第八九次会議では日本映画の輸入問題など「宣伝」に関わる問題が検討される一方、一〇月の第九一次会議では中国の核実験に関する対外宣伝・対内宣伝の方針について指示が出されている。また、国連中国代表権問題、釣魚台問題、ニクソン訪中発表への対応[19]などについても分析、検討、調整などが行われ、後に中常会への報告が行われていたと考えられる[20]。

六八年一〇月二八日、駐日大使館は総統府宣伝外交綜合研究組へ打電し、総統から指示を受けて中華文化復興運動を展開したが、さらに活動を広めるために日本で季刊誌の発行をしようと、毎年五〇〇〇ドルの費用を要請した。この要請について魏道明外交部長が一二月二七日の第一九八次会議において提起したが、日本で小型の季刊誌を発行しても、効果が容易にみられないので必要ない、すでにある『今日之中国』を充実させれば十分であるとの結論が出された[21]。こうした面からも、具体的な政策の判断など実質的な役割がうかがい知れるものの、この宣伝外交綜合研究組の役割は、その後七二年の蔣経国の行政院長就任に伴い変容することになる。

2　一九六四年の吉田茂訪台に見る宣伝と外交

では実際に、外交と宣伝はいかに関わり合いながら展開されたのか。第四章で述べた一九六三〜四年の日華断交の危機とその危機を打開する契機とされた吉田茂訪台を事例としながら、対日外交および国内対策として、宣伝工作がいかに重視されていたのかを示すとともに、宣伝方針の分析によって外交問題の処理において何が重要であったのかも見えてくることになる。

（1）日中貿易の展開に対する台湾側の対応

一九六〇年七月、池田勇人内閣発足後まもなく、日中貿易再開への動きが始まった。六〇年八月二七日、北京を訪れた日中貿促専務理事である鈴木一雄は、周恩来総理から日中貿易に関し、政府間協定、民間契約、個別的配慮の三つのレベルを措定した「貿易三原則」と呼ばれる新しい原則の提示を受けた。このうち、民間貿易は、政治三原則に同意し、「友好商社」として推薦され、中国国際貿易促進会の認可を受けた日本企業と中国との貿易を可能とするもので、友好貿易方式と呼ばれる。同年一〇月には、高碕達之助が訪中し、翌六一年には丸紅飯岡、住友商事ら大手商社がダミー会社を通じて日中貿易に参入し、その貿易額は六一年の往復四七五〇万ドルから六二年には八四五〇万ドルへと増加した。

高碕と廖の間で「日中総合貿易に関する覚書」が調印されたのは、六二年一一月であり、そこに対中プラント輸出についての具体的な取決めが記載されていた。その倉敷レイヨンのビニロン・プラント輸出については、第四章でも述べたように、六三年六月末に中国側とプラント売買契約が結ばれ、八月二〇日には通産・外務・大蔵省の会議において日本輸出入銀行（輸銀）融資による延べ払い輸出が承認され、二三日の正式な閣議決定へと至る。

倉敷レイヨンのビニロン・プラント輸出計画は、もともと五八年の第四次日中民間貿易協定とそれに続く長崎国旗事件による日中交流の断絶のなかで一旦頓挫し、六二年の春頃に中国側の商談再開の申し入れがあり、再度動き出したものである。六二年一一月に議定書をかわす際には、日本政府は延べ払いの適用に、西欧諸国が中国に適用している範囲内に限るなどの条件付きで正式な承認を与えたが、輸銀融資についてはまだ明確になっていなかった。

池田勇人首相はこの時期、「経済中心的な安全保障観」に基づき、東南アジアの反共政権に対し、共産主義の浸透を防ぐことを念頭においた経済開発への支援を行っていたが、この方針は中国との貿易を進めることと矛盾していないと考えていた。(22) むしろ、池田政権の対中貿易への姿勢は、現実問題として急速な進展は難しいが、吉田茂と同様に中ソ離間という「政治的目的のために、漸進的に」進められればよいというもので、「東南アジアにおける中国の間接侵略阻止」と相反するものではないというのが、日本の立場であった。(23)

その後、六三年四月二九日に孫平化らが来日、通産省官房長官渡辺弥栄司と通産課長長谷敷寛と面会し、ある程度肯定的な感触をもって帰国し、六月三〇日の売買契約へと至る。その総額は七四億円、支払い条件の頭金は二五％、金利四・五％、延べ払い期間は船積後五年の均等払いとされており、輸銀融資が前提とされたプラント輸出契約であった。

日中間の経済・貿易関係が進展しはじめたことを受けて、台湾側はどのような対応をしたのだろうか。六三年四月一七日付の駐日大使館から外交部宛第一三九七号電では、今後の展開を懸念して、五八年の時点では民間通商機構の設置自体には反対を表明していない点をふまえて、これにどう対応すべきか指示を求めている。(24) 張厲生駐日大使は、民間通商機構の設置と旗の掲揚について、「五八年の一線」からの後退を懸念していた。すなわち、日本政府は、第四次日中民間貿易協定締結に際して、貿易事務所に五星紅旗を掲揚することや外交特権を与えることに反対する中華民国側の強い姿勢に配慮し、旗の掲揚については「権利としては認めない」とのあいまいな文言を使って中国との貿易を否定しない姿勢を見せた。そして、その一方で中華民国側に対しては、蔣介石総統宛の書簡を岸信介首相が出し、旗が掲揚される以前の「適当な時期に、最大の努力を試みる」として、実質上「揚げさせない」姿勢を見せて中華民国側を納得させていた。[25] 張大使は、この日本政府の姿勢がさらに後退し、中国との政治的関係の発展につながることを懸念したのである。

五月二日に外交部から張大使に送られた電報では、「このまま事態が進展していけば、共匪の日本への政治的浸透を促し、自由陣営の安全に影響を及ぼすことになる」ので、「第四次民間貿易協定のような厳重な局面の再発を避けられるよう、日匪貿易案件への態度について幾度か交渉を行い、未然に防止」するため、最大限正確かつ迅速に本部に情報を伝えるようにと指示された。[26] その後六月にまとめられた「日匪貿易之検討」によれば、積極的対応から消極的対応まで幅広く検討がなされており、日中間の正式な国交樹立に至らない範囲では台湾自身の利益に鑑みて忍耐するとの方針がとられている。[27]

加えて七月六日に開催された関係部署による座談会では、日中貿易については、対中ビニロン・プラント輸出への延べ払い融資、展示会開催、通商機構の設置は実現するだろうと見通したうえで、「貿易上、我が国の日本への依存度は比較的大きく、とりわけ対日輸出の砂糖、米、塩は最も重要であるので、経済上の制裁手段をとるべきではない」との姿勢であった。[28] 七月二五日に党中央第二組から沈外交部長に提出された文書を見ると、五月に訪中した高碕達之助と孫平化の間では商談がまだまとまっていないことや、六月一四日付で日本各紙が報じている日中輸出入組合と中国側が準政府間貿易協定を締結する可能性など、さまざまなルートからの情報が入ってきていることがわかる。[29] なお、現在見出せる資料から読み取れる限りにおいては、この段階では、中華民国政府側がビニロン・プラントに対する輸銀融資を特に重要視して、他の機構のレベル、旗の掲揚、協定締結など以上に重大な政治問題とみなしていたとは考えにくい。

八月一五日から台湾側の各部署で回覧・修正された「我対日匪拡大貿易対策之検討」[30]では、基本的な判断としては、国際情勢の重大な変化がある以前には日中間に政治関係は発生しえないとする一方、民間貿易の拡大、日本の「二つの中国」の政策にも変更はないだろうと認識していた。そして、中華民国政府の対応は、実際にダミー会社を通じて対中貿易をしている日本企業を締め出してもおらず、延べ払いについても五、六年、七、八年の長期は困難な状況ではあるが、シベリア開発のような経済協力の可能性はあるとしていた。そのうえで、今後の方針として、通商代表団の設置が領事事務などの「商業範囲」を超える場合には、自国の国交や経済的利益に影響しないとの原則に反さない範囲で懲戒的な制裁措置をとり、政府の強硬な態度を表して日中関係の進展を遅らせるという内容を打ち出した。幾度かの修正を経て、これが八月末頃にまとめられている。

しかし、日本政府が八月二三日に、倉敷レイヨンのビニロン・プラント輸出への輸銀融資による延べ払いを閣議決定で最終的に承認すると、台湾側の強硬な姿勢が持ち上がってくる。二三日の決定についてのニュースを新聞で知ったという蔣介石は急遽、張群に木村大使への抗議の意思伝達を命じた。前日の八月二二日に、蔣介石は吉田茂に書簡を送り、強く抗議していたが、これを受けた吉田からの働きかけも効果なく、池田首相は一歩も譲らなかった。また、外務省もこれは「経済援助」ではないとの見解をもっており、九月四日付吉田茂の蔣介石宛書簡は外務省が起草したものだったが、そのなかでも「[ビニロン・プラントの延べ払い方式での輸出は]決して中共に対する経済援助といった性質のものではなく、その条件は他の国家が中共と行っている同種の貿易をこえるものではない」と説明していた[31]。

外務省は、木村大使が中華民国政府側がこれを政治的問題として扱っている立場を考慮していたものの、合理的に考えれば経済的制裁の可能性は低いと見積もって、日本側の認識を変更するにはいたらなかった。蔣介石による政治問題化に続き、監察院での論調も、かなり厳しいものになってくる。九月三日の監察院第八〇三次会議では、一〇名の委員から行政院に対して対日経済関係および貿易政策の再検討ならびに駐日大使の召還などの措置が強く主張され、プラント輸出の件は中共への「経済援助」であるとの断固とした見解が示された[32]。

九月一三日に、台湾入りしていた毛利松平と木村大使が蔣介石総統と会見する。外交部の発表では、毛利の訪台は個人的な訪問だとしていたが、この会談のなかで蔣介石は、「もしわれわれ中華民国が大陸にあり、形勢が強いものであったら、日本のこうした挙動は問題にすることもない。しかし、今日中華民国政府が日本の内閣の眼中において最も弱く不利な状況にあるときに我々の敵を公然と助けることは、六億の同胞を圧迫し、敵の力を強め、我々政府を消滅させようとするもの」で、侮るようなことはしないでいただきたいと非常に強い調子で述べている。蔣介石が、弱国の立場となっている自らの立場に対する日本の侮蔑的な扱いに憤慨している様子がうかがえる。続けて、「これは実質的には経済的な方式による共匪援助である」「もはや日本には全く何ら希望をもっていない」とも述べており、やはりきわめて厳しい姿勢であった。

蔣介石の激しい反発は、何度もの日本への警告の末に出されたものなのか、あるいは突如現れてきたものだったのか。宣伝外交綜合研究組の資料によれば、日本についての報告は、陶希聖からの中日合作策進会に参加した際の会以外での工作状況（七月五日第五五次）、同じく陶から木村大使への談話経過（七月五日第五八次）、外交部から「日匪貿易問題節要」による報告（八月三〇日第六三次）などの資料として提出されているが、本格的に取り上げられはじめたのは、九月一三日の第六四次の頃からと考えられる。この会議内容は、中常会第四七二次会議で報告されているが[33]、「経済報復」や「日本製品の不買運動」などを軽々しくは口にせず、日匪貿易を言論によって批判する際は、池田内閣および共匪と貿易を行っている財閥を対象とし、一般の日本人の反感を引き起こすことを避けること、立法院・監察院の発言については、中央が両院の同志に指示を出すこと、外交部では行政院会議の決議に従って張駐日大使の召還を行うこと、行政院経済小組は日中間の貿易・経済関係について積極的に分析することが提起されているが、以上の内容については張大使の帰国後の詳細な報告を待って決議するとされている。単に感情的に日本を非難する状況ではなかったことがうかがえる。

これをうけて張大使は九月二一日に帰国した後の報告で[34]、

(5)民間の組織とその力を動員するうえでは、条件を決め、群衆を掌握してコントロールできている必要があり、もしそうでなければ弊害の方が多く利が少ない。中央第五組は特に注意をし、もし自在に運用ができないのであれば、動かさない方がよい。

(6)私自身は、日本に対して経済報復をすべきだと主張しない。これは我が国の経済貿易に関係することになるので、本省の民間の心理の変化に注意を払わねばならない問題である。日本に国交断絶を宣言するがどうかについては、言論はきわめて慎重であるのが望ましい。行政院経済小組は、かりに日本政府のプラント輸出問題がなくても、自力更生策の研究を継続して進めるべきである。今後は我が国の対外貿易は多方面への発展を求め、どこかの国家との依存的な関係を避けるべきであろう

とした。この張大使の報告にみられるように、宣伝外交綜合研究組での討論は、国内の言論状況のエスカレーションには特に慎重だった。「過激になりすぎてしまうことを避け」、必要なときには中央第四組が新聞界の責任者を集めて座談会を行い、意見交換をして意思の疎通を図るなど、対日外交への過激な言動や動向が日華関係を拘束する状況を極力回避すべきとの判断が働いていたようである[35]。

九月一六日付第三四一号の「宣伝通報」には、「九・一八事件」三二周年記念日に向けて、池田内閣の姿勢やビニロン・プラント輸出について、次のような報道方針が出されている[36]。①「九・一八」の歴史的記憶の回顧、侵略

と大陸の共産化を醸成した責任、②「以徳報怨」の寛大政策により世界平和の促進、戦後日本経済の迅速な復興が実現しているにもかかわらず、貿易を口実に「共匪」へのプラント輸出をすることは、井戸のなかに石を投げる行動に等しい。このように、「九・一八」という歴史的な事件の記念日に重ねて日本の姿勢を強く非難しつつも、具体的な制裁措置にふれたり日本人一般を批判することは避けるなど、抑制された姿勢を示している。

また、九月三〇日開催の第六五次宣伝外交綜合研究組では、その議題のほとんどが、中央第四組に集められた関係者が懇談した内容など、日本との関係についての項目となっていた[37]。ここで報告されている九月一四日開催の「対日本資匪問題座談会記録」では、謝然之第四組主任の報告に続いて次のような決定が記されている[38]。

(1)常会の指示に基づき、第一組は政治通報を発して各レベルの組織に伝達し、第四組は宣伝通報を発してメディア界に方針を指示し、第三組は、海外の関係華僑系新聞や団体に工作の方針を指示する。
(2)第六組は関係人士を通じて、日本自民党内および民間の有識者との連携を強化し、共感を得る。また、在台日本人企業家との連携をとる。
(3)第一組は翁主任が中日合作策進会、中日文化経済協会、中日貿易協会および日本道徳重整会などの団体と話し合い、一致して積極的な行動をとる。
(4)アジア連盟と連絡をとり、国民外交の上で日本の匪への経済援助という陰謀を非難する。

党内で役割分担をしながらさまざまなチャネルを使って動こうとしていたことがわかる。

(2) 周鴻慶事件の宣伝方針

一九六三年九月一四日、張厲生大使の召還が決まり、さらなる日華関係の悪化が懸念される折、九月一八日、池田首相がアメリカ系メディアとの会見で、「大陸反攻」の実現性に疑義を呈するような発言をしたこともあり、病気療養中だった陳誠行政院長は休暇を切り上げて急遽職務に復帰した。二一日に、張厲生駐日大使が帰国し、緊張感は高まった。

こうした時期に発生した中国油圧機械訪日団通訳周鴻慶の亡命事件は、日華関係の悪化にさらなる拍車をかける結果となった。一〇月七日に、周はソ連大使館に逃げ込んだものの、八日にはソ連大使館から日本の警察に身柄が引き渡され、法務省入国管理局での取り調べが始まった。八日には、米国のネルソンから蔣経国にこの事件についての情報がもたらされている。ネルソンは、周が中華民国駐日大使館に政治的庇護を求めており、台湾での居住を希望していると伝え、早急に手をうち双十節までに間に合わせれば反共宣伝の効果も高いと述べた(39)。蔣経国はこれをうけて、国家安全局の駐日責任者に大使館と協力してこの事件に対応するよう指示を出し、また沈昌煥外交部長にも本件の展開に注意せよと指示していた。この文書の註によれば、ネルソン―蔣経国会談以前に、国家安全局はすでに動き出しており、日本当局が駐日大使館員と周の接触の機会を設けつつあるという米国からの情報に基づく対応を駐日督導組に伝えていたという。しかし、周への面会はなかなか実現しなかった。

台湾側の周事件への対応も後手に回り、日華関係の展開が危ぶまれる六三年一一月一日、沈昌煥外交部長は、五名の日本の記者と会談した。参加したのは、富森叡児(朝日新聞)、福原亨一(共同通信社)、田邊昌雄(NHK)、渡邊恒雄(読売新聞)、志村規矩夫(時事通信社、駐台)であった。日本の記者が、自民党副総裁である大野伴睦が特使として訪台することは日華関係の好転につながるのかどうかについて質問すると、沈部長は「大野先生帰国後、事態が実際にどのように展開するのかで決まる」とした。さらに記者は、「大野氏と張群氏が会談した際、中華民国は日本が不誠実で、民国に対して冷淡であると考えていることを知るべきだ」と張氏は述べているが、「絶対多数の日本人は、総統に好感を持っていて、中国大陸へ行く自民党政治家も貿易を行っている者もごく一部の日本人に過ぎないことはご理解いただけているのか」と問い詰めた。これに対し沈外交部長は、日本の事情はしっかりとわかっているが、「今日の日本政府の政策は、堅い反共政策であると感じることはできない」と応じた。しかし、記者が「大平外相が今回の選挙後に来訪するとしたら、部長は歓迎するか」と問うたのに対しては、沈外交部長は「我が国は友邦の元首および外務大臣の来訪はみな歓迎する。大平外相も例外ではない」として、前向きな姿勢も見せていた。[40]

この周鴻慶事件に関する報道について、国内向けの報道規制としてはどのような方針が示されていたのであろうか。この事件について「宣伝通報」は、第三四三号（六三年一二月一九日）、三四四号（六三年一二月二七日）、三四五号（六四年一月二日）、三四六号（六四年一月九日）で取り上げており、六四年一月五日には新聞界の責任者を集めて座談会を開催し、方針の周知を図っている。

日本政府による周鴻慶の中国大陸への送還決定が発表される以前の段階では、三四三号に、「周案が、一つの政治庇護の案件であることを強調し、日本政府に国際慣例と人道的立場に基づいて公正な処理を要求する」とあるように、その内容は比較的抑制されたものであった。[41]しかし、日本政府による周の大陸送還が決定すると、「周案が政治的庇護を要求する案件であることを強調し、日本政府がこの政治案件を一般の法律案件とみなして処理することは、実に大きな誤りであることをアピールする」ことと、方針に変化がみられる。[42]さらに、送還された後になると「単に単独の人道に反する問題であるだけではなく、ビニロン・プラント対中輸出以来の一連の媚匪行動の一環であることを強調する」べきとして問題の位置づけが明確化される。[43]そして、そのうえで、「周は匪区に送還されたが、周案はこれによって終わるのではなく、日本政府のこうした親匪媚共行為は永久に日本の国恥となる」と、日本非難の論調をエスカレートさせた。しかし、その一方で、日本に対する中華民国政府の強硬な措置は日本による周の送還決定を一ヶ月延期させ、これがなければすでに代表処に国旗が掲揚されていたであろうと、政府の措置の正当性を強調するよう指示しつつ、「民衆があまり激昂しすぎないように配慮」を求めている。(44) 外交部の対応の不適切さが指摘されるなかで、自らの成果を強調し、民衆の不満が過激な形で対日・対政府に向かわないよう配慮していることがうかがえる。

しかし、周鴻慶が中国へ送還されると、市内でのデモや投石事件などの動きがみられた。中華民国政府も一月一〇日に政府買い付け物資の新規輸入停止措置をとったが、これは民間企業への影響を少なくし、経済的な影響と台湾の経済界への影響をできるだけ抑えようとする措置であったといえる。

(3) 吉田訪台に関する報道方針

一方、一九六四年二月、日華関係の改善を図るべく吉田茂元首相が個人の資格で訪台したことに関しては、どのような宣伝方針が示されていたのか。ビニロン・プラントの輸銀融資については経済的に処理し、周鴻慶事件については法的な処理として進めようとした日本であったが、中華民国政府側はこれらを政治問題と位置づけていた。

張厲生大使が召還されて台湾に戻っているあいだに、中国国民党中央党部第六組主任陳建中が訪日する。陳は、一一月頃から合計三回にわたり、偽名を使うなどして来日し、日本側の誠意の表れとして「池田総理または大平外相の訪台」、さらには吉田茂訪台の道をつくった。(45) 三度目となる一二月二四日の来日の際には、二六日に岸信介、田中伊三次らとの会談を行うなど、中華民国と関係の深い政治家らとの協議を続けた。このなかで田中は、張伯謹公使を通じて外務省への強い抗議と駐華大使への強硬な態度表明を行うことを提案した。親国府・反共の立場をもつ日本の議員たちが、台湾側に強硬姿勢を求め、それによって日本の池田内閣への圧力を強めようとしていることに対し、台湾側は日本の国内政治の道具、政争の道具として使われることへの警戒感をもち、池田への影響力を有し問題解決のために動ける人物として吉田茂が最適であると考えていた。

この時、陳建中は、日本政府側が周の大陸への送還をほぼ決定したことをうけて、二八日頃には事後対策へと重点を動かしつつあった。三〇日、陳と会談した吉田茂は、周の大陸送還後に「池田が訪台するか、または池田を代表して大平外相が相談にいくべきだと池田に伝えている」と述べた。(46) これについて陳は、沈外交部長への報告のなかで、吉田を含め日本側は、周鴻慶事件で台湾側があまり頑なになりすぎず、池田が台湾を訪問して謝罪すれば日華間の局面は打開できると考えているが、現在ではそれほど簡単にはいかなくなっている印象だと書き送った。(47) もともと陳建中は、一一月に来日した際には、後宮虎郎アジア局長との会談のなかで、日本政府首脳が訪台して「誠意」を示すことで全般的雰囲気が変われば、事態は収拾するという構想を提示していたが、(48) 周の送還が決定的となり実際に送還されるにいたる時期には、もはや事態の収拾が難しいと見ていたのであろう。そして、一二月三〇日、陳は外交部長を通じて中華民国政府首脳に一つの方策の許可を求めた。それは、吉田茂の訪台によって日華関係が最悪の事態に陥るのを避けるという方法について、具体的に吉田との話し合いを進める許可を求めるものであった。(49) この案自体は、吉田からの提案だったとされているが、陳は別途連携をとっている岸や石井よりも、吉田の訪台を検討していた。彼の分析では、「岸派は我が方との関係は良いが、池田とは根本的に対立しており、大野、三木、石井らも問題を解決することはできない。現在の日本の政局からいえば、吉田が池田政府に最も影響力をもっている」(50) として、吉田の訪台を優先順位の高い案として捉えた。

年が明け、周鴻慶帰国後の一月九日、「宣伝通報」第三四六号は、「戦後我が政府が日本の戦争俘虜に対してとった寛大な政策とにより、当時我々は二百万の日本の俘虜の命と安全を保障したにもかかわらず」、日本は「周鴻慶一人の自由を守る要求を受け入れない。むろん、道義と国際外交上において、すべて許し難い罪行である」と強調した。(51) しかし、吉田茂の訪台については、「外交当局はいまだ日本側と何ら接触をしていない。現在日本政府のとっている態度は、その主旨が我が国の周案に対する反響を緩和することにあるので、あまり重視しすぎないようにする。在外当局が日本側からの正式な通知を受ける以前には、しばらくなんらかの評論を出さないように希望する」などと慎重な姿勢を示していた。

六四年二月二一日付「宣伝外交綜合研究組第七五次会議」において、謝然之主任が吉田訪台に際しての宣伝に向けた指導等について、「吉田茂来華訪問に関する、我々の宣伝上の措置について」と題して報告した(52)。そこでは、吉田の台湾訪問に際して、第四組は三月二一日、二三日と「宣伝通報」を二回発行し、各新聞社にニュース報道と言論において緊密に注意するよう指示したほか、二月一八日、二三日、二七日には行政院新聞局、外交部、台湾省新聞処と第六組など関係部局が集まり、三度にわたり座談会を開催したと伝えられた。吉田訪台を重視し、きわめて慎重に取り扱う姿勢であった。

ここで出された「甲、宣伝通報の内容要点」は、以下のようなものであった。

一、各新聞機関は吉田茂の今回の来華訪問について、一致して称賛を示すべきであり、吉田茂が一貫して反共反中立の立場をとってきたことに対し、特に称賛を加えること。

二、今回の吉田茂の訪華は、中［中華民国をさす、以下同］日外交関係の行き詰まりを打開する道を模索するものであるものの、吉田茂は現在実際の責任を負う立場にはないので、ニュース報道と評論において、これからの中日関係の発展にはふれない方がよく、過度に楽観的な観測をしない。

三、中日間に現在存する重大な見解の相違と若干の具体的問題は、両国の外交上の正式な交渉を経なければならず、協調して初めて解決しうる。今後日本政府はさらに積極的な措置をとらなければならず、それによって中日両国間の正常な関係が回復する。

四、現在の中日関係は、池田内閣の行う親匪媚共政策の結果であり、すでに「七七」抗戦前夜と同様の危機をつくり出し、今後日本が我々を敵とするのか、友とするのかは、すべて日本政府自らの選択である。

五、吉田茂への優遇歓迎は、単に吉田氏個人への重視であり、決して日本政府に対して理解を示すものではない。もし日本当局がその親共媚共の誤った政策を変えなければ、我々も決して断固反対する立場を放棄しないし、また中日関係も絶対に改善する可能性はない。

六、来華取材する日本の記者たちに対しては、日本の左派分子が共匪特務と結託して周鴻慶を洗脳し、日本政府を横から威嚇した事実を強調する。それによって今日の日本は、共匪の浸透するところとなり、さらに最近は共匪が日本との記者交換、貿易代表団の交換を企図し、甚だしくは通航、通郵と漁業協定の締結を要求している。もし、実現すれば、日本に対し大規模な浸透・転覆活動が展開されることになる。日本の新聞界が世論の力を発揮し、日本朝野の警戒を引きあげるよう喚起し、その積極的な奮闘により、日本を共産化の危機から救うように希望する。

こうした方針が出された後の台湾国内のメディアの報道については、実際に「吉田茂訪華期間台北各報言論一覧」が作成され、チェックが行われた。そうした一連の資料をまとめる形で数ページにわたる報告書が作成されたが、その「吉田茂訪華分析報告」[53]は、「疑いの余地なく、吉田茂の今回の訪華は、日本の利益と彼自身の政治思想のために、またここ半年来の中［中華民国］日両国間の外交の行き詰まりを打開するための道をつくることとなった」と評価し、「吉田訪華は、名義上は『個人の身分』となっているが、実際には池田首相の『親善特使』である」と位置づける。そして、「吉田茂の衣鉢を継ぐのは現在の首相の池田勇人であり、もう一人は佐藤栄作」であることからして、今回の台湾訪問の重要性は明らかだとするのである。しかし、それでもなお個人の資格での訪問としたことについては、第一に、万一にも何も結果が出なかったときに、正面切って壁にぶち当たってしまうことを避けることができ、第二に、日本の反対派の党の議員の攻撃を減らすことができ、第三に、多くの煩雑な外交儀礼を削減し、率直かつ十分な話し合いの時間をもつことができたとして、正当化し意義のあるものだったとしている。

同報告書は、日本政府の反応のみならず、日本のメディアでの扱われ方をも網羅してチェックしており、日本側の反応についてもきめ細かく把握していた。どのような反応が起きるのかについて、中華民国政府は非常に敏感であったといえる。したがって、国内外の反応をいかに生み出すかに重点がおかれることになり、中華民国政府および党での内部的説明、あるいは国内宣伝としては、吉田茂の訪台が実質上は個人の資格での訪問以上の意味をもつ十分な重要性を有しており、実質的な成果として日華関係改善への糸口がつくられたという指針のもとで報道するように、政府側として強調しなければならなかった。

3 対中闘争としての対日工作

（1）吉田訪台以後の対日政策

吉田茂訪台で改善のきっかけをつくった日華関係について、その後中華民国政府側の対日方針はどのようなものになっていったのか。この時期の日華関係は、一方で外交関係の改善を進めながらも、日中間での貿易の進展などの問題はそのまま残されたままであり、中華民国はこうした矛盾に満ちた状況への対応を迫られる。そのため、中華民国側の対日外交工作は、表の関係改善とは別のレベルでの「対匪闘争工作」および「宣伝工作」の面が重要視され、その両輪によって支えられることになっていった。

吉田訪台直後に作成されたと思われる「対日交渉で堅持すべき各項原則[54]」では、第一に吉田茂との「中日共同反共原則」を実施することが両国友好協力関係を促進する基礎だとし、続いて、「日本側が『二つの中国』『一つの中国、一つの台湾』の観念を放棄し、積極的に我が政府を中国の国連代表として認め、共匪の国連加入を堅く拒否し、日本は共匪の国連加入後に承認すると二度と表明しない」ことを求め、第三に、「日本側に、共匪とのいかなる政府間協定の締結をも拒否させ、いかなる名義でも公式な代表の相互派遣をせず、ビニロン・プラントへの延べ払い融資方式での輸出を実施させない」との方針が出されている。そこでは、日中間の純粋な民間方式による貿易に、賛成はしないが、戦略物資に関するもの以外の商業行為については理解を示すとしつつ、そのうえで、日華の経済文化協力強化の具体策について協議するため早急に外相会談を行い、共同反共原則を根拠として、アジアの反共国家の団結に有効な手段を模索していくとした。

二月二六日の宣伝外交綜合研究組でも、今後の対応として「将来実現可能な問題についてだけ外交ルートを通じて交渉すればよい」との姿勢をもち、「今後日本と共匪との闘争において勝利を得ることができれば、それは外交上の勝利である」としている[55]。外交上での日華関係の改善よりも、むしろ日本と中国との政府間関係の構築阻止、そしてそのための反共工作に重点がおかれていることがわかる。

六四年四月末にLT貿易の連絡員交換が決まった際も、中華民国政府は、常駐でないこと、旗を掲げる権利を認めないこと、貿易以外の交渉を行う権限を認めないことなどを条件として容認し、問題化していない。実際、これらは「五八年の一線」としてすでに容認していたラインであった。そしてその後、空席となっていた駐日大使に魏道明が就任することが決まると、外交部は「わが国の対日外交方針」という資料を作成した。そこでは日華間の三つの衝突が提示されている[56]。

1　アジアのリーダーとなろうとする日本は、中共との各方面での交流を通じて、影響力をもとうとしている。

2　日本の対華政策は、「二つの中国」から「一つの中国、一つの台湾」となりつつある。
3　過去に台湾との間に特殊な関係をもっていた日本は、台湾が中共の手に落ちることを望んでいない。日華関係の維持は望みつつも、台湾の帰属を未定とし、台湾独立党の日本における活動の取り締まりにも消極的である。

日華関係がこうした衝突をはらむとの認識のもと、新任大使の使命については、広範な日本の国会議員、経済界との連携強化は当然として、さらに外務省、公安等との連携を深めるべきことがふれられており、対中共闘争や台湾独立運動への対応という側面が考慮されていたことがわかる。この面では「党が前面に出て、大使館は幕後での指導」を行うという表現は、その象徴であった。

その後、魏道明大使赴任後の八月、張群総統府秘書長が訪日する際に作成された「中日関係改善方案の要点」でも、池田政権への警戒心は強かったが、基本的な態度として、「秘密会談の時には老婆心から極力忠告」し、公開談話のときには反共の立場から諫言・勧告するという姿勢をとり、過去の恩怨よりも今後の共同利害を中心に検討するよう指摘されている。[57] こうした中華民国側の姿勢は、表向きには日華関係がある程度友好的に、歴史的にも深い関係として維持されているとの印象をつくり出し、実際の複雑な問題については水面下で闘争が続いていくという構図へとつながっていく。

さて、このとき重視されていたもう一つの側面、すなわち対中共闘争および宣伝工作の面については、「周漢和工作」と呼ばれる短期的な態勢立て直しの取り組みが提起されている。[58] この工作の骨子は、周鴻慶が大陸に送還された後の日本での反共闘争情勢はさらに複雑化して新しい段階へ入ろうとしており、「共匪の日本に対する謀略活動は狡猾さを増し」て「日本の左派右派、自民党自体の闘争も緊張状態にある」という見通しのもと、日華間の外交関係が正常に戻るまでの過渡期に、日本における反共闘争の形勢逆転を進めることであった。具体的な目標は、日本における力をすべて対中共闘争に集中させ、中共と日本の左派活動に打撃を与えることにあるという。手段については、そのための組織として周漢和工作小組を結成し、側面的かつ政治的に対応していくことを主軸とし正規の外交活動で補完する、すなわち表での闘争と秘密裡の活動の両方を用いるということである。これによって受動的に応戦していた状況から主動的に攻撃していく体制へと転じ、さまざまな接触を組織化していくという構想が掲げられている。その活動対象としては、反共人士以外に自民党および国家の重要な責任者、民間の有力なリーダー、華僑へはたらきかけるほか、学生を組織化し、不穏当な分子の調査なども含まれている。また宣伝面では、日本のメディア、世論界との連携を図り、経済面でも反共姿勢の表明や日本企業との連携を進めることにより、日本政府の路線変更を迫るという意欲的な計画であった。

この時期の中華民国は日本政府の反共姿勢の弱さや、日本の世論が日本政府の中国接近政策に強く反発しない状況にあることを認識したうえで、日本政府の姿勢にかなり強い懸念をもちつつも外交レベルにおいて関係改善を演出し、反共闘争などの別の次元でその打開策を展開しようとしていたといえよう。

(2) 在日台湾独立運動への工作

日華間における非公式チャネル、非公式活動としての反共連携については、すでにふれたとおりであるが、この連携では、日本における台湾独立運動を抑えることにも重点がおかれていた。石井光次郎らと連絡をとって進められたとする一九六二年三月の「中日反共合作秘密同志会」においても、この会の設立構想のなかで、台独運動家の廖文毅らの日本での活動に対する政府機関を通した取り締まりを行い、日本人が彼らを支援・援護することをやめさせること、そのために彼らと中国共産党との結びつきを暴露するよう日本側に対して求める要請を行うことなどが記載されている。[59] 蔣介石は、これに毛筆で「廖逆の日本での偽組織の廃止は本会の主要なテーマの障害になるので、特に注意を払うことが重要」と書き込みをしており、[60] かなり敏感な問題であったことがうかがえる。

六二年二月一七日の中常会における第六組陳建中の報告「廖文毅およびその活動の内幕」では、ニューヨークの空港から追い返されるようにして日本に戻った廖文毅が、日本でビラ配布などの活動を行っていることを伝え、日本政府には沈昌煥外交部長を通じて、廖が台湾独立運動の中心となるのを防止する策を講じるよう要請中だとしている。[61] それらの活動は、「すべて共匪の指示を受けている」と認識しており、単に「中立の組織であるとか、少数の台湾籍の失意の分子が海外で暇つぶしの活動を行っているようなものだと誤認してはならない」と、警戒を強くもっていた。唐秘書長は「総裁はこの件を十分に重視しており、すでに張厲生に対して、その処理に責任をもつよう命じ」、留学生が廖の活動に参加するのを阻止すること、日本政府と交渉することを指示したという。なお、この席で谷正綱が、台湾籍の丘念台が青年留学生たちを指導して台湾独立運動に参同する態度を変えさせる一方、党や政府が多くの台湾籍留学生を派遣すれば、廖の独立運動を沈静化する効果があると提起した。これを受けて、黄朝琴と丘念台らは小組をつくり研究を始めている。

同日、沈昌煥外交部長は井口貞夫駐華大使に対し、「台湾共和国臨時政府」「第二代総統」などを主張する廖文毅の行動の制止を求めた。[62] この席上、沈外交部長は、「日本政府は見て見ぬふりをしている」として、蔣介石総統がとった日本に対する以徳報怨政策にふれながら、日本政府の台湾独立運動への対応を迫った。これに対し、井口大使は、「なんらかの手を講じて制止すべき」と考えており、日本政府にも当然その問題の厳重性を伝えると答えたが、沈外交部長はさらに英国の例を挙げて、外国の分裂分子を庇護してもその政治活動を許してはいないとし、インドネシアの学生がオランダ大使館前でデモを行った際の対応を見ても、日本政府が台湾の独立分子に対してかくも寛容であるのは理解しえないと非難した。

一九日には、駐日大使張厲生が小坂善太郎外務大臣、武内龍次次官に対して、廖文毅の非合法活動について申し入れを行ったものの、日本側は現行憲法のもとでは行政府の力は弱く限られていると説明し、責任をもって対応するとの態度は示さなかった(63)。その後、二月二二日、アジア局伊関局長が台湾独立統一戦線の簡文介を外務省に呼び出し、「二・二八」騒動への厳重な警告を行うことで外務省として早急な対応を見せた一方、デモは警察の管轄案件であり、外務省ではどうこうできないとの姿勢も崩さなかった(64)。

五月二六日、六月二日と続く中常会において、丘念台と徐慶鐘は日本視察の報告を行い、台湾籍の人士は琉球とは異なり「日本に再度帰属したいとは思っていない」、「[台独運動は]共匪が台湾内部において政治的な転覆を謀ろうとする統戦」だと指摘し、日本政府側はこれに積極的に対応しようとしていないと伝えた(65)。陳誠副総裁は、日本は「一つの中国、一つの台湾を吹聴している」と不信感を表し、「中日文化交流活動も適度に抑制し、本省の同胞に悪い影響を与えないようにすべき」と厳しい姿勢をとった。

また、八月二九日の中常会では、海外対匪闘争工作統一指導委員会秘書長張炎元が、台湾独立運動の状況を報告し、さらに六三年三月二七日の中常会では、日本の警察が屋外での講演とデモ行進を許可せず、廖文毅を切り崩し、恭順の意を示すにいたったとその成果を報告している(66)。しかし、日本と中国との貿易関係が進展していく状況のなかで、陳誠副総裁が中常会で「[日本]国内では左派分子が蔓延している。実際日本は根本的には我々を見下している」と発言しているように、日本への不信感は強まる一方であった(67)。

その後、日華断交の危機を迎えるなか、前述のとおり六四年二月の吉田茂の訪台により、関係改善のきっかけがつくられるが、外交チャネルでの日華関係の改善とは別に、非公式チャネルでの日本との反共連携と、「共匪の対台統戦」の一環としての台湾独立運動への対応が進められていく。六四年六月に立法委員丘念台によって作成された「対日外交特殊工作計画」(草案)は、台湾華僑・日本人・中国大陸に対する計画のうち、最優先の課題として台湾独立消滅計画を掲げている。(68)この計画は、外交部によって行われる広義での外交工作に含まれるものだとしながら、日本で台湾独立運動などを行う青年層を切り崩し、逆に台湾を守り復興を目指す政治活動への取り込みと組織化を図ろうとするもので、三年間での完了を目指した。

この計画は、まず七月六日の中央委員会に提案された後、七月二七日の海外対匪闘争工作統一指導委員会において、馬樹禮を中心として検討され、外交部の指示のもとで駐日大使館および駐日工作小組との緊密な連携のもとで実施されることとなった。(69)これに対して日本の駐日工作小組（当時コードネーム「山田武雄」を通称として使っていた）は、丘念台の活動について、秘密組織の拡大は避けた方がよいのではないかと若干の警戒感をもって迎えた。この時期の「山田武雄」は、六月に起きた台湾青年会陳純真事件(70)への対応を、日本の検察官、警視庁公安部との情報交換を行いながら進めているさなかであった。(71)

この時期を分析した戴振豊は、LT貿易協定締結後、外交部と張群を介する日華間の交渉ルートとは別に、『谷振海』『山田武雄』と呼ばれる架空の人名を冠した地下情報活動のネットワークを通じて、廖承志のLT貿易に対する経済闘争が進められた」とする。(72)中国と貿易を行う外国の商人や華僑に対する経済制裁を行うとともに、そのリストを作成して中央に提供し、「政経」の協調を図るという活動であった。

海外対匪闘争工作指導委員会は、五〇年代後半には「周海通」、六〇年代前半には「唐海澄」、六六年以降は「谷振海」と名称を変え、駐日大使館に置かれる工作小組も「山田武雄」「田中文彦」などの名前を使いながら活動を続けた。その活動は、戴が指摘するような経済面での闘争によって日中関係が政治的な関係へと発展していくことを阻止しようとするだけではなく、本章で指摘したような「台湾独立運動」に打撃を与えるための活動をも含んでいたのである。

六六年（と思われる）一〇月二〇日の会議における国家安全局の書面報告で、台独分子および左傾学生らの台湾帰国案件に関しては、今後は頻繁に発生する可能性があるので、周到かつ順調に任務を果たすために全体的な作業処理法案を制定すべきであるとしており、[73]台独派・左派の台湾帰国を促すアプローチが継続されていることがわかる。また、六七年一二月二九日の海外対匪闘争工作統一指導委員会第二四八次会議では、日本の「田中文彦」(駐日工作小組)からの報告で、陳玉璽、林順和らアメリカから日本に潜入している分子を、日本法務省と密接に連絡をとって速やかに出国させることや、蔣経国国防部長の訪日にあたっての安全問題に関する日本政府との連携について伝えられた。[74]また、翌六八年一二月二〇日の第二六八次会議では、駐日工作小組および大使館から、八年来台独分子の巣窟となっていた留日台大校友会に対して徹底的に圧力をかけ、壊滅状態に陥らせたとの報告がなされるとともに、この機に乗じて別に「台湾大学校友会日本分会」の活動強化を進めることが提案され承認されている。[75]

こうした台湾側の工作活動の解明はまだ進んでいるとはいえないが、日本における台湾独立運動への圧力の継続およびそれへの日本側のある程度の協力体制のなかで、日本での台湾独立運動が拡大を阻止されていった可能性についても検討されるべきであろう。

4　小　結

一九五〇〜六〇年代の日華関係は、中華民国政府にとっては単なる二国間レベルの関係としてではなく、外交チャネル以外の党組織、あるいは党と政府の混在した体制外組織などを通して世界各地で展開される海外宣伝工作や対中闘争の一部として位置づけられていた。そして、日本はその最前線であった。

また、この海外対中共闘争工作の一環としての日本での活動には、拡大する日中貿易に対する経済闘争としての面と、日本における台湾独立運動への圧力としての面という二つの側面があった。そのどちらもが、六〇年代の重要な課題でありながら、外交チャネルのみでは対応しきれない問題とみなされ、非公式なチャネルを活用することとなった。外交チャネルでは、解決できる問題を取り上げて交渉し関係の緊密さをアピールすればよく、実際の解決困難な問題は、それ以外のチャネルで対応するという関係へと移っていったのである。結果として、一見すると、日本と台湾の良好な関係の維持ができているように見えたが、それはその実、脆弱さを抱えた構造をつくり上げることとなった。

また、そうした広義での中華民国政府の対日外交には、外交交渉や日本における対中闘争だけではなく、日本において中国大陸の実情への認知を広く普及させ、かつ中華民国への理解を高める国際宣伝と、さらに台湾の内部における情報統制も関わることになる。そうした必要性に一括して応じることが、蔣介石が主導する機構たる、総統府宣伝外交綜合研究組の役割であったといえよう。表向きの外交的な言動と、「宣伝通報」にみられるメディアに対する指示との温度差などに注目すると、より総合的に日華間の問題をマネジメントしようとする努力が見てとれる。そうした国内の世論工作・情報統制が、中華民国政府の対外政策における重要な一部であったという点は、ニクソン・ショックに対する中華民国側の危機管理としての対応を分析し、その重点が国内宣伝におかれていたとする松田康博の指摘と合致する。それは、松田の研究で指摘された七〇年代初期の特徴ではなく、六〇年代を通じても見られる一つの特徴である。

このような日華関係の展開は、七〇年代初期までに積み上げられてきた反共と台湾独立運動の抑え込みの結果として、ある不思議な状況を生じさせる。すなわち、馬場公彦が指摘するような、日本の論壇の視界から台湾が消える状況である。(76) 七二年の日中国交正常化によって、日中というレベルでは中華人民共和国との外交関係が選択されたが、日本と台湾との関係レベルにおいては、台湾住民の意志や台湾自治などへの理解や議論が抜け落ちたまま、中華民国政府もしくは蔣介石支持という姿勢が継続されることになる。

そして、七二年の日華断交によって、本章で見た六〇年代の関係の構図でいうところの表の外交チャネルが切れてもなお、日本における対中闘争という面は継続され、それは外交チャネルとは別のチャネルで日本との関係に長く関わってきた馬樹禮の登場にもつながっていく。その意味では、中華民国側の広義での対日外交は、断交を経ても継続されることになるのである。

第六章　中華民国の国連脱退とその衝撃

1　台湾問題と国連における米国の影響力の変容

（1）一九六〇年代の中国代表権問題

蔣介石は、一九五一年当時国連代表であった蔣廷黻の質問に以下のように答えたことがあるという[1]。

蔣廷黻　万一中共が国連に割り込もうとしたら、われわれはどのような態度をとるべきか。

蔣介石　われわれの復国の基礎は二つある。すなわち、国連によって保障される国際法上の地位をよりどころとすることと、内政において、台湾を復興の基地とすることである。この二つの基礎は、ともに非常に重要だが、根本は台湾にある。もし、両者を兼ねそなえることができなければ、私は、国連を放棄してでも、台湾を確保する。これは、わが政府が最後の段階にいたったとき、やむをえずとる唯一の政策である。

この会話を引用しながら、蔣介石総統は、五七年国民党第七期中央委員会第八次全体会議において、この既定の方針に基づいて一切の問題を処理することを確認した。[2]また、第三章で見たように、六一年の米台の攻防においても、蔣介石と中華民国政府外交部はぎりぎりの段階まで譲歩せずに、国連の議席よりも国家の地位が重要であるとの立場をとっていた。そして、ニクソン訪中が発表された後の七一年八月一四日に行った蔣経国の講演のなかでも、以下のように述べられている。[3]

　我々の国家が現在直面している二つの重大な問題のうち、一つは我が国の国連および安保理における議席を保持することであり、もう一つは、台湾を守ることである。現在我々がはっきりと認識しておかなければならないことは、国連と安保理における議席は我々にとって重要ではあるが、それを失ったとしても、国家に多少の困難がもたらされるとはいえ国家の存在に影響はない。しかし逆に、台湾防衛問題は、国家の存亡に関わる問題である。

こうして蔣介石から蔣経国へと継承されていく既定の方針が意味するものは、単に国連からの脱退を辞さないという姿勢ではなく、予想される国連からの退出という事態に直面しても、中華民国政府は中国共産党との闘いにおいて台湾を放棄せずに、闘い続けるという姿勢である。依然として、それは国共内戦の延長であった。蔣経国は、さらに続けて以下のようにも述べる。[4]

　台湾の存在がなくなれば、中華民国の存在もなくなる。さらに中華民国の存在がなくなれば、すべてがなくなってしまうのだ。したがって、現在のところ、国連と安保理における議席を確保することは当然重要ではあるが、台湾を守ることこそが特に重要であり、そして現段階における台湾防衛の闘争は、長期的かつ困難な、全面的な闘争なのである。

そしてまた、七二年六月に行政院長に就任した後の蔣経国は、海外学人国家建設研究会においても、次のように述べる[5]。

今日の我々の奮闘がもつ本来の意義は、すなわち大陸を回収することにあり、もしこの立場を放棄すれば、我々は存在価値を失うことになる。

蔣経国は、台湾という拠点と、大陸を回収するために奮闘するという立場が失われたとき、「政治七分、軍事三分」の長期的な国共内戦において、「中華民国」の存在は意味がなくなるのだという危機意識をもっていた。国連における地位よりも国家としての地位が重要であるという考え方に基づく原則的対応およびその強硬政策が、七一年の国連脱退の要因であったとすれば、その事態はむしろもっと早くに訪れていても不思議ではなかった。そして、この七〇年代に入って表れてきた変化は、国連において台湾の議席を守るという提案にさえ、過半数の賛成を確保できなくなっていたという事実だったのである。したがって、まず六〇年代の国連における中国代表権問題が、どのような経過をたどっていたのかを確認しておこう。

一九六一年において、代表権問題への対処法を審議棚上げ方式から重要事項指定方式に切り替えた米国と中華民国政府は、その後七〇年までの間、この「中国の代表権を変更する提案は、すべて憲章第一八条の定める重要事項である」との決議案を可決させることによって、この問題が単純過半数によってなんらかの結果を得てしまうことを阻止してきた。表3にあるように、特に文化大革命の影響がみられる六六年以降は、賛成率五五％以上を保っていた。

しかし、その一方で、六〇年代における最も重要な変化は、六六年の「イタリア案」にみられるように、「二つの中国」的な立場から中国の加盟を実現させようとする雰囲気が広まっていったことであった[6]。六一年の重要事項指定方式への転換をめぐり、米台間での緊迫した協議が続けられていた時期、日本においても国連代表団などを通じて「二つの中国」についての発言が表れた。外務省は公式の立場としてはそれを否定する見解を表明しつつ、実際にはこの問題に関する再検討を進めていたのである。こうした日本の雰囲気について、当時駐日記者であった司馬桑敦は、「日本の外務省の意見は、見たところできるだけ二つの中国政策という言葉を避けてはいるが、その腹のうちでは確実にこの方向へ向かって模索を進めている」と感じ取っていた。[7] また、後に池田首相の後を継ぐことになる佐藤栄作は、ケネディ大統領の就任に際して、「国府、中共問題はこの形にとらわれずに、中国、台湾の問題として解決策を見出すべきではなかろうか」との感想を日記に記している。[8] 日本のそうした変化について、六六年当時外交部長であった魏道明は、当時の日本の雰囲気がすでに「一つの中国」という主張を中華人民共和国の承認を指すものとみなす方向に傾いており、また台湾を支持する国の多くが中華人民共和国政府の国連参加には反対せず「二つの中国」の論調をもっており、早急に対応する必要があると認識していた。[9]

六四年のフランスの中国承認に続く、日本および米国をはじめとした西側諸国における「二つの中国」による解決を目指す動きに対して、中国は徹底的に反対し、台湾も同様に徹底的に反対するとの立場をとった。第四章で見たように、台湾側としては、政経分離を最低限のラインとして日中経済関係を実質的に容認しつつ、日本との政治関係については、吉田訪台以後も佐藤栄作訪台、蒋経国訪日などによって蜜月時代を演出していた。しかし、六〇年代に台湾を支持する国家の間で「二つの中

表3　重要事項指定決議案の表決

総会	年	賛成：反対：棄権（賛成率）	PRC 承認国／国連加盟国
16	1961	61：34：7（60%）	35／104
20	1965	56：49：11（48%）	46／117
21	1966	66：48：7（55%）	46／122
22	1967	69：48：4（57%）	46／122
23	1968	73：47：5（58%）	49／126
24	1969	71：48：4（58%）	49／126
25	1970	66：52：9（52%）	53／127

出処：安藤正士・入江啓四郎編『現代中国の国際関係』（日本国際問題研究所，1975 年）および河邊一郎編『国連総会・安保理投票記録——国際問題と各国の外交姿勢』（新聞資料センター）各年版より作成。

国」の論調が強まりつつあった状態を背景として、七〇年の第二五回国連総会では、アルバニア案が過半数の賛成票を獲得するという事態が出現していくこととなった。

（2）中華民国の国連脱退をめぐる政治過程

一九七〇年の国連総会では、前述したようにアルバニア案が過半数を獲得した。蔣政権の追放と北京政府の招聘を求めるアルバニア案の表決結果が現れた直後、米国の代表団員は、「もし何か方法を考えなければ、中共が遅かれ早かれ君らに取って代わることになる」と述べ、中華人民共和国政府が中国として加盟することを容認する可能性も示唆した[10]。魏道明外交部長は、ロジャーズ国務長官との会談からも米国が二重代表方式（後述）を含め政策変更を考慮していることを知り、蔣介石総統に対応を打診した。その時、蔣介石は驚いた様子もなく以下のように答えたという[11]。

代表団が精一杯やりさえすればそれでよい。もしうまくいかず脱退しなければならないのであれば、我々は自ら脱退して、国格を汚すことは避けなければならない。

これらの事態に直面した台湾の中華民国政府は、国連での議席保持のための戦略をはじめとして、外交に関わる人事・政策について全面的な再検討を迫られた。まず、この厳しい局面に対応するため、人事面においては、駐米大使であった周書楷（当時五八歳）が、七五歳の魏道明に代わり外交部長に任命され、駐米大使には沈剣虹が就任することとなった。同時に、国連での方策を話し合うために米国政府に対し緊急に協議を要望するなど、次期国連総会に向けて対応策の検討に入った[12]。

一方、米国務省では、中国政府の国連参加阻止ではなく、台湾の中華民国政府の国連での議席保持に重点をおいた方策を検討していた。その方策は、中国政府の国連加盟を支持するが中華民国政府の追放には反対し、その両方に国連での議席を与えるという「二重代表」方式であった。米国務省は、早くにこの方式採用のための準備を進めていたが、その一方で、ニクソン大統領とキッシンジャー補佐官は、中国政府との関係改善を進めており、その水面下の動きに影響が出ることを懸念して、次回国連総会に向けた戦術についての発表を遅らせていた。ニクソン大統領は、ロジャーズ国務長官がこれについて発表を行うのを、一月、四月、六月と延期させていたのである(13)。

七一年三月二五日に開かれた国家安全保障会議（ＮＳＣ）では、二重代表制案を強く推す国務省に対し、ニクソン大統領やアグニュー副大統領らは、一、二年のあいだ中華民国の国連での議席保持を引き延ばすよりも、むしろ明確な態度をとって負けた方がよいとの意見だったという(14)。一方、キッシンジャー補佐官は、負ける可能性の高い二重代表方式には疑念を抱いていたが、台湾の中華民国政府の議席を守る可能性が残されている限り、その可能性のある方策を試さなければ責任を問われるとの考えから、「国務省に好きなようにさせた」という(15)。

周書楷に代わり駐米大使に就任した沈剣虹によれば、アメリカへ大使として赴任する準備をしていた七一年の四月頃に、元政治担当国務次官ロバート・マーフィー（Robert D. Murphy）が台北を訪れた(16)。ニクソン大統領に派遣されて訪台したマーフィーは、北京政府の国連加盟を再び阻止するのは不可能であるから、米国としては二重代表方式を進めるつもりであることを伝えた。そして、「もし、米国が北京の加入を許すのと同時に、中華民国の議席を保持させる建議をした場合、中華民国の反応がどのようなものになるかをワシントンとしては知りたい」というニクソンの言葉を伝え、台湾側の反応について探りを入れたのである(17)。ここでは、さらに国連の安全保障理事会の議席についてもふれていた。マーフィーは、中華民国政府代表の安保理での議席にはなんら影響は出ないという考えを表明したが、この計画が成功するかどうかについては保証していなかった(18)。この問いに対して、蔣介石は次のように答えたという(19)。

不満ではあるが、無理して同意することはできる。……この提議が本当になされるのであれば、中華民国は反対票を投ずるが、親交のある国々にこれに反対票を投じるよう要求しないことはできる。これが、我々がこの代表権問題で米国と協力できる限界である。

それは、米国が二重代表方式を進めることを、実質的には黙認するとの蔣介石の立場を表していた。台湾側では、この時点で米国との暗黙の了解ができ、次回国連総会では安保理の議席は確保できると思い込んでいたという[20]。台湾側が従来主張していたのは、拒否権の行使により安保理の議席を確保するという方法であった。すなわち、国連憲章第五章第二三条および第一九章第一一〇条に、Republic of China＝「中華民国」の名前が出ていることを利用して、北京政府の中国の代表としての国連加盟には、国連憲章の改正が必要だと主張する方法である。そして、憲章第一〇八条には、国連憲章の改正には、総会構成国の三分の二以上の賛成と全ての常任理事国の賛成が必要であるとの明記があるから、台湾側は、憲章改正の動議を拒否権を行使して斥けることができることになる。この方法であれば、もし北京政府が国連に加盟するという状況が生じても、台湾の中華民国政府代表はそのまま安保理に留まることができるという戦術であった。

また、台湾側の見通しでは、中華民国政府代表がこうしたかたちで国連に残留するならば、実際問題として北京側は加入を試みてこないであろうと考えていた[21]。したがって、台湾側としては、この戦術に高い優先順位を与えていた。にもかかわらず、米国が最初に二重代表方式を打診した際、蔣介石が消極的ではあるがそれを黙認するとの回答を出したのは、その時点ではまだ米国が台湾の安保理の議席には手をつけないという考えを示していたからであった。しかし、マーフィーの伝えたメッセージは、ニクソン大統領が許可したものとは異なっていた。ニクソンは、すでに安保理の議席には北京政府の代表が座ることにならざるを得ないと考えていたが、マーフィーの伝えたメッセージを訂正しようとはしなかったという。[22]

七月一日、北京への秘密訪問計画を含めたパキスタンへの旅に出発する当日、キッシンジャー補佐官は沈剣虹大使就任後初めての会談を行った。沈大使は、北京政府の加盟に反対するとの台湾側の立場を訴え、その主張をキッシンジャーは平静を装って聞いていた。[23] 一方、沈大使は、この会談は儀礼的なもので、ほとんど突っ込んだ話をしなかったとしている。その年の国連総会での表決に明らかに影響を及ぼすであろう米国の行動を、台湾の出先機関はこの時点で感じ取ることができないでいたのである。七月一九日に沈剣虹とロジャーズが会談するまでの約二ヶ月半の間、沈大使は国連問題に関しては米国務省と連絡をとっていたが、「ほとんど、米国政府に回答を催促することもなく、ただ待っていた」と沈大使自身は回想している。[24]

七月九日から一一日までの三日間、北京を秘密裡に訪問したキッシンジャーは、そこでの会談を通じて、北京側は国連加盟についてさほど急いでいないとの印象を受けた。キッシンジャーは、この問題についての周恩来首相とのやりとりを以下のように記している。[25]

私は、隠密旅行の際周恩来に、われわれがとろうとしている立場を説明した。周は、北京としては、どんな形であれ二重代表方式を受けいれないことを確認した。その反面、中国は、長い間国連に加盟しないでも存在しており、もうしばらく待つことができる、ともいった。

七月一五日のニクソン訪中発表は、その突然さへの驚きと、これから起こりうる変化への不安を生み出し、大きな動揺を台湾に引き起こした。キッシンジャー訪中の情報は、キッシンジャーが北京を離れた二日目に台湾独自の情報筋より、会談の回数やいつ毛沢東と会談を行ったのかなどを含め、相当に詳細な資料とともにもたらされたという。しかし、外交部は、この情報の真偽を断定することができず、なんら具体的な措置はとられなかった。[26] いわゆるこの「ニクソン・ショック」の四日後、沈大使はロジャーズ国務長官と会談した。ここでロジャーズは、キッシンジャーの北京訪問について説明した後、国連での代表権問題に話題を変え、台湾側は結局どのような決定を下したのかと訊ねた。それに対し、沈大使は、「私たちはすでに立場を表明し、米国の反応を二ヶ月あまりも待っている。米国こそ一体どんな決定をしたというのか」と逆に問い返した。そこで、ロジャーズ国務長官は、ニクソン訪中発表の多少の影響は免れえないとしながら、以下のような考えを述べたという[27]。

NATO加盟国に対して行った初歩的な調査によると、中華民国が安保理の議席を北京政府に譲らないならば、米国が当時考えていた「二重代表」案は、絶対に国連総会を通過しえないということが明らかである。……「重要事項指定」案さえ、過半数の支持を得ることはできないだろう。……中華民国が安保理の議席を放棄することに同意しなければ、米国が提出するつもりのもう一つの案［二重代表案］は、おそらく時すでに遅しとなるであろう。

台湾側からすると、最も重要視していた安保理の議席を確保することができないとなれば、妥協できる限界と考えていた四月のマーフィー訪台時のラインから大幅に後退することになる。台湾側の当初の構想は、中華民国政府が安保理の席についたまま中華人民共和国政府が国連に加盟するというものであったが、七月の時点で米国によって示されたのは、全く逆に中華人民共和国政府が安保理の席につき、台湾が国連に一般加盟国として残留するという二重代表方式であった。そこで、台湾側では、米国の進める二重代表方式への再検討が必要となった。七月一五日にアルバニア案が早々に提出され、これに遅れること約一ヶ月となった八月一七日、台湾の追放のみを重要事項に指定する逆重要事項指定決議案と、二重代表制決議案が提出された。これについて、当時日本の国連大使であった中川融は次のように述べている[28]。

アメリカ・日本等の逆重要事項指定方式及び二重代表方式は、肝心な国民政府がオーケーを言わないものですから出せない。それでモタモタしている。

日本側からいえば、日本や米国の説得に台湾が応じなかったことに大きな原因があったが、日本政府および自民党内でも、米国とともに共同提案国となるかどうかについて意見が分かれていた。最終的には総裁一任というかたちで、佐藤栄作首相が共同提案国となる決断を下すが、この決定までの過程で、佐藤首相は張群秘書長らとも会談し、台湾側の意向を探っている。七一年七月末に来日した張群秘書長は、「国府は国連憲章第二三条によって、国連安全保障理事会の常任理事国と規定されており、この国連憲章を改定しない限り、国連は国府を安保理から追放することはできない」と述べ、安保理の議席確保という台湾側の基本的な立場を強調していた。[29]これより先の七月初めのソウルでの会談では、佐藤首相は、国際情勢が北京政府の参加を求める事態となっても、国連を脱退すべきではないと張群秘書長を説得したという。[30]さらに、八月一日に行った張群秘書長との会談を、佐藤首相は次のように日記に記している。[31]

時に約束した張群さんが九時にやって来る。国連対策を協議する。中共の国連加盟はやむを得ないとするが、安保委の常任理事国とすることには絶対反対の様子。なぐさめて別れる。同時にこの事をマイヤー大使に連絡し、米政府の善処を懇請する。

この前日に、佐藤首相はマイヤー大使から、米国は中国と台湾の二重代表制と台湾の中華民国政府追放を重要事項とし、安保理の議席の件については安保理の多数に従うことで台湾側を説得する計画であることを説明されていた。[32]そこで、佐藤首相は、中国が参加してきても脱退しないよう台湾側に対して説得を行ったが、この会談後、張群秘書長は非常に憤慨して帰国したという[33]。ただし、八月末頃には、佐藤首相は台湾側が二重代表方式を一応受け入れそうだという感触を得ており[34]、九月二二日に日本が共同提案国となることを発表した[35]。

一方、沈剣虹大使は、国連総会での表決前に、二回ほどキッシンジャー補佐官と会談していたが、その結果キッシンジャーは国連での代表権問題に対して楽観的な見方をしているとの印象を受けていた。すなわち、キッシンジャーは、二重代表制案が決議されて、北京が国連への参加と安保理の議席を獲得したとしても、同時に台湾側の残留が許されれば、結果として北京は国連に加盟しないであろうとの考えを示していたのである[36]。

その後、日本も福永健司、木村俊夫ら四人の特使を派遣して票集めに努力したが、こうした票集めの段階で、台湾側は苦しいジレンマを抱えていた。つまり、台湾側はこの段階において効果的な説得工作を各国に対して展開することができないでいたのである。駐米大使沈剣虹は、親交のある国々に対して、中華民国としては何をしてほしいのかを明確に示すことができなかった点を失敗の原因の一つとして挙げつつ、以下のように述懐する[37]。

> 我々は中共の国連参加を許容するいかなる動議をも支持することはできなかったので、意見を述べるにしても、中華民国の国連における議席を保持していけるよう要求するだけであった。親交のある国の政府が、台湾側は自分たちにどのように投票することを希望しているのかと尋ねてきた際には、どう答えてよいやらわからなかった。結局、彼らに我々の困難な状況を説明できるだけで、あとは自分自身の判断で票を投じてくれと要求するほかなかった。

そして、このジレンマは、当時まさに次のように描写されていたとおりであった[38]。

……我々が自ら希望し、かつ親交のある国家に選択するよう要求する道はただ一つである。それは、「我々を助け、アルバニア案と米国案の両方を同時に打ち倒そう」というものだ。そうでなければ、我々の原則のいずれとも合わないからである。

原則に沿えば、二重代表制案という台湾自身が反対票を投じる提案に対して、相手国に積極的に賛成票を投じてほしいとの工作を行うことはできなかった。なぜなら、台湾側は「二つの中国」を認めるような発言を表立ってすることができないからである。しかし、相手国が二重代表制案に賛成票を投じるのに反対しないということ自体が一つの態度表明であり、なんら態度表明ができないというわけではなかった。そして、周書楷が指摘するように、台湾は共同提案国に対して、会議以外の場で工作を進めることとなったのである。[39]台湾の外交官の抱えるジレンマは深刻であった。すでに述べたような駐米大使の当時の状況の回顧は、外交活動が効果的に行われていなかった状況を吐露するものといえる。

一九七〇年の国連総会では、中華民国を承認している国が六〇、一方中華人民共和国を承認している国が五九であった。しかし、同年のアルバニア案は賛成五一、反対四九で過半数の賛成を得ていた。七一年七月頃になると、中華民国を承認する国が五六ヶ国に減少し、中華人民共和国を承認する国は六三ヶ国に増加していた。米国は、日本も共同提案国となることを決めた二重代表制案と逆重要事項指定決議案について、国連総会が始まってすぐの一般委員会において、先に提出されていたアルバニア案とあわせて中国代表権に関する三つの決議案を一緒に議題とすべきであると提案した。しかし、これは否決される。そこで、中国代表権案の審議が開始された一〇月一八日、米国は、アルバニア案よりも先に逆重要事項指定決議案を議決すべきであると提案し、これは可決され、逆重要事項指定決議案が先に審議されることとなった。手続きを利用した戦術的な攻防が、ぎりぎりの線で続けられていた。

ここであらためて、米国案がどのようなものであったのかを確認しておこう。七一年に米国務省が推進した方式は、北京政府の国連加盟を支持するが台湾の追放には反対し、双方に国連での議席を与えるというものであった。そのために「二重代表決議案」と「逆重要事項指定決議案」が準備されたが、このうち逆重要事項指定決議案とは「中華民国の国連における代表権の剝奪をもたらすような、総会へのいかなる提案も重要事項とする」という内容であった。すなわち、これまでの重要事項指定決議案は、北京の中華人民共和国政府の招請も台湾の中華民国政府追放も重要事項であるとしたのに対して、いわゆる逆重要事項指定決議案は、台湾の追放だけを重要事項に指定するものである。したがって、中華人民共和国政府の招請については、「単純過半数で通るよう国連の門戸を大きく開いている」のであった。[40] しかし、結局台湾の中華民国政府が国連に残っている限り北京側が国連に入ってくることが考えられないとすれば、実質的に、この逆重要事項指定決議案は、北京側の国連参加を阻むものになる。もっとも、そうした案にどれほどの票が集められるかについては、米国自身も疑問をもっていた。

国連大使たちは、毎日票読みを行ったと言われている。当時の中川融国連大使も、「一〇月二四日の票読みでは、意外にも我々のほうが勝ちそうだということになりました。……計算から言うと、まさしく勝つことになっている」と、逆重要事項指定決議案はぎりぎりで通るであろうとの計算をしていた。[41] また、駐日大使館の林金莖参事官も、法眼晋作と票読みを行い、「三票は多いだろうと外務省も言う。今年は大丈夫だろうと思っていた」という。[42] しかし、実際の表決が行われてみると、賛成五五、反対五九、棄権一五で否決されてしまったのである。

七一年の逆重要事項指定決議案の表決は、その結果を分析してみると、西ヨーロッパ諸国の動きが大きく影響していたということがわかる。七〇年の重要事項指定決議案で賛成に票を投じた国のうち、七一年の逆重要事項指定決議案では棄権・反対投票へ回った国は一五ヶ国あったが、そのうち八ヶ国が西ヨーロッパの国であった。すなわち、イギリス、イタリア、アイルランドは反対投票を行い、オランダ、オーストリア、ベルギー、アイスランド、マルタは棄権へと回っていた。

その一五ヶ国のうち、上記五ヶ国を含め合計一二ヶ国が棄権投票を行った。この棄権投票も、一つの意味をもっている。すなわち、それらの国々は、中華人民共和国の国連参加には賛成するものの、中華民国を追放することになるアルバニア案には賛成しかねるとの立場をとっていた。そこで、実質的に中華人民共和国の国連参加を阻止することになる逆重要事項指定決議案への投票を棄権することによって、消極的に中華人民共和国の国連参加への賛成、もしくは中華人民共和国参加阻止への反対の意を表したものであった。

こうして逆重要事項指定決議案が否決された後、米国は最後の努力として、アルバニア案の主文の後段部分、すなわち中華民国政府代表を追放するという部分を切り離し、それぞれに対し投票することを要求する動議を提出した。しかし、この動議も、賛成五一、反対六一、棄権一六、欠席三で否決されることとなり、このままアルバニア案が表決に付されれば、台湾の中華民国政府代表は表決の結果として追放される可能性が高まった。そこでこの直後、すなわちアルバニア案が表決に付される前に、中華民国政府代表周書楷は、その後の議事への不参加を表明して退場した。それは、まさに台湾の中華民国政府が「中国」の代表としての議席を喪失し、また分裂国家の一代表としても、そして台湾の代表としても議席を確保することができず国連から退出するという、歴史の転換点を記する瞬間となったのである。

結局、蔣介石総統の前述の指示どおり、追放される状況となった場合には国格を保つために自ら脱退するという決断がなされたわけである。しかし、このとき台湾側の代表団は、二つの対応策を準備していたという(43)。それらの対応策は、国連総会開催ぎりぎりの時間まで、周書楷外交部長が台北において蔣介石総統との間で練ってきたものであった(44)。その一つは、逆重要事項指定決議案が可決され、二重代表方式で中国と台湾の国連参加が可能となったときのためのものであり、もう一つは、周外交部長が読み上げた国連脱退の宣言であった。

したがって、逆重要事項指定決議案が可決されていれば、中華民国政府が二重代表方式による国連への残留を一旦受け入れる可能性は高かったと考えられる。その後、現実として中国が国連に加盟した際、台湾の中華民国政府が残留して、中台が同時に国連に参加するという状態が生まれたかどうかについては、もちろん別問題であり、未確定であった。ただ、少なくとも次の国連総会までの一年間については、国連における台湾の議席は維持できるとの予想が、米国、日本のみならず、台湾にも存在していた。しかしながら、結果として逆重要事項指定決議案は否決され、中華民国政府は「漢賊並び立たず」という原則を理由として、自ら脱退を宣言したのであった。その意味では、台湾は既定の外交方針にしたがって、「漢賊並び立たず」の原則を堅持して国連を脱退したというよりも、むしろ中華人民共和国が国連に実際に参加する段階に至り、実質的に「二つの中国」を受け入れるかどうかの決断が迫られる時点までは、少なくとも形式的には「二つの中国」を受け入れて国連に残留するとの姿勢を捨ててはいなかったといえよう。しかし、投票の結果として、台湾側にその時間的猶予も機会も与えられることはなく、結局過渡的状況が生じることもなかった。

もっとも、こうした手後れになる以前の段階で、より現実的な対応策へと転換していくことができなかった原因は、「二つの中国」を拒否し「漢賊並び立たず」の原則を堅持する台湾の中華民国政府の姿勢にほかならなかった。台湾は、米国の支持を基盤として国連での議席を確保してきたが、米国の政策はしだいに台湾の外交原則と齟齬をきたす「二つの中国」の論調へと移行していった。そのとき台湾は、重大なジレンマに直面せざるを得なかったのである。それは、たとえ「二つの中国」を構想する米国の支持であっても、その支持なくしては台湾の安全保障は成り立たず、また国連の議席も確保することができないという現実であった。米台関係という国際関係の次元では米国との協力が必要である一方で、国内政治の次元においては、その対米協調の姿勢が米国への追随であると原則重視の立場から批判される対象となる。第三章で取り上げた六一年の葉公超の更迭は、この問題の本質を象徴的に表していた。結局、台湾は、七一年になってようやく、原則としては「一つの中国」を保ちつつ、実質的な権益の確保を目指す戦術的な調整を行ったが、原則と現実、そして国内政治におけるメンタリティーの問題と国際政治の現実的必要性との間における大きなジレンマのなかで、それは不成功に終わることとなったのである。

2　国連退出後の台湾の対外政策

（1）国連退出の衝撃

台湾海峡を挟み中国と台湾が対峙する状態は、米国の介入によって問題が「国際化」されることによって、はじめて固定化されえた。このことは、すでに第二章において述べたとおりである。一九九〇年代以降に台湾の国連加盟問題が台湾問題の国際化の一手段として活用されたこととは逆に、七一年における台湾の国連からの退出、上海コミュニケに象徴される米中関係改善、そして各国との外交関係の断絶などの歴史的事件によって台湾問題は国内問題化した。台湾が、国連をはじめとする国際組織における議席、各国との外交関係を喪失したことは、中国の対台湾戦略上では「台湾の孤立化」の成功と位置づけることが可能であった。

しかし、七一年の台湾の国連からの退出という対外政策およびその意味づけは、従来主として台湾国内の政治変動の研究、特に民主化の問題において取り上げられるだけであった。すなわち、序章および第一章において述べてきたように、台湾の国際的な孤立化および米国の支持弱化による正統性の弱まりといった象徴的な意味を、国内政治の体制変動の説明変数として用いてきたのである。そこでは、国連からの退出という対外的な衝撃は中華民国に正統性の危機をもたらし、その「外部正統性」の喪失が内部正統性調達の必要を生じさせ、そのことによって台湾化や国会の一部改選などの政治改革が引き起こされ、拍車がかけられたと説明されてきた。しかし、この議論では、蔣経国自身に「台湾化」という明確な意図がどのくらいあったのか、また蔣経国時代初期の政治改革にとっては、国際的要因と国内的要因のどちらがより重要であったのかについては明確にされていない。蔣経国が始めたといわれる中央エリートへの台湾人の登用や、中央民意代表機構の改革などは、時期的に見ると六〇年代半ばから始められた政治改革の一環であった。また、かりにこれらの動きに対外的な要因が影響を与えているとしても、その影響とは国内の政治改革の趨勢をいっそう促進したことにすぎないと論じることが可能であるかもしれない。ニクソン・ショックへの台湾側の対応を分析した松田康博は、当時の主な対応は情報統制をはじめとする国内的なものにほぼ限られており、進められつつあった国内政治体制改革を後押しする役割を果たしたと指摘している。

外部正統性を論じる研究において、米国の支持と国連での議席を有していることは、台湾の政府にどのような意味を有するとされたであろうか。それらの研究では、人民から歓迎されていない政権がなぜ安定し、長期間にわたり維持されることが可能となったのか、またそうした政権においてなぜ政治的不安定が生じたのかなどの問題に関し、他の国家からの認可や支持によってもたらされる政権の正統性が説明変数として有効であると考えられている。(45)しかし、これらの説明のように、もし国連での議席を有することが国際的承認を得ているという象徴的な意味をもち、政権の存続がこれに強く依存していたとするならば、国連における議席確保を国際的承認の獲得に活用し、その重要性を自覚してきた台湾の中華民国政府がなぜ国連を脱退したのかという疑問に再び取り組まざるを得ない。

こうした問題を考察するためには、王振寰らの外部正統性についての研究において重視されていなかった、もう一つの側面を取り上げる必要がある。すなわち、王の研究は、台湾の中小企業という新興の経済主体を台湾社会における権力者（power holders）の一つとして指摘したが、それとは別に、より限定された政治エリート内における権力者たちからの支持を獲得することも必要であったという側面である。それは、新しい最高権力者となる蔣経国と他の権力者たちとの関係は、蔣介石と他の権力者たちとのそれとは異なるからであり、七〇年代初期においては、蔣介石から蔣経国への権力の移行に伴って、政治エリート内部の新興の権力者と旧来の権力者との間で最高権力者の権威と支配の正統性が再構成される必要があったからである。

この側面について衛藤瀋吉らは、早くから次のような指摘を行っていた[46]。すなわち、台湾政府は相容れない二つの目標をアジアにおいて追求している。その一つは中国本土に対する「反攻」であり、もう一つは中国本土周辺諸国との「防衛連盟」の構築である。この二つの目標は相互に密接な関係をもつために、孤立を覚悟して「反攻」を叫ぶか、「反攻」を放棄して孤立を回避するかの二者択一にならざるを得ない。もし、前者を選び「大陸反攻」政策を残せば、国連からの脱退も余儀なくされ深刻な孤立感に打ちのめされる。そして、その中で、指導者の叫ぶ「反攻」の約束だけで士気を維持していくことができるのかが疑問となる。また、もし後者を選び、孤立化を回避すれば、政体と原則の変更という大きな代償を支払わなければならない。そして、大陸から渡ってきている中国人の忠誠心は大きく失われるが、その政治的な動揺に体制がどのくらい耐えられるのかについて確信もないまま、この選択はとれないであろうという。

実際、まず台湾の中華民国政府は、「大陸反攻」政策を残して国連における議席を喪失し、孤立感に打ちのめされるなかで、なんらかのかたちで士気を維持していく必要に迫られることになった。そして、孤立化を回避した場合の代償として考えられていた体制内の動揺も激しいなか、蔣経国という新しい指導者の登場によって、新たな忠誠と支持を獲得していく必要が生じたのである。その新たな忠誠や支持の獲得は、王振寰らの指摘するように台湾社会に対しても求められたが、体制内における長老や旧体制支持のグループに対しても行う必要があった。そして、台湾社会と外来政権の関係を中心とする王振寰らの研究の視点を対外政策研究に取り入れた場合の問題点は、七〇年代以降の国際的孤立状況においても政府レベルで準政府間・非公式ネットワークを形成してきた政府の役割を、十分に視野に入れることが難しいという点にある。

ところで、これまでの研究における蔣介石時代の外交政策に関する最も単純な説明の一つは、以下のようなものである。すなわち、蔣介石総統が堅持した「一つの中国」と「漢賊並び立たず」という基本原則の下では、中国の合法的政府は中華民国政府のみであり、中華人民共和国と外交関係を結ぶいかなる国家に対しても、中華民国はただちにこの原則を適用して断交する。そして、七一年の国連問題の時も、米国や若干の国交のある国家が国連における中台の共存を建議したが、こうした提案は、当然のことながら蔣介石総統に否決されたとする。[47]

しかし、国連脱退の原因を、一方的に蔣介石の強硬かつ柔軟性のない外交政策だけに求めることは、もはや困難である。一つには、キッシンジャー補佐官の秘密訪中とそれに続いて国連総会の重要な時期になされた二回目の訪中に象徴的に表されているように、米国政府が中華民国の国連における議席を守ることに高い優先順位を置いていなかったことも一因とされる。たとえば、七一年一〇月の国連総会会期中におけるキッシンジャーの二度目の訪中は、「ヘンリー・キッシンジャーを北京に送ることで、ニクソンは国連でＲＯＣ［中華民国］を守ることよりもＰＲＣ［中華人民共和国］との新しい関係を進めることに高い優先順位を置いているというシグナルを示した」と指摘されるように、[48]事前の計算よりも票数が獲得できなかった一因であった。張紹鐸が指摘するように、キッシンジャーの主眼は、「いかにうまく負けるか」にあったといえよう。[49]

あるいはまた、国際情勢の変化や米国の政策転換の可能性が出てきた早い段階で、台湾がより現実的で柔軟な戦略をとることができれば、事態の推移は変わっていたとして、政府の対応の遅れが指摘されている。[50]この点について詳細に台湾の戦後外交史を整理した高朗は、六〇年代半ばには国連において「二つの中国」の雰囲気が色濃く存在していたにもかかわらず、台湾政府は既定の立場を守るだけで情勢の変化に対応していくことができなかったと指摘する。[51]そして、このことが重要な原因となり、七一年の国連の議席をめぐる最後の攻防は、まさに「手後れ」の状況を呈していたと論じる。第三章で考察した分水嶺としての六一年の国連中国代表権問題とモンゴル加盟問題をめぐる攻防は、まさに手遅れとなる以前に対応を行えなかったことを表していた。

したがって、当時の台湾の中華民国政府は国連から退出するという行動をとったが、これは単に中華人民共和国代表の国連への招請が決まる可能性が高いことを見越して、これを拒絶する行為として脱退を宣言したものとはいえない。むしろ彼らは、最後に残された面子を守ったにすぎなかったのである。

国連における中国代表権問題は、七一年の国連総会における中華民国政府代表の退出と中華人民共和国政府代表の中国の国連参加により、ある面では一応の解決を見た。すなわち、曖昧ではあるが地域としての「中国」のほとんどを実効支配している政府が国連における「中国」の議席を獲得したことで、台湾とその周辺諸島のみを実効支配する中華民国政府が、全中国を代表するという一つの虚構は崩れ去り、より現実を反映したかたちとなった。しかし、その一方では、台湾を実効支配し、あるいは台湾住民を代表する政府の代表が国連に議席をもたないという問題が残ることとなったのである。二つの政府が存在するという現実を国際政治に反映させていこうとする六〇年代までの流れは、「一つの中国」という言説のなかで台湾が「一つの台湾」または「一つの中華民国」として国際的に生き残ることを不可能にさせる結果へと収束していったが、七一年の中華民国の国連からの退出は、まさしくその画期となる出来事であった。

(2) 経済政策に見る対外政策の変動

一九五九年以降の中ソ対立という状況は、六九年のダマンスキー島（珍宝島）での武力衝突へと至り深刻化していた。こうした状況から、中国側は米国との関係改善を必要としていたが、一方米国もベトナム戦争の早期解決を重要課題としてもちながら、中国との関係改善によって新しい均衡体制をつくり出そうとしていた。こうした状況について台湾の中華民国政府は、中ソ対立の先鋭化により、単一であった共産集団はすでに多元化しているとの認識を表明したことがあった[52]。それは、もし米国との関係など他の拘束要因がなければ、イデオロギー対立を超えて中国の敵であるソ連との接近を可能にする発想となる。また、それは国際政治の現実における勢力均衡の一つのアクターになろうとする意志や行動の可能性をも示唆しており、実際その文脈において語られていた。

そこで、まず台湾の中華民国政府が、特にその経済領域において、どのような国との接触や関係強化を考慮していたのかを見ていくこととする。七〇年代までに形成されていた台湾の経済および貿易構造は、大まかにいえば六〇年代半ば以降、資本財・中間財を日本から輸入し、加工した軽工業製品を米国に輸出するという加工貿易型の構造であった[53]。七〇年代前半においては台湾の総輸入額および総輸出額に占める日米の割合は五割を超えており、輸出は政府の保護の外にある中小企業が主導するという状況にあった[54]。

七一年の中国の対米政策転換について、台湾側は「中華民国と同盟国の離間を企図する」ものであり、台湾の孤立化を図る「統戦」(統一戦線工作)の一環であると捉え、警戒感を強めていた[55]。そして、その後の方向性として、以下のような方針を明らかにしたのである[56]。

対外面においては、経済外交を強化し、アフリカ・東南アジア・南米の市場を拡大して、一国へ過度に依存した対外貿易の形態を打破しなければならない。……国交のない国家に対しても、民間の貿易活動を促進していく。

それは、日米に極度に依存している台湾の経済構造に対して米国の政策転換が及ぼす影響への懸念、そして各国との相次ぐ外交関係の断絶が経済活動に影響を与えないようにとの配慮から、国交のない国家に対しても貿易活動が可能であるとの方針を明示したものであった。

また、一〇月二三日の立法院経済委員会において、孫運璿経済部長は、国際情勢および通貨体制と貿易秩序における大きな変動によって、台湾の経済発展は新しい挑戦を受けているが、この原因は中共の「微笑み外交」と米国の新経済政策であるとの認識を表明した(57)。そして、中国側の政治外交上の圧力によって、台湾に対する海外からの投資と貿易関係が阻害され、経済発展が頓挫する恐れがあるとの強い警戒感を表した。この時期には、七〇年春に「周四条件」の提示により、中華民国および韓国向けに援助あるいは投資を行っている企業との取引を拒否するとの中国の経済原則が示され、台湾と関係の深い住友化学・三菱重工や日華協力委員会の有力メンバーであった三井物産を含む四大商社を日中貿易から締め出すとの具体的な方針が表明されるなど、日本企業に対する中国側の圧力が実際に強まっていた。

台湾の経済および貿易に対する圧力が強まり、不安感が高まるなかで、経済分野においては、国交の有無にかかわらず対外活動を促進していくという方針が早くから提示され、外交関係の断絶が民間を中心とした経済活動の領域にまで影響を与えないための考慮がなされていた。さらに、国連での議席を失ったことが経済・貿易関係にどのように影響するかが討論の焦点となり、特に日本との関係が懸念された。そのことは、経済および貿易関係をどのように維持・発展させていくのかという問題が、台湾の生き残りと社会の安定のため、政府において優先順位の高い問題であったことを示している(58)。

（3）ニクソン訪中と台湾の対外政策の動揺

台湾とその周辺地域のみを実効支配していた中華民国政府が、国連における中国代表権を保持し、各国との外交関係を構築してきたことは、それ自体が、「中国を代表する政府」としての国際的承認を支える一つの柱であった。しかし、それはすでに見たように、七〇年代に入り急速に失われつつあった。また、もう一つの柱である米国の支持と支援による安全保障の確保は、米中関係の改善によって動揺し、台湾には大きな波紋が引き起こされた。そして、七一年一〇月の国連からの退出と七二年二月のニクソン訪中を経て、五月に蔣経国が行政院長に任命されるまでの数ヶ月の期間に、対米関係と対外政策をめぐる政策調整が模索されることになる。

七一年一〇月二八日の立法院外交委員会において外交部次長が発表した外交政策では、「若干の友邦国との二国間関係を強化し、対外貿易については多方面から促進し、国内建設と発展に寄与するよう協力する」と述べられた。(59)これに引き続き厳家淦行政院長は、「総体外交」の立場に立ち、さらに「反共および非共産国家との団結に尽力する」とした。(60)国連からの退出、各国との断交という対外政策の挫折は、立法院での言明を見る限り、明らかに「中共の統戦」とその一環である「台湾の孤立化」戦略という文脈のなかで捉えられていた。そして、この文脈において、どの国家との関係を構築し、また強化していくのかということが問題となったのである。

七二年二月七日に開催された立法院における行政院施政報告では、「自由国家との団結協力」を促進し、二国間関係を発展させていくことによって、「共匪が我が国を国際的に孤立化させようとする陰謀を打破する」と述べられている。(61)また、二月一八日に厳家淦行政院長が立法院において発表した外交方針では、従来の自由国家との連携に関しては、二国間の実質関係の強化という点が強調されているだけで、特に大幅な変更はなかった。(62)これらはすべて、内戦の延長としての外交闘争という文脈において「自由陣営」との関係強化を図るという、従来の方針を大きく変えるものではなかった。

ところが、この立法院の会議において、周書楷外交部長は次のように述べた。(63)

今後は、ただ我が国の法統に違反せず、我が国の基本国策に影響せず、および国家の尊厳を損なわないという三つの大前提の下で、全面的な外交を進め強化していく。いかなるレベルの官員がいかなる友好国を訪問するのが適当かについては、その時の客観的・主観的な環境によって決めていく。

これは、今後の外交活動を行う国家について、反共かどうかという基準を明示せず、ケース・バイ・ケースの対応がありうるという含みをもたせた内容であった。

さらに、二月二二日、周書楷外交部長が立法院において述べた外交方針では、(1)台湾に友好的な国家に対しては、徳に報いる立場を保持し相互の友好関係を強化する、(2)台湾と利害関係のない国に対しては、友好国となるよう努力するが無理に追い求めるようなことはしない、(3)台湾に敵意を有する国家に対しては、相手同様に敵対的態度をとる、(4)台湾に敵意をもたない国家との間では、経済・貿易・文化および人的な交流を盛んにする、との姿勢が示された[64]。ここでは、反共国家であるかどうかではなく、友好的か敵対的かという基準で対外活動の対象国が分類されており、広範囲な経済・技術援助活動によって国連の議席確保を図るといった以前のような外交活動を重視せず、台湾の発展にとって実質的に必要な外交政策を考慮するとの姿勢がみられたのである。

翌二三日の立法院会議では、谷正鼎委員から、外交当局が最近よく用いている「弾性外交」「現実外交」との表現は、原則を堅持する立場からいって妥当ではないという保守的な立場からの牽制がなされた。これに対して周書楷は、これらは運用上の方針を表すものであり、外交原則の三つの前提になんら影響はないとの説明を行った[65]。外交上の孤立化を余儀なくされつつあった政府の一部では、周外交部長の発言に見出されるように、外交活動の対象国を大幅に拡大することが示唆されはじめたのである。

七二年二月二一日から二八日までのニクソン訪中に際して出されたいわゆる「上海コミュニケ」では、最終目標として台湾からの米軍の撤退を掲げていたが、それは「台湾問題の平和的解決と地域一般の緊張緩和」という条件をつけることにより、台湾海峡の当面の現状維持が確認するものでもあった[66]。すなわち、米国は、台湾の独立運動や台湾による中国大陸への軍事行動は支持しないと確約しつつも[67]、台湾問題の平和的解決へ関心を示した。これによって、中国側が武力による「台湾解放」を目論見ない限りは、台湾海峡における緊張が引き起こされる可能性が小さくなったのである。そして、これ以後、武力による現状の変更可能性は依然放棄されてはいなかったが、中国の対台湾政策における「政治的」「平和的」な方法の比重は高まった。

ニクソン訪中による米中関係改善は、台湾海峡における中台分裂状況を変更するものではなく、むしろ戦後の朝鮮戦争勃発を契機とし、また五四年の米華相互防衛条約においてさらに確認されたような、現状維持志向のものであった。(68) この米国の提示する「現状維持」は、「二つの中国」の存在を容認しかねない状況の固定化を意味していた。第二章において述べたように、台湾の中華民国政府は、一方では安全保障・政治・経済にいたるまで全面的に米国の支援を必要とし、米国の現状維持政策によって短・中期的には台湾の安全を確保することが可能になるものの、これを容認すれば中台分裂の固定化を是認し中共政権の存在をも是認することになるため、公式な立場としては米国の現状維持を容認しえないというジレンマを抱えていた。

しかし、台湾の政府は、米国への不信感をもちながらも米国との関係に依存せざるを得ない状況にあった。七二年二月二六日、蔣経国は、各総司令を召集しニクソン訪中以後の対応について協議したが、この席で「アメリカは頼りにはできないが、やはり中［中華民国］米関係を放棄することもできない。政治・経済・軍事各方面において米国との関係は密接であるから、やはり忍耐しなければならない」と複雑な心境を吐露し、さらに他の国家からの武器購入を検討するよう指示したという。(69) 米華相互防衛条約が取り消され、米中関係が正常化されるのは時間の問題だとの考えに象徴されるように、米国への信頼は低下し不安感が高まっていた。(70)

台湾をめぐる国際環境の悪化に歯止めをかけるため、周書楷外交部長や頼名湯参謀総長らは「政治的原子爆弾」の使用をも検討したという。(71) それはソ連との接近を示唆し、米国を牽制するためのものであった。まず、周外交部長は、三月七日の国民党三中全会において以下のように述べた。この発言は、外交観念の拡大を図りながら、経済を中心とする対外活動を行う相手国として、共産主義体制の国家にまで対象範囲を広げることを示唆するものであ

料金受取人払郵便

千種局承認

2036

差出有効期間
平成32年6月
30日まで

郵便はがき

464-8790

092

名古屋市千種区不老町名古屋大学構内

一般財団法人

名古屋大学出版会 行

ご注文書

書名	冊数

ご購入方法は下記の二つの方法からお選び下さい

A. 直送	B. 書店
「代金引換えの宅急便」でお届けいたします 代金＝定価（税込）＋手数料230円 ※手数料は何冊ご注文いただいても230円です	書店経由をご希望の場合は下記にご記入下さい ＿＿＿＿市区町村 ＿＿＿＿書店

読者カード

（本書をお買い上げいただきまして誠にありがとうございました。
このハガキをお返しいただいた方には図書目録をお送りします。）

本書のタイトル

ご住所　〒

TEL（　　）　―

お名前（フリガナ）　年齢

歳

勤務先または在学学校名

関心のある分野　所属学会など

Eメールアドレス　@

※Eメールアドレスをご記入いただいた方には、「新刊案内」をメールで配信いたします。

本書ご購入の契機（いくつでも○印をおつけ下さい）

A 店頭で　B 新聞・雑誌広告（　　）　C 小会目録

D 書評（　　）　E 人にすすめられた　F テキスト・参考書

G 小会ホームページ　H メール配信　I その他（　　）

ご購入書店名　都道府県　市区町村　書店

本書並びに小会の刊行物に関するご意見・ご感想

った。[72]

> 現代の各国の対外関係における新しい形態は、国交を結び外交官を派遣し、また国際組織に参加することに完全に依存するものではなく、各種の方式によって対外的な連絡を推進し、利益を獲得することを重視する……思想上・制度上は、我々は引き続き共産主義に反対していくが、しかし我々の匪偽政権打倒・光復大陸の基本国策に影響を与えず、これらの国家が共匪の追随あるいはシンパでない限りは、我々はそれらの国家と貿易・経済あるいはその他有利な双方の往来を生み出すことを研究してはならないというわけではない。

そして、翌日三月八日に、ハースト系新聞の調査団に対して、周外交部長は以下の四点を示唆した。[73]

> 第一に、ニクソン大統領は台湾の地位と安全保障について不必要に譲歩した。台湾は北京ブロックを除く共産諸国との間に、十分な配慮を払ったうえで外交接触をもつ用意がある。
>
> 第二に、台湾は、アメリカを最大の同盟国として維持する方針に変わりはないが、アメリカが北京に対して重要な譲歩を行うようなことがあれば、ソ連に対する態度をやわらげる。
>
> 第三に、同年秋にハンガリーで開かれる歴史地図会議に代表団を派遣する意向がある。
>
> 第四に、台湾は国連から追放されたことにより、行動の自由を得、従来と異なる外交路線もとりうる。

共産諸国との外交的接触やソ連との関係接近を示唆する周外交部長の談話は、まさに「政治的原子爆弾」であった。この直後に駐米大使沈剣虹は、蔣介石からこの英字新聞の記事を見せられ意見を求められた。そして、後に沈は、周書楷から沈昌煥へと外交部長が交代したことについて、周が談話発表前に上層部の許可を得ていなかったために更迭されたのだろうと推測している。[74] 結局、この周の発言によって生じた波紋については、三月一〇日の外交部スポークスマンの記者会見で、「周外交部長の談話は、原則的な詳しい説明にすぎない。その重点は依然として自由主義諸国との関係強化におかれている」との見解が示され、事態の収拾が図られた[75]。すなわち、米国との関係を再検討するかのような周外交部長の発言内容に対し、自由主義陣営にとどまり米国との関係を重視することが強調されたのである。

この年の六月の蔣経国の組閣にあたり、外交部長には宋美齢に近い沈昌煥が就任したこともあり、周書楷は更迭されたとの見方が一般的である。また、外交部長の交代は米国の圧力と国内的反響を鎮めるためであったとの指摘もされている[76]。ただし、沈への外交部長の交代は、そうした対外的な意図によるものというより、国内における権力をめぐる争いの一つの結果であったとも考えられる。しかし、先の周外交部長の発言は、前日の国民党三中全会での報告においても同様の姿勢が出されていたものであり、周個人レベルでの判断でなされたものではなかったと考えられる。また、外交部長を辞任した後も周は蔣経国に近い存在であり、その外交に関するアドバイザーであった[77]。したがって、これは独断的な行動によって周が更迭されたというより、原則重視の立場をもち、対米関係に強い影響力をもつ宋美齢に近い人物が外交部長に任命されたことによって、台湾が米国との関係を重視し、現状を変更するような政治的行動をとらない姿勢を示したものと解釈することもできるであろう。

台湾とソ連との接触は、実際のところ六〇年代後半から行われていた。蔣経国から非常に信頼されていた魏景蒙の日記によれば、ソ連は中国との関係悪化を背景として台湾との接触を図ろうとし、これを受けて蔣経国を中心とした勢力が密かにソ連から派遣されたとみられる人物と接触をもったのであった[78]。六八年から七〇年、その後の七四、七五年にも、何回かの接触があったという。それらの記録における表現を借りれば、「台湾当局は表面上では強硬に反共抗俄政策をとっていた背後で、若干の柔軟性のあるやり方を行っていた」ということになろう[79]。しかし、そうした動きは、宣伝あるいは一種の外交上のカードとして考慮され、台湾が根本的に米国との関係を再検討するという意図までは有していなかったと考えられるものの、今後さらに分析が必要ではある。

蔣経国が行政院長に就任した後、外交政策については「国交がなく、その国が中共を承認していても、民主国家であれば実質関係を維持する」という方針が示された[80]。ここでは、共産国との接触の可能性は明らかに消えていた。そして、この直後から蔣経国行政院長をはじめとする台湾の中華民国政府は、日中国交正常化に突き進んでいく日本への対応を迫られる。上記の外交方針からいえば、対日断交とその後の実質関係の維持は、既定方針に沿った結果にすぎないと受けとめられなくもないが、実際のプロセスにおいては困難な舵取りが求められることになった。

以上考察してきたように、台湾の政府は、対米不信の高まりを背景として、共産国との接近を示唆するかのような姿勢を提示することにより米国を牽制する動きを見せたが、それは反共イデオロギーおよびソ連との対峙という基本政策を転換するものとはならなかった。そして、その過程において、国内的には、原則に違反するのではないかとの保守勢力を中心とするイデオロギー重視の立場から懸念が示され、また親米的な勢力も政策転換を示唆する動きに対しては反対する姿勢を示したのであった。その後の対外政策においては、まさに日本との関係にみられたように、原則論や大きな政策転換を行わない範囲内で、いかに実務的な対処が可能かという実践レベルにおける模索を行いながら、各国との実質関係を形成していくことになる。

3　外交と内政における「漢賊並び立たず」原則

（1）「二つの中国」と「現状維持」

台湾海峡をはさみ中台が対峙する状況の固定化を意味する米国による現状維持が、台湾の中華民国政府の立場からは容認が困難であったことはすでに指摘した。それは、すでに何度か指摘したように、中華民国政府自らを台湾に封じ込めてしまう「二つの中国」論を容認し、「大陸反攻」を公式に放棄することにつながるからであった。外交における二重承認や国際組織における中台の共存、あるいは中国と外交関係をもつ国家とどのような関係を保持するかという問題は、容易に「漢賊並び立たず」「一つの中国」という原則問題に結びつく。論理的には、中台の分裂状況の固定化は、中国共産党による中国の統治を認めることになるため、近代を通して中国の「統一」を目標に掲げてきた中国国民党の統治エリートにとっては、中国の統一を阻害するものとなるのであった。

合法的正統政府は一つしかありえないという「一つの中国」原則のもとでは、確かに外交は「ゼロ・サム・ゲーム」にならざるを得ない。ところが、「一つの中国」を目標とはしていても、分裂時期において二つの政府が存在することがありうるという発想に立つならば、ゼロ・サム的思考様式はもはや適用されない。しかし、七〇年代初期の台湾においては、中台関係における内戦状態の終了が、内戦の固着化を前提とした国内政治体制の改革や、外交における活動空間の拡大を促すといった、八〇年代後半以降みられる内政と外交と中台関係が相互作用しながら新たな展開をもたらすような事態は生じなかったし、そうした事態を志向する政策がとられることもなかった。いわば、この三つの側面は、「一つの中国」原則を中心として不可分となっていたのであり、公式にいずれかの側面を変化させることがあれば、他の側面も連動するという関係にあったのである。したがって、七〇年代から八〇年代台湾の内政・外交・中台関係のようにいずれか変化を望まない側面があれば、原則上の変化を起こすことなく、表面上は大きく変化することもなく推移していくこととなる。

さらに、そうした実際には現状維持を志向する状況であるにもかかわらず、現状維持を認めることができないとの立場をとれば、この現状に基づいた政策を策定し実践していくことは困難となる。この拘束された状況は、後の李登輝総統による現実外交の推進開始まで続いていくこととなった。この拘束状況のなかで、表面上大きな変化はみられないながら、原則上容認しえない現状維持が再生産されていった。そして、このようにして生じた時間のなかで、実際には多くの実践の積み重ねがなされ、それによって実質的な変化が生み出されていくこととなる。

（2）統治エリートにおける正統性と権力継承

改革時期の中国国民党による「党治」を分析した松田康博の研究によれば[81]、行政府に対する党の指導は、有力党員である行政院長の領袖独裁によって担保され、政策面についてはそれが大きく外れていないかどうかについて追認する程度に、その影響力は制限されていたという。また、政権の正統性を維持するために、党にとって中央民意代表の協力は不可欠であったため、党が彼らの地位に手をつけることは容易ではなかった。そして、党の中央レベルにおいては、いくつかの派閥が合縦連衡を繰り返し路線闘争・権力闘争を展開していたために、領袖（この場合は、蔣介石を指す）は各派閥のバランサーとならざるを得なかった[82]。この派閥間の闘争のなかで最終的に権力を掌握したのが蔣経国だったのであり、父から子への世襲的な権力の移譲とは異なり、その権力確立期においては、統治エリート内部で正統性を確立することが必要であった。

また、新しい指導者への権力移行は、蔣介石による領袖独裁下において党の指導者たちが蔣介石に対して有していた忠誠心を蔣経国へと移行するという、単純な過程でもありえなかった。すなわち、七二年までの段階で政府の多くの領域で実権を掌握していた蔣経国であったが、党における権力基盤はそれほど盤石ではなく、党組織の改革などを通じた組織的改編や担当者の変更によって、党内における権力を自らの追随者（支持者）に移行させていった[83]。七二年の行政院長就任に際しては、行政院閣僚に七名の本省籍の台湾人を採用し、また蔣介石死去後に中国国民党主席となり、七八年に総統に就任するに伴い、政府や党へ「班底」（個人的追随者集団）を送り込んでいったのである[84]。

七二年三月一日には、国民大会第五回大会において「動員戡乱時期臨時条款」の修正案を採択し、自由地区と海外華僑への議員定数割り当てを大幅に増加して定期改選を行う一方、大陸選出の議員については非改選とする、部分的な定期改選制度が導入された。いわゆる「増加定員選挙」である。この制度は、老齢化し形骸化していく恐れのある中央民意代表機構を補強する意味を有していたが、それは中央エリートにおける党組織の改編によって台湾人を含む若手を積極的に採用することと同様に、蔣経国の権力継承過程の一部であった[85]。新しい指導者としての権力確立の最終段階において、蔣経国は人的配置により権力の掌握を進める一方、そうした動きによって地位を脅かされかねない一世代前の長老たちや他の勢力の人々を直接に脅かすことなく、原則の枠は維持することで、統治エリート内の動揺を極力抑えたのである。

（3）外交官の現実主義路線とその限界

米国に残されている資料によれば、この時期外交部次長であった楊西崑は、台湾の生き残りと米国の支持を継続して獲得するために米国側に対してさまざまな対応策を語っていたことがわかっている。一九七一年一一月三〇日に駐台大使館から国務院に報告された記録によれば、楊がその一年前の冬に「国連からの脱退は中華民国政府にとって『最後の政治的自殺』となる」と蔣介石に述べたことがあるという[86]。そして、中華民国政府および台湾人民の前途を守るために、台湾にある政府を中国大陸の政府とは完全に切り離されたなんら関係のないものとして、「中華台湾共和国」（Chinese Republic of Taiwan）という新しい名称を宣言するなどの全面的な改変を行うことを提案したという。また、大陸における主張と権利の放棄によって分離路線をとることが中華民国の唯一の希望であるとの主旨の機密のメッセージが、七一年夏に日本を訪問した張群を通じて、佐藤栄作首相や岸信介元首相から蔣介石総統へと伝えられたともいう。

楊はさらに政府内部の状況について、こうした積極的な対応について同様の考えをもっているのは葉公超や蔣彦士であるといい、また、厳家淦副総統や張群総統府秘書長、黄少谷国家安全会議秘書長、張宝樹国民党秘書長、周書楷外交部長、魏道明前外交部長、李国鼎、孫運璿らはこうした考えについてなんら態度表明をしていないと指摘しつつも、彼自身が結局のところ米国からの説得に期待しているのだった。しかし、米国はこうした楊西崑の情報を、楊と周書楷との個人的な関係の悪さなどを考慮して、慎重に取り扱ったようだ。

当時行政院政務員に追いやられたままであった葉公超は、この国名の問題についてそれほど楽観的でない見通しを吐露している。[87]七二年一月二〇日に駐台大使館から米国務院に報告された内容によれば、行政院外交関係協調会で建議されたものとして、中華民国が国際活動に参加しうるよう必要な時に「中華民国（台湾）」の名称を使用することは、すでに原則上許可を得ているとしつつ、新しい名称については個別に処理されるもので全面的な改変ではないという。国際活動を維持するための名称、たとえば「台湾共和国」への変更などは、最終的には台湾が新しい国際的な地位を獲得する道を拓くものであるが、国内的な、特に国民党からの抵抗が相当に強いと指摘する。そして、厳家淦副総統と蔣経国行政院副院長の態度は比較的に肯定的だが、蔣介石総統は保守勢力の側にあるという。また、葉は七二年三月末に、ニクソン訪中の影響をふまえて、中華民国政府は「中華人民共和国の管轄外に引き続き存在する権利を有している」といった声明を発表することが、いざというときに国際的な支持を獲得する基礎となるのではないかと現実的な対応策を述べている。[88]蔣経国はこうした考えに肯定的であり、多くの人々も「現実に適応し、国家なき人々となることを避ける」必要性を認識しているが、蔣介石とその世代の人々がこれを受け入れず反対の立場を堅持しているために身動きがとれない状況であると、葉は米国側に述べている。

葉公超や楊西崑ら外交官を中心として、米国との私的な、あるいは秘密裡の対話のなかで現実的な対応の必要性や考え方が示され、そこには実質的なリーダーとなりつつある蔣経国の柔軟性が示唆されているものの、なんらかの大きな転換についての国内的な抵抗は依然として大きかったことがうかがえる。

4 小結

以上述べてきたように、一九七一年の中華民国政府の国連からの退出は、蔣介石の硬直した外交政策によって選択されたものであるというよりは、むしろ六〇年代末までに形成されてきた台湾をめぐる状況の一つの帰結であった。七〇年代に入ってからの国連総会で表された各国の意向は、中華人民共和国政府の中国代表としての国連参加であった。台湾の中華民国政府を支持してきた国々が、台湾の国連からの追放には反対の意向をもちつつも、中華人民共和国政府の参加について否定的ではないとの姿勢を示すことに対し、より高い優先順位を与える状況が生まれていたのである。

こうした状況を生んだ一因は、六〇年代末までの中華民国政府の原則重視の外交政策であった。この段階においてなんらかの対応を図っておくことによって、台湾の追放が単純過半数で可決される状況の出現を阻止する可能性がなかったわけではないが、第二章および第三章で明らかにしたとおり、六〇年代にそうした外交上の現実的対応はなされなかった。

逆重要事項指定決議案と二重代表制案が提出された七一年の国連総会では、台湾の中華民国政府は、「二つの中国」を認めるそれらの案について公式には賛成しなかった。しかし、実際に中台の国連への同時加盟が起こる状況に直面する以前の段階では、事実上「二つの中国」方式を受け入れるかたちで国連に残留するとの方策を含め、いくつかの対応を準備していた。しかし結局、台湾は国連残留を実現することなく、自ら脱退を宣言して退出するが、それは追放の決議がなされる前に自ら脱退を宣言することによって面子を保ったにすぎなかった。
国連からの退出に続き、ニクソン訪中、そして上海コミュニケの発表と、台湾問題をめぐって大国が頭越しに外交を繰り広げるなかで、台湾では、外交政策の再検討が行われた。すなわち、①経済関係を中心として諸外国との実質関係を強化すること、②北京政府を承認した国家とも関係を維持すること、③共産諸国との接触もありうることなど、米国からの離間と反共政策の変更を懸念させるほどの外交政策の転換が示唆されたのである。そこではソ連との接触が示唆されることもあったが、最終的には外交部長が周書楷から原則重視の沈昌煥へと変更されたことに表されたように、台湾の動きは大きな変動を引き起こすまでにいたらなかった。

他方で、蔣経国を中心とする外交政策は、台湾経済の発展を重視した対外関係の開拓という側面を強く打ち出していた。外交原則については蔣介石の時代からなんら大きな変化はなかったが、外交政策の変化に対してきわめて保守的な対応をする勢力を抱えながら、その大きな反発を引き起こすことなく、経済を軸とした実質的な対外活動の空間の拡大を図る模索が進められたといえるであろう。

第七章　日華断交のとき　一九七二年

1　蔣経国体制発足と対外政策の調整

（1）蔣経国への権力移行と対外政策

一九七二年六月、台湾では蔣経国が行政院長に就任し、いくつかの新しい体制および政策がとられはじめていた。人事においては、台湾出身者の起用を拡大し、六〇年代半ばから叫ばれていた、「青年才俊」と呼ばれる能力ある若手の起用を具体化した。また、行政院に入閣する本省人が三人から七人に増加したことは、行政効率の向上など政治革新をアピールすると同時に、中華民国政府が外省人だけのものではなく台湾の本省人のものでもあることをアピールするものだった。

経済面においては、それまでの経済成長を持続させていくための政策を推進し、外交面においては、国連からの退出以後厳しくなる一方の国際環境のなかで、実際の具体的な問題への対応を模索する現実的な外交政策へとシフトしはじめていたように見える。その一方、新政権の外交部長には、六〇年代に八年にわたって外交部長を務めたことのある沈昌煥が、大使として赴任していたタイから呼び戻され、再び就任した。七一年の国連脱退を宣言した外交部長周書楷は、一線から外され行政院政務委員となった。周書楷の人事異動は、すでに先にふれたように、東欧の共産圏との関係模索を暗示した発言が問題化したことについて責任をとらされたものともいわれるが[1]、米国の圧力と国内の反響を鎮めるためであったとの指摘もあり[2]、国内政治権力争いの次元における要因が大きく作用した可能性もある。

一九一三年生まれの周書楷は、五〇年に駐フィリピン大使館参事となって以降、五三年に公使、五六年に外交部常務次長、五九年に政務次長と出世街道を歩み、「菲幇」（フィリピン閥）を形成して影響力をもつ存在であった。しかし、六〇年六月に沈昌煥がスペイン大使から外交部長に就任するのに伴い、周は行政院僑務委員長に転じており、今回もまた沈の外交部長就任に伴い外交部を離れることとなった。宋美齢と近い関係にある沈の就任が、宋美齢との関係がそれほど良好でない周の更迭につながったとみられる。しかし、七二年以降も周自身は政策決定に参画している部分があることから見て、蔣経国との関係が悪かったわけではない。周自身が王世杰に語ったところによれば、この人事は蔣経国が主張したものではなく、蔣介石により決定されたものだという[3]。それは、宋美齢が蔣介石になんらかの進言をした可能性を示唆する。いずれにせよ、沈昌煥の外交部長再任によって、対米重視の路線を軸とする従来の外交政策の継続を国内的には示すことにもなった。

こうしたなかで、日本との外交関係断絶の危機は、外交だけではなく、経済関係をも含め、原則と現実的対応とをいかに両立させていくのかという、現実における重大な問題を台湾につきつけることになった。蔣経国が行政院長に就任した際の外交政策は、七二年六月一三日の立法院における施政方針報告として、以下のように述べられている[4]。

現在外交関係を有している五一ヶ国との関係を維持していくのみならず、すでに国交を断絶した国家とも、国交を断絶したからといって相互の往来をしないのではなく、よりいっそう連繋を強めていくべきである。なぜなら、それらの国家が共匪と国交を樹立したのは、それら国家がみな自分の意志で進んでそうしたのではなく、そうせざるを得なかっただけで、共匪を好き好んで行ったというわけではないからである。一部の国家にいたっては、共匪をひどく恨みながらも外交関係を樹立しており、逆にきわめて友好的で懇意にある状況下で我々と国交を断絶している。したがって、我々はこれらの国家と断交したから往来を断絶してしまうというような政策は放棄しなければならない。これらの国家とはさらに積極的に交流して、互いの間に共同利益を構築していく必要があるのである。

この報告では、第一に外交関係を断絶した国との実質関係の継続、第二に国交を断絶した相手国の事情への理解を示していると同時に、実質関係の維持・増進や連携が、即正統性争いや外交関係の争奪に結びつけられていない。無論、こうした立法院での発言は国内向けのものでもあり、この方針が具体的な外交上の懸案事項の処理にただちに適用されるとは限らない。特に立法院という、外交分野において保守的な立場を強くもち、外交政策の柔軟化にさえ反対意見が出される機関において、共産政権を承認した相手国との関係を維持していくことの正当性を確保しつつ、国内の動揺を極力抑えることを意図していたと考えられる。

さらに、六月二八日、立法院外交委員会において、沈昌煥外交部長は、「台湾と国交関係がなく、かつその国が中共を承認していても、民主国家であれば極力連絡を保持する」と報告し、現実的な対処をしていく姿勢を示した[5]。こうした外交政策は、外交関係がすでになくなった国家と実質的な関係を維持する方策として出されており、外交政策の転換の必要性が強く提起される一方、その転換が原則のなんらかの変更を伴うものではないこと、反共原則を堅持することを、国内政治の文脈においては強調する必要があった。

（2）対日外交と政策決定の中心メンバー

一九七〇年代初期の蔣介石総統のもとでの対日外交は、主として総統府秘書長の張群が担当し、米国の東アジア政策に基づいて中華民国政府との関係を重視する自民党保守政治家たちとの太いチャネルによって担われてきた。そこには、個人的な親交など、さまざまなチャネルが含まれていた。第四章で見たように、日華間に重大な問題が発生すると、ピニロン・プラントに端を発した断交の危機のときのように、張群が外交部の頭越しに日本の駐華大使と話し合い、「公式・非公式を問わず、政府間の最も重要な交渉チャネルとして機能した」といわれる。[6] 張群は、蔣介石からの十分な信任と日本各界指導者からの尊敬と信頼を基盤に、高度に政治的な立場から問題を処理する役割を果たした。[7]

特に六〇年代には、蔣介石—張群ラインで処理される対日政策については、外交部長も関与しないという事実上の役割分担があった。[8] 実際、歴代の駐日大使は、董顯光、張厲生、魏道明、陳之邁ら実績のある優秀な外交官ではあったが、特に日本とのつながりが深い人物として派遣されたわけではなく、対日政策の決定過程に深く参与する立場にはなかった。六三〜六四年にかけての日華断交危機を乗り越えた後、日本に大使として派遣された魏道明のもとには、日本での業務をサポートするために、蔣介石・張群とつながりの深い鈕乃聖が外交部から送り込まれた。また、魏の後任である陳之邁は着任当時から、蔣介石総統、張群秘書長、魏外交部長の三人を上にもつ体制のなかで、自らの日本での役割に難しさを感じていたという。[9] しかも、在外公館は統一的な体制を欠いた寄せ集め的なものので、駐日大使が日本との交渉の中心的な窓口となることは難しく、時に実質的には「雑事に忙しく走り回るだけ」と評された。[10]

そうした体制がとられたのは、日中の経済関係が進展していく状況で、中華民国政府側が日本のいう「政経分離」の姿勢を公的発言としては否定しながらも実質的には受け入れ、政治的関係を柱として自民党、特に吉田茂、岸信介、佐藤栄作ら重要人物への信頼と信義を担保に関係を維持したことにも一因がある。高いレベルでの政治的関係を構築し、厚い信義によって支えられた友好的かつ緊密な関係を演出しつつも、実質的には脆弱な揺れ動く関係のなかで、大使の果たしうる役割は限られたものとなった。たとえば、軍人であった彭孟緝は、日本砲兵学校を卒業し蔣介石のもとで参謀総長にまでなり、白団との関係という意味では、日本との関係が薄かったわけではないが、事実上の引退後の居場所として駐タイ大使に就任し、六九年に駐日大使として派遣されたことなど、その最たる例である。

しかし、蔣経国体制への移行により、対日チャネルは更新されざるを得なくなった。外交部長、国家安全会議秘書長などを歴任した黄少谷の資料によれば、[11]対日政策も蔣介石—張群ラインから蔣経国に重心が移されていったことがわかる。四選を果たした蔣介石総統は、副総統に厳家淦を配した。厳は、経済畑の実務的な実力者ではあったが、イエスマンと呼ばれるほどに、自らの立ち位置をよくわきまえて行動していた。蔣経国体制の発足当初に対日関係への対応にあたった中心的な会議体は国家安全会議であるが、そこには主に厳家淦副総統、蔣経国行政院長、張群総統府資政、黄少谷秘書長、沈昌煥外交部長の五人が参加していた。その運営の中心となり、調整・取りまとめ役を担ったのが黄少谷であった。蔣経国と沈昌煥は三月以来数十回を超えて黄との相談を重ね、外交部の関係部門も随時、黄秘書長のもとに報告を送っていた。[12]ご意見番的な存在となった張群は国連中国代表権問題で日本への働きかけを諦めた心境であり、厳家淦は形式上の参加であったとすると、蔣経国・沈昌煥・黄少谷がこの時期の対日関係への対応の中心メンバーであったということになる。

黄少谷は、実は五〇年代から政策運営において、党および政府内での取りまとめ役を担ってきており、一時期海

範 麗雅著

中国芸術というユートピア

―ロンドン国際展からアメリカの林語堂へ―

菊判・590頁・11000円

中華文人の生活芸術か、想像された国民芸術か。第二次大戦前、中英の協力によって開かれ東西文化交流の転換点となった一大展覧会を軸に、日本の影響深いウェイリーらの研究から、在英中国知識人の活動、パール・バックの後押しした林語堂の傑作まで、中国芸術とは何かを問う力作。

978-4-8158-0909-6

イヴァン・ジャブロンカ著 真野倫平訳

歴史は現代文学である

―社会科学のためのマニフェスト―

A5判・320頁・4500円

文学的ゆえに科学的? 真実と物語のあいだで揺れ動き、その意義を問われてきた歴史。ポストモダニズムの懐疑を乗り越えたあとで、いかにして「歴史の論理」を立て直すことができるのか。自らの実践に基づき、社会科学と文学の手法を和解させ、歴史記述を刷新するための挑戦の書。

978-4-8158-0908-9

芝 紘子著

歴史人名学序説

―中世から現在までのイベリア半島を中心に―

A5判・308頁・5400円

名前に刻まれたヨーロッパ社会の軌跡。家族・親族の結びつきやアイデンティティのあり方、封建制と家族・ジェンダーの関係、フロンティア社会と文化移転、キリスト教の浸透・教化など、人名という新たなプリズムをとおして過去・現在の社会・心性を色鮮やかに浮かび上がらせる。

978-4-8158-0912-6

若尾祐司/小倉桂子編

戦後ヒロシマの記録と記憶 [上]

―小倉馨のR・ユンク宛書簡―

四六判・338頁・2700円

被爆後を生きた人々の物語――。原爆市長・浜井の肉声から、見出される原爆症と医師たちの葛藤、平和活動に身を投じた青年たちの歩みと心のひだ、さらには公娼制や遊郭経営、闇市ややくざの抗争にいたるまで、戦後広島の再生の足どりを人々の息遣いとともに伝える第一級のドキュメント。

978-4-8158-0914-0

若尾祐司/小倉桂子編

戦後ヒロシマの記録と記憶 [下]

―小倉馨のR・ユンク宛書簡―

四六判・348頁・2700円

核時代の原点としての歴史の場へ――。新たな観光事業の立ち上げや市民球場・球団設立といった広島の「復興」を描く一方、被爆者の生活苦、外国人をめぐる政策や孤児の問題、原水禁運動における政治的対立などにもフォーカスし、原爆の遺した深い爪痕をありありと伝えるレポート後編。

978-4-8158-0915-7

西　平等著

法と力

―戦間期国際秩序思想の系譜―

A5判・398頁・6400円

「国際法vs現実政治」を超えて――。第一次大戦後の国際法学の中から「国際政治学」的思考は誕生した。〈国際紛争は裁判可能なのか〉という国際連盟期の最重要課題を軸に、法と力の関係を捉える諸学説の系譜をたどることで、モーゲンソーやE・H・カーらの思想を位置づけ直す。

978-4-8158-0919-5

有賀暢迪著

力学の誕生

―オイラーと「力」概念の革新―

A5判・356頁・6300円

ニュートン以後、自然哲学との決別を通して力学は生まれ直した。惑星の運動から球の衝突まで、汎用性をもつ新たな学知が立ち上がる「静かな革命」を丹念に追跡。オイラーの果たした画期的役割を、ライプニッツやベルヌーイ、ダランベールやラグランジュらとの関係の中で浮彫りにする。

978-4-8158-0910-2

堀田典裕著

〈モータウン〉のデザイン

A5判・424頁・4800円

クルマと交通システムによって創り出された環境――現代の〈モータウン〉はどのようなカタチをしているのか。自動車工場や住宅から、高速道路、レジャーセンター、ショッピングモールまで、生産・居住・移動・消費の観点で車社会を捉え直し、環境デザインの可能性を問う力作。

978-4-8158-0911-9

近森　順編

自動車工学の基礎

A5判・260頁・2700円

現代社会に不可欠な自動車には、様々な技術が凝縮されている。本書は基礎科目である機械力学や熱力学などの発展として自動車工学を一貫した形で捉え直し、変わりゆく技術を根底から支える不変のロジックを身につける。工学部生・高専生のみならず、現場の技術者の学び直しにも最適。

978-4-8158-0920-1

水野幸治著

自動車の衝突安全　基礎論

菊判・312頁・3800円

自動車衝突時に人の安全をいかに確保するか。バイオメカニクスから、前面衝突、高齢者の傷害やむちうち損傷まで、多角的かつ系統的に解説。自動車工学の研究者・技術者だけではなく、保険調査員や警察官、法曹や事故鑑定従事者など、自動車・交通事故に関わるすべての人に役立つ一冊。

78-4-8158-0922-5

外に追いやられ冷遇されていたこともあるが、つなぎ役として重要な働きをしていた人物だった。そして、この七二年も、彼がさまざまな関係者のつなぎ役となった中日合作策進会のリーダー谷正綱、中日関係研究会の陳建中、中日貿易協進会主任委員辜振甫、立法委員梁粛戎らが、それぞれ訪日して日本側への説得工作を展開する際にも、黄が彼らと連携をとり、蔣経国との間をつないでいた[13]。

そうした黄少谷の役割は、おそらくその後も続いていたと考えてよい。たとえば少し後の時代になるが、台湾独立運動を日本で展開した後、七二年に台湾に戻り蔣経国とも対談した辜寛敏は、その後黄を通じて蔣経国に話が伝わっていると感じていたという[14]。しかしながら、黄の資料は現在のところ断片的なものであり、断交過程で対日政策の中心メンバーたちが何を議論したのかについて、明らかにしてくれてはいない。

2　日中国交正常化への対応

(1)　急展開する日中関係

一九七二年二月、ニクソン米大統領が訪中し、上海コミュニケが発表された。この米中関係改善の本質は、対ソ、対ベトナムの戦略的な和解であった。中国はこのとき、主として対ソ戦略上の考慮から米国との関係改善を模索し、その交渉過程において台湾問題の国内問題化を一歩推し進めた一方、発表されたコミュニケに示されているように、米華相互防衛条約にふれないなど、台湾問題において重要な譲歩をも行った。当時の中国は、米国との関係のみならず、日本および西側諸国、東南アジア諸国に対しても、対ソ統一戦線の形成という論理に立って、積極的に関係改善を働きかけた。六〇年代後半からの文化大革命によって立ち遅れた経済についても、立て直しが急務となり、経済建設の成果と国際的地位の向上によって権力体制の安定化を図る必要もあった[15]。これらの状況を背景としつつ、中国は長期に続いてきた佐藤政権から新しいリーダーへと交代していくタイミングを巧みにつかみ、日本との国交正常化へと一気に進んでいく。

しかし、関係改善といっても、米中と日中との間では、台湾問題などの重要問題における争点および優先順位が異なっていた。すなわち、上海コミュニケにみられたように、米中における台湾問題では、米国が台湾の安全保障にいかに関与していくかが主な争点となり、結局米中それぞれが異なる立場と見解をもつことが明記されるにとどまった。いわば、台湾問題の「解決」は、米中の間で一時棚上げされたのである。一方、日本と中国との間には日華・日台間の歴史的な関係のなかで緊密に積み上げられてきた政治および経済などの関係をどう処理していくかという課題があり、さらに戦争処理の問題を含む日華平和条約の取り扱いをどうするかなどの問題があった。このため、中国側は、交渉の開始にあたり、日米それぞれに異なるアプローチをとったのである。

中国側が日本に対し国交正常化に向けての基本的な立場を明確な形で示したのは、七一年六月に訪中した公明党代表団と中日友好協会代表団との共同声明であった。この声明のなかで、中国側が提示していた「復交」に向けての条件のうち、最終段階にまで残されたものを「復交三原則」と呼ぶようになる。その三原則とは以下のものだった[16]。

(1)中国はただ一つであり、中華人民共和国政府は中国人民を代表する唯一の合法政府である。「二つの中国」と「一つの中国、一つの台湾」をつくる陰謀には断固反対する。

(2)台湾は中国の一つの省であり、中国領土の不可分の一部であって、台湾問題は中国の内政問題である。「台湾帰属未定」論に断固反対する。

(3)「日台条約」は不法であり、破棄されなければならない。

自政権の末期までに、佐藤自身も第一、第二の点については受け入れ可能との考えになっていたが、第三の日華平和条約の破棄については受け入れられないとし、この点は直接中国側と対話し、理解を深め合っていきたいとの立場だった。佐藤自身は、台湾の中華民国政府との関係を重視する立場をもち続けてはいたが、水面下では中国との話し合いのきっかけをつくるべく、さまざまな模索をしていたことがわかってきている。[17]しかし、中国側はもはや政権末期であるとの認識のもとで佐藤と交渉する気はなかった。七一年春に名古屋で開催された第三一回世界卓球選手権への参加機会を利用して、王暁雲らが来日し、大平正芳はじめ政財界の主要な人物との密談を重ねるなど、次期政権での交渉に向け周恩来を中心として着々と準備を進めていた。

七二年七月五日、三木武夫、大平正芳との三派連合を組んだ田中角栄が福田赳夫を破って自民党総裁に当選し、七日の組閣にあたり大平正芳が外相に就任すると、内閣が発足するやいなや日中間の国交正常化に向けた動きが一気に加速化する。井上正也が明らかにしているように、[18]田中政権発足後の大平外相による水面下での準備も周到であった。橋本恕中国課長を軸に、高島益郎条約局長、栗山尚一条約局条約課長からなる最小限の協力者によって、徹底的に秘密裡に対中国交渉への準備が進められた。これにより、外務省内の消極的勢力と自民党親台湾派が結びつき、準備工作が軌道にのる前に強い反発が起きることを回避した。

さらに、米国政府に対しては、法眼晋作外務事務次官を通じて日本の中国政策の方針を伝え、台湾の法的地位とそれに関わる日米安保条約の「極東条項」についての立場に関して、米国側の諒解をあらかじめ得ようと画策した。そして、台湾に対しては、中江要介参事官を通じて、のちに述べる「別れの外交」を展開する。

これに対して中国は、七月二二日に大平・孫平化会談を通じて、「復交三原則」について柔軟な態度を示し、訪中が実現した場合には田中・大平を辱めるようなことにはならないよう責任をもって対応すると伝えた。さらに、七月二七日から三回にわたり行われた周恩来と公明党竹入義勝委員長との会談記録、いわゆる「竹入メモ」で、①日米安保体制にふれない、②賠償請求権を放棄する、③日華平和条約は「黙認事項」として扱うことなどが示された。

大平外相がこの「竹入メモ」を確認した八月四日に先立ち、二日前の二日には外務省における準備作業をオープンにし、外務省内における準備を加速させた。田中首相は、八月四、五日と竹入から説明を受け、竹入メモの内容をうけて訪中を決意する。中国側は、竹入委員長を田中の密使として、重要なポイントについての立場をあらかじめ伝え、日本側の決心を促した。[19] 大平は、表面的には関与していないとの立場をとりつつ、実際には竹入と古井喜実の二つのチャネルを通じて、中国側との事前交渉を進めていたとみられる。[20] そして、八月一五日、田中首相は中国からの招待を受け入れ北京を訪問すると発表した。

（2） 対日強硬姿勢とさまざまな工作

こうした日中関係の急展開に対して、中華民国政府側はいかなる対応をとったのか。その目的とするところは何であったのか。七月一三日、蔣経国行政院長は、行政院院会において、「おそらく日本政府は近いうちに共匪といわゆる政府レベルの交渉を進めるだろう」との認識を示し、早急に対策を講じる必要を提起した。[21] そして、いつどのような内容で日本に対する態度表明を行うかについて外交部に検討するよう指示した。

七月一九日、蔣経国行政院長は宇山厚駐華大使と会見し、翌二〇日、沈昌煥外交部長は、「日本政府が国際信義と条約の義務を尊重して、是非をわきまえ、日本自身の基本的な利害およびアジア全体の安全に重大な結果を及ぼすことについて客観的な正しい判断をし、中共の政治的陰謀に乗せられることのないよう希望する」との注意を喚起する声明を発表した。[22] 宇山大使の一時帰国のタイミングに合わせ、日中間の政府レベルの交渉開始に対する中華民国政府の厳しい姿勢を、日本側に伝達したのであった。

しかし、その後日本において行われた外務省や外相との会談で、日本は台湾との外交関係を断ち中国との国交樹立を目指すとの姿勢が明確に示される。七月二一日、橋本恕中国課長は、林金莖政務参事官に対し、今となっては誰が首相となろうとも日中国交正常化は避けられないと述べた。[23] この報告を受けた外交部は、ただちに彭孟緝駐日大使に大平外相を訪ねさせた。二二日に大平・孫平化会談が行われたものの、外務省内ではいまだ極秘裏に準備作業が進められていた。二五日、田中政権発足後第一回目の正式な会談が行われたが、この席で大平外相は、彭孟緝大使、鈕乃聖公使、林金莖政務参事官に対し、「経済、文化関係は維持してまいりたい」と外交関係の断絶をにおわせた。[24] これに対し彭大使は、強烈な口調で抗議したが、大平外相は「やむをえない」と回答している。[25] 大平外相の日中国交正常化への決意は、すでに固まっていた。

この段階で、中華民国側は日本政府が台湾との断交やむなしとして中国との国交正常化へと進む方針を固めていることを確認したことになる。しかし、この会談について、中国国民党の機関紙『中央日報』は、日本外務省関係筋の情報として「大平首相はこの問題に関し密接な接触を保つべきであるとの認識について、彭大使と一致した」と伝えただけであった。[26] 台湾の国内に大きな動揺を引き起こしかねない日本との関係断絶の危機にあたって、その報道は相当に抑制されたものであった。

一方、日本では一時帰国した宇山大使と大平外相らが対応策について協議し、日本の台湾への姿勢として「最大限の誠意」を示し、台湾側の理解を得ることに全力をあげるとする。[27] 問題は、「最大限の誠意」をいかに示すのかであり、それは大平外相のその後のいわゆる「別れの外交」の展開へとつながっていく。

台湾に戻った宇山大使は、七月三一日に再び沈昌煥外交部長と会談し、日本政府の立場を公式に伝えた。沈外交部長は、「中華民国政府は日本政府が推進するいわゆる『日匪関係正常化』への続きに対して断固反対し、また日本政府のさまざまな説明も絶対に受け入れることはできない」と強硬な態度だった(28)。

八月二日、日本外務省では、中国問題対策協議会の初会合において、大平外相の方針を明らかにし、それまで最小限の人員で練り上げてきた中国との交渉準備をオープンにして、全省体制での準備段階へと進んだ。そして、その方針は、翌三日政府の見解として外務省から発表され、国交正常化への出発点とされたが、この段階では、日中国交正常化への具体的な段取り、田中首相訪中などの詳細な検討が始められたにすぎなかった(29)。

このタイミングで蔣経国行政院長は、八月三日、再び行政院院会において、既定の政策に基づいた慎重な対応をとるとともに、起こりうるすべての状況に対して周到な政策を練るようにとの指示を出した(30)。この院会での指示は、七月二七日の院会に引き続き、関係各機関が十分に協議しコンセンサスを得るよう再度提起している点から見て、内部における意見や立場の相違があり、具体的な対策づくりが進んでいなかった状況を示すものと思われる。これまで対日政策の重要な局面に直接関与してきた蔣介石総統は、この年の七月二二日に心臓発作のために倒れ治療に入ることとなり、その後七三年一二月に退院するまでの一年あまりの間、手術を重ね、日記も十分に書けない健康状態に陥った(31)。そこで、行政院長である蔣経国を中心とした政策策定のプロセスが形成され、実際の対応が進められていくことになる。

韓国訪問の帰途に日本へと立ち寄った中国国民党中央委員会秘書長張宝樹は、このとき自民党の橋本登美三郎幹事長、鈴木善幸総務会長、櫻内義雄政調会長らと会談したが、田中首相や大平外相とは会談することなく帰国した。大平外相は、「党の人間だから党の人間に会って貰うのが当然だ」と言って応じなかった(32)。張は、佐藤栄作前首相らとの会談は行ったものの、政府要人との会談をついに実現できずに帰国することとなった(33)。

八月四日、五日と公明党の竹入義勝委員長と会談した田中首相は、周恩来との会談についての説明を受けて中国側の方針・姿勢を確認し、自らの訪中を決意し八月七日に発表する。これを受けて翌八日、蔣経国行政院長はより強い調子で、「中華民国政府と人民に対してきわめて友好的でない態度であり、中華民国政府はこれを厳正に譴責する」との談話を発表した[34]。

さらに一〇日には、蔣経国院長は第一二八五回院会において、以下のような指示を出した。それは、(1)経済発展を保持し、人民の生活を増進する、(2)全面的な政治革新を行い、国民のためのサービスを強化する、(3)社会秩序の安定ならびに進歩のなかでさらなる安定を求める、(4)国家の安全を強固にし、国防力を充実させる、という四項目を重要方針として、今後の措置を図るべきだとするものだった[35]。日本との関係については関係機関に対応策を練るよう指示しながら、こうした外交関係の変化によって国内状況が動揺したり不安感を高めることを避け、台湾社会の安定に軸を置き、その生活向上、行政サービスの向上と安全を重視する姿勢を示していた。

翌一一日午前、外交部では、「日本問題工作小組会議」が開催された[36]。この会議は、日中国交正常化に進む日本への対応を協議するとともに、今後の計画をごく限られた担当者によって策定していく体制をつくり上げた。実質的に具体的対応策を練り上げる作業の始まりであった。一一日のこの会議では、(1)八月末の日米会談で出されるコミュニケに米国が日中国交正常化への理解を示す文言を入れないよう、駐米大使に米国と交渉させる、(2)駐日大使は大平外相に対して強い抗議を出し、かつ書面による抗議も行うことが決められた。そして、今後の計画に関しては、経済部、財政部、教育部、僑務委員会、交通部、中央党部などの各機関の首長に対して、それぞれ次長クラスの担当者を一人指名させ、楊西崑次長と直接やりとりをする体制をつくり上げることとなった。こうした体制づくりは、情報の漏洩によるマイナスの影響を極力避けながら、秘密裡にかつ実務的に計画を作成していくためのものだった。

楊西崑は、少数の実務担当者と連絡をとり合い、具体的対応の検討に入った。しかし、それは日中国交正常化をいかに阻止するかという観点からではなく、むしろ日本が遅かれ早かれ中国との国交正常化を行い、その際中華民国との外交関係を断つとの前提のもとで、これにいかに対処するのか、そのタイミングを遅らせることはできるのかなどの点を中心になされた。

八月一五日には、田中首相が周恩来首相の訪中要請を受諾すると発表する。翌一六日、彭大使は一一日の会議の方針どおり、日中国交正常化の際には台湾の中華民国との国交は断絶する旨の大平外相発言に対し、口頭での厳重な抗議を申し入れ、かつその主旨を書いたメモランダムを手渡した[37]。大平外相はこれに、「『日中正常化』は時の流れであり、中華民国との外交関係を持続しえないことに関しては、『断腸の思いである』といいきった」という[38]。

（3）米国への期待と「極東条項」

沈剣虹駐米大使は外交部から「米国政府が田中政府に中共を承認すべきでないと勧告するよう、またもし米国が田中を阻止しえないのであれば、田中にスピードを落とせと要求するよう、米国に働きかけよ」との指示を受けた[39]。八月一一日の会議の結論に基づいた指示であった。沈大使はこれをうけて、キッシンジャー補佐官、ロジャーズ国務長官らへの説得工作を行った。すでに七月二五日にキッシンジャー補佐官との会談で、沈大使は、米国の日本への影響力行使への期待を伝えたが、「［八月末のハワイでの会談で］ニクソンは、『非常に強硬な言葉づかい』で田中に『ゆっくりいけ』と要求することはできる。しかし、キッシンジャーは、ニクソンは必ずしも目的を達するとは限らないだろうと考えていた」と、キッシンジャーとの会談の感想を記している[40]。キッシンジャーは、結局日本に影響力を行使するのかについては明確な回答を避けた。

しかし米国側は、日中国交正常化が日米安保体制および台湾を含めたアジアの安全保障に影響を及ぼすという点について、日本から台湾条項の修正を提起されたとしても応じられないとの強い姿勢をもっていた。井上正也の研究によれば[41]、大平外相は、米国の諒解を得るべく、法眼晋作次官をして対米工作にあたらせたという。法眼は、田中政権の中国との関係正常化の方針を伝え、台湾の法的地位については言及する立場にないとの日本の従来の主張を貫きつつ、政治的立場としては台湾は中国に返還されるべきと考えていると説明し、日米安保条約の「台湾条項」を堅持する立場を伝えて米国を安心させようとした。米国は、日本が疑念を抱かせるような声明を出さない限りは、米国も台湾条項について不必要な発言を行わない姿勢を示した。

八月一九日に来日したキッシンジャー補佐官に対して、田中首相は日中国交正常化の必要性を強く訴えた。キッシンジャーは、田中、大平それぞれとの会談で、基本的には日本側の説明を聞いているだけだった[42]。帰国後のニクソン大統領宛の覚書においても、日本はもはや引き返すことはできない段階にいる、日本に「緩やかに進める」よう求めることは得策ではない、との立場であったという[43]。実際、ハワイでの日米首脳会談に向けての事務当局間の共同声明案作成は八月中旬から始められたが、その段階ですでに台湾問題にはふれないことが決まっていた[44]。米国は、日米安保に支障の出ない限り、日本の中国との関係改善を押しとどめる理由はなかったのである。

台湾側の専門家の座談会などでは、日米関係について、中国との国交正常化問題に関し米国の日本に対する影響力はきわめて限定されているとの見解が出されたが[45]、ホノルルの日米首脳会談に対しては依然として期待感も強かった。たとえば、『中国時報』の八月三一日の「社論」では、日米首脳会談に対する二つの予測を掲げている。一つは、ニクソンがただ田中に対米経済貿易問題での譲歩を迫るにとどまり、日中国交正常化の進行については、自らも対中関係を改善している最中であるので「理解」を示すというもので、二つ目は、ニクソンは日米貿易関係の調整は長期的な問題であり、緊急を要しているわけではないので、日本が日中国交正常化の進行速度を緩めるように説得するというものであった。そして、社論では、八月半ばのキッシンジャー訪日も、政治的な課題の重要性のゆえだとして、後者の可能性に期待をかけていたのだった。

しかし、実際は前者に近い展開となった。日本側は、貿易不均衡問題への善処を示し、日中国交正常化にあたり日米安保体制の枠組みを損なわない立場をとることを表明した。この日米共同声明に対し、中国側は特別の反応を示さなかった。このことは、日本側にあらためて、日中国交正常化と日米安保体制の両立が可能だとの確信を与えることになる[46]。

台湾のメディアは、日米首脳会談後、「日本はすでにニクソン大統領の十分な理解を得たと考えているのだから、中華民国やその他アジアの国々の反対について、もはや顧慮することはないだろう」と失望を露わにした[47]。しかし、台湾の政府中枢では、もとよりそこまでの期待感をもってはいなかった。日米首脳会談の予定されている八月三一日に発表される可能性のあった「総統告日本國民書（第一次初稿）」も、結局使われなかった[48]。日本の動きを押しとどめるのはほぼ不可能だとの判断のなかで、蔣介石カードを影響力のない状況で安易に切ることへの懸念がまさったと考えられる。

しかしながら、米国が日本に対し急ぐなとブレーキをかけることはできないにしても、日米安保条約における極東条項、台湾条項がどのように扱われるのかは、台湾の安全保障にとってきわめて重大な問題であった。八月一六日の談話では、七月二〇日の外交部声明の再確認がなされたのに加え、「アジア太平洋地区の平和と安全を害する行動を停止」するよう「警告」がなされた。つまり、台湾およびアジア太平洋地区の安全、すなわち台湾の安全保障のために不可欠である日米安保体制、そして台湾がその「極東条項」の対象に含まれるかどうかに問題の焦点が置かれ、その枠組みに影響が及ぶことへの強い警戒が示されたのである。日中国交正常化への動きを緩めることができないとしても、この安全保障の点についてては、米国の日本に対する圧力に大きな期待がかけられたのだった。

3　大平外相の対台湾外交と断交後の関係をめぐって

（1）「台湾の法的地位」をめぐる日本の立場

「台湾の法的地位」について日本政府は、サンフランシスコ講和条約において台湾の領有権を放棄しているので、その帰属に関して「法的」に発言する立場にないという主張であった。しかし、「政治的」な立場としては、台湾は中国に返還されるべきだと考える日本側は、田中訪中時の中国との交渉において、台湾が中華人民共和国の領土の不可分の一部であるとする中華人民共和国政府の立場を「十分理解し、かつ、これを尊重する」との表現を提案した。しかし、井上正也によれば、中国側が「日本国政府は、カイロ宣言にもとづいて中国政府のこの立場に賛同する」という表現を提案してきたことで、栗山条約課長は第二案として準備していた「中華人民共和国政府の立場を十分理解し、ポツダム宣言に基づく立場を堅持する」との修正案を提示することになった[49]。台湾の法的地位については、中国側の主張を完全には受け入れないものの、法的には言及する立場にはない台湾の最終的な帰属について間接的な表現を用いながらあえて言及し、「一つの中国、一つの台湾」の立場をとらないことを示して中国側の理解を得ることを狙ったという[50]。カイロ宣言およびポツダム宣言の当事者のなかには、中華民国政府を代表して参加していた蔣介石がいたのであるから、中国の代表政府の承認を切り替えるとする日本のこの処理の仕方は、実際なんとも絶妙なものだった。

日本は、この台湾の法的地位については、主に法的整合性と安保条約、つまり対米関係の観点から考慮しており、米国との関係や米国の台湾の安全保障に関する立場に影響を及ぼさないようにとの配慮を行っていたことがわかる。しかし、それが台湾の将来や安全保障にどう関わるかという観点からの考慮は、ほとんど議論からは抜け落ちていた。台湾をめぐる地域の安全はほぼ米国任せという、この時の日本の立場が表れている。

(2) 大平の「別れの外交」——日本の「誠意」をいかに示すか

日中国交正常化に至るまでの過程を田中首相の決断として捉えるよりも、大平外相を中心とする緻密な作業の積み重ねとして捉える評価が定着している。それほどに、大平はこの過程で重要な役割を担い、さまざまな布石をうち、周囲の予測を超える頑固なまでの決意のもとで実行していった。

大平は外務大臣として、中国との間では、戦争処理をめぐる問題と台湾の法的地位の処理などにおいて妥協点を見出し、台湾との実務関係の維持についての了解をとりつけ、その帰結として国交正常化を成し遂げなければならなかった。一方、台湾との間では、日台実務関係の維持、在台邦人・資産の安全の確保を担保しながらも、日本側から外交関係断絶を宣言することなく、台湾側からの対日断交声明によって外交関係断絶を明示させる必要があった。そうでなければ、日本国内において、親台湾勢力や反田中勢力の議員らの反発が高まり、政権を維持しえない事態を招きかねなかった。この両立、三立をいかに図るのか。北京での直接交渉まで不確定要素の多いなか、一本の糸をたぐるようなプロセスが続いていった。そうした高い評価が可能である一方で、大平外相による対台湾外交への評価は、議論の余地が多々残されている。

台湾側は、政府内の対日強硬論の「暴発」を抑え、蔣経国の政権運営の安定を図り、かつ蔣介石の面子を維持しつつ、いかに中国大陸とは別の存在としての生き残りを実現するかという課題に取り組むことになる。長老派・保守派たちの対日強硬論や原則論、政権発足初期の改革への期待、外省人を中心とする政府内の安定など、蔣経国体制が不安定化する要因はいくつも存在していた。また、台湾人の動揺を抑えるうえで、日本との経済関係がどのようになるのかが注目され、日本が中国との間でいかなる合意に至るのか、あるいは中華民国政府は日本との経済関係をどのようなものにしていくのかなど、日中、日台の間での微妙な駆け引きが行われることになる。

日本の対中国交正常化への強い意志を突きつけられた台湾の中華民国政府は、この実現が時間の問題であると判断しながらも、短期的には日台関係について北京政府がどの程度まで許容するのか、その結果国交正常化にまで一気に行きつくことになるのか否かという点について、未確定な段階にあった。したがって、この段階で早々に日本との断交を宣言すれば日中関係の進展を利することになり、また断交後の日台実務関係の維持をにおわせてしまっても、日中の交渉を安易に推し進めることになる。そのため、公式の立場としては安易に妥協せず、田中訪中で国交正常化まで行きつかない場合もありうるとの一筋の可能性は残しながら対応していかざるを得なかった。

大平外相の台湾側に対する一連の働きかけは、のちに「別れの外交」と呼ばれるようになる。もちろん、台湾側からして「別れの外交」などという情緒的な表現が受け入れられるわけもないのだが、大平外相は「最大限の誠意」を台湾側に伝え、断交後の実務関係の維持と在台邦人・資産の保護が十分に配慮される程度に台湾側の「理解」を得るため、さまざまな措置を模索したのである。当時外務省アジア局参事官であった中江要介は、大平外相が当時「日中関係というけれど、実際は日台関係だよ」と口癖のように述べ、本当に難しいのはそれまで友好的に発展をしていた日台関係の処理の方であると考えていたという(51)。また、東郷文彦によれば、大平外相は「日中正常化はサンフランシスコ体制から一歩進もうと云うことであると考える。誰かがやらなければならないことで、外務省は功を誇らず今後の難問に対処しなければならない。台湾関係処理をはじめ、むずかしいことが沢山あるように思う。どうもなかなか明るい気持ちにはなれない」と語ったという(52)。

さて、大平はさまざまな難問を抱えるなかで、台湾への「誠意」をどのように表そうとしたのだろうか。これまでに明らかになっているいわゆる「別れの外交」とは、①特使派遣、②田中首相から蔣介石総統への親書、③台湾への密使派遣として知られている。アジア局長から「君には台湾の方を頼む」と依頼され、大平外相と密かに緊密な連絡をとり情報交換をしていたのは、先の中江参事官だった。どのタイミングで中江が関わりはじめたかについては明確ではないが、アジア局長から依頼されたということから考えると、八月初旬に外務省全体での準備作業が開始された頃のことであっただろうと推測される。中江は、特使派遣の際に台湾に同行するほか、台湾側の動きをつかむ役割を担っていた。

中江の台湾情報は、大平に内々に報告された。その情報は、主に中央通訊社東京支局長であった李嘉からもたらされていたようである。(53) 李嘉の情報は、中央通訊社社長魏蒙景から得られていたというが、魏は社長就任以前には情報工作や新聞局で活躍し、蔣経国とも近い人物であった。李嘉からもたらされた情報には、日中が国交を正常化したら、日本人の財産が差し押さえられる、飛行機が飛ばなくなる、日本の船は台湾海峡を自由に通航できなくなるといった脅迫めいた情報はほとんど含まれていなかった。(54) 大平外相には、非公式情報としてではあったが、台湾側が強硬な措置をとらないであろうとの情報が届いていたことになる。

大平は、台湾への「誠意」伝達ルートを模索した。日華関係をこれまでつないできたチャネルは利用できなかった。自民党親台派議員らを通さずに、台湾側のトップまで届くチャネルが必要であった。どのような経緯で白羽の矢が立ったのかは不明だが、もともと大平と個人的な付き合いのあったゴルフ仲間である辜寛敏が、大平の自宅に招かれた。七月のことであったという。辜は、そこで「日中国交回復は時間の問題だが、中華民国［台湾］との断交は日本として不本意だと本国に伝えてほしい」との依頼を受けた。(55)

もとは台湾独立聯盟のリーダーであった辜寛敏は、七一年に国連中国代表権問題が佳境に入った時期、蔣経国に対して台湾として国連に残留するよう書簡を送った。(56) その後、再三にわたり台湾に戻り蔣経国と会談するよう誘いを受けたが、ついに七二年三月に蔣経国との二人での会談を行う。この時期には、邱永漢はじめ、中華民国側の働きかけをうけて台湾へ戻る活動家たちが何人もいた。

辜は七二年三月、スペイン、エジプト、サウジアラビアなどの地を回りビザを取得して、香港経由でひそかに台北に戻った。台湾独立運動の指導者が、国民党政権に帰順したと大々的に宣伝に使われてしまえば、運動に壊滅的な打撃が与えられる可能性があり、秘密裡に行うことを中国国民党側と約束していたという。蔣経国は、辜との三〇〜四〇分の会談ではほとんど身動きせず表情も変えず、まるで辜の品定めをするかのようにじっと見つめながら話を聞いていたという[57]。ただ、話題が大陸反攻の実現不可能性に及んだ際には、「何があろうと、自分だけは信じている」と声を大きくして反論したという[58]。しかし、会談が終わる段になり、蔣経国が立ち去りながら、三度もお辞儀をしていく姿を見ながら、辜はこの人は尋常な人物ではないと感じたという。こうした経緯をなんらかの形で知らなければ、大平が辜にメッセージの伝達を依頼することはなかっただろう。

七二年夏、辜が大平の自宅に招かれた際、「誠意」云々の意思表示だけでなく具体策が必要だと要請したことを受けて、橋本中国課長は七項目からなる書簡を作成した。その七項目とは、以下のようなものであったという[59]。

(1)日台断交は外交関係のみ
(2)経済関係および人的往来に一切変化はない
(3)日台間の船舶の往来は従来どおり
(4)日台間の航空路線は民間協定を作成して継続
(5)公的資金による対台湾債権を放棄する
(6)大使館など台湾における日本政府の資産放棄
(7)日本における台湾の資産維持に努力する

辜は、台湾大学の同級生だった劉維徳経済参事官の助力を得て、台北の中泰飯店の一室で沈昌煥外交部長に書簡を手渡し説明した[60]。

（3） 橋本恕中国課長による善後策の提案

大平外相は、非公式チャネルだけではなく、橋本恕中国課長から駐日大使館へのルートによっても伝達を試みている。八月一五日夜、鈕乃聖公使と劉参事は橋本課長に夕食に招かれていた。田中首相が周恩来の招待を受けて訪中を受諾したことを発表した当日だった。鈕公使は、このタイミングで橋本課長に会うことに慎重になり、劉参事一人を橋本に会わせた。橋本は、劉参事に対して、ともに事務官である以上政策的問題について双方の政府を代表して相談できないことはよくわかっているが、断絶後の前後措置についてはできるだけ早く、非公式に相談を始めたいと伝えた[61]。そして、橋本は、以下の一二項目の提案を行っている[62]。

(1) 華僑居留問題：華僑の居留、期限など、実質上の変化はない。

(2) 民用航空運営問題：これまでの航空協定および交換文書は一旦失効するが、航空会社間、または日本の航空会社と中華民国民航主管局との協約、あるいは運輸省航空局長と中華民国民航局局長との私文書の交換などにより、民間航空関係を維持する。

(3) ビザ問題：中華民国は法律上は「中国以外の地域」に属することになり、駐香港総領事館の管轄のもとでビザ業務が行われるが、実質上変化はない。中華民国側は領事人員を民間の身分で派遣し、業務を行うことを妨げない。

(4) 貿易機構：東京に遠東貿易サービスセンター東京弁事処を設立し、存続させることをを支持する。九月以前にスタートさせてはどうか。

(5) 大使館資産処理：駐日大使館および各総領事館の財産権は中華民国政府に属すと考えており、妨害が発生する以前、つまり田中首相訪中以前に財産権の移行を秘密裡に進めておくことを提案する。
(6) その他、在日財経機構：日本内部では、中信局、中国国際商業銀行、招商局などの機構存続について、とくに反対意見は出ていない。
(7) 民間方式での分期借款での買い付け案件：従来の方針を継続する。
(8) 特恵国待遇：「地域」による特恵国待遇措置を与える。
(9) 在華日僑および投資：在台企業、日僑の撤退を求めることはなく、自由発展に任せる。生命の安全保護を望む。
(10) 日米関係：ハワイでの会談に向け、キッシンジャー特別補佐官は二つの条件のもとで国交正常化に同意している。甲、在日米軍基地の地位に影響を与えない、乙、中華民国政府の利益に重大な損失を与えない。
(11) 大使館閉鎖問題：閉鎖には、三〜六ヶ月の猶予を与える。
(12) 宇山大使の病気治療を目的とした帰国申請：職責を全うすることを求め、認めない。

そして、最後に橋本は、これらの項目はすべて法眼晋作外務次官と検討し同意を得ており、大平外相にも報告しているものであると伝えた。劉参事は、すぐに鈕公使に橋本との会談内容について報告した。外交部の命令では、こうした問題を日本側と交渉してはならないとなっていたが、鈕公使はきわめて情報価値が高いと判断して、劉が帰国する際に、ひそかに楊次長に報告させることにした。翌一六日、鈕公使は外務省で橋本課長に会い、非公式な意見交換であり、中華民国政府側の反応についてはあらためてお返しすると伝えたが、事が表沙汰になることを恐れて彭大使にはこのことを伝えなかったという。

実は、橋本との会談の前に、すでに一四日には楊次長から沈昌煥外交部長に「駐日大使館応変構想」が提出されていた。[63] この駐日大使館の構想では、すでに日本の国交正常化を阻止することはできず、「今後日本における対匪闘争を継続し、また中［中華民国］日間の経済文化関係を維持するために、日本に拠点を残すべき」として、政経分離の原則の上で日本と交渉、そのタイミングは断交後すぐであることが重要であり、この時機を失すれば取り戻すことは困難になるとしている。日中国交正常化後に中国からの圧力が強まり、身動きが取れなくなることを懸念していたのだろう。

また、断交後の領事館の維持については、楽観できないとしつつも第一案とすべきであり、もしそれが叶わない場合には、台湾商務代表処ないし台湾商務弁事処といった機構を設立するか、あるいは、「中華民国」という表現は日本側が受け入れないだろうと思われるため「台湾」の文字を「中華」に代えた機構を残すという内容であった。そして「官」の地位が維持できない場合には、「半官」の地位を得ることが必要だとし、そうでなければ経済・貿易・文化や領事事務に関わる活動はできないと主張している。

その後、断交以前に日本側と台湾側との間でなんらかのやりとりがあったのかどうかはわからない。台湾側が断交不可避として、国内的にであれ断交やむなしとする発言やその後の実務関係維持を受け入れるかのような態度を見せれば、日本の台湾擁護派からも批判を受ける状況下で、台湾側の断交後に向けた動きが台湾内部や日本側に知られることは、極力避けられていた。また、断交後の日台関係に関する日本側の提案をリークすることによって、日本の台湾擁護派を通じて、問題を拡大したり、日本の政争の道具化し、日中交渉を阻止するような試みも行われなかった。それは、日本国内の雰囲気が台湾との関係を重視する政治家でさえ、中国との国交正常化自体には肯定的な姿勢をもっていたからなのかもしれない。

4　日本からの特使派遣

（1）特使派遣工作

米国への説明と了解のとりつけと並行して日本政府が進めていたのが、台湾への特使派遣であった。先に述べたように八月一五日、田中首相が周恩来首相の訪中要請を受諾したことに対して、翌日、彭孟緝駐日大使は大平外相に口頭で抗議し、またその主旨を書いたメモランダムを手渡した[64]。このとき大平外相は、中華民国政府との外交関係の断絶やむなしとの態度でいることを示唆した[65]。

この会談における彭大使の姿勢は相当に強硬であったようで、大平外相は別のチャネルを通じて台湾に対して特使受け入れの交渉を行おうとした。特使の受け入れを台湾側に要請するために、大平外相は、外務省が専門員を派遣したのとは別に、自民党青年団の交流を通じて中国青年反共救国団（救国団）とのチャネルをもつ松本彧彦を派遣し、「トップ」への受け入れ交渉もさせている[66]。松本によれば、八月一九日に、大平外相は「彼［彭孟緝大使］は大変高姿勢な態度で僕に抗議をする一方なんだ。このぶんでは、とても特使を受け入れてくれるような雰囲気ではないのだよ。……もっとも大使レベルの判断で、諾否は決められるものではないのだが。君にご足労願ったのは、いずれ特使が決まったら、その受け入れ交渉を手伝ってもらいたいと思ったからなんだ。相手はやはりトップでなければ駄目だよ」と、強い調子で依頼を行ったという[67]。松本は九月に訪台し、張群と会談した。

自民党内の日中国交正常化協議会では、親台派議員が妥協せず議論がまとまっていなかったが、日本政府の動きはこうした動きとは別であった。大平外相は、日中国交正常化時点で台湾との外交関係が維持しえないことを、すでに口頭で幾度も台湾側へ伝達していた。そうした状況で、空席であった党の副総裁の地位に椎名悦三郎を任命し、日本政府は特使として椎名副総裁を台湾へ派遣することを発表する。八月二〇日、大平外相は田中首相と協議した結果、田中訪中以前に自民党代表団を北京に送ること、および台北に政府特使を派遣することを決定した。台湾への特使という困難な役回りに誰を当てるのかをめぐって人選は難航したが、八月九日頃より田中首相は椎名を自民党副総裁に推挙するための調整を開始していた。それは、台湾への特使として椎名を派遣するために、それなりの地位を与えておく必要があったからである。八月二二日の自民党総務会において、椎名は副総裁に指名されると同時に、特使の依頼を受諾した。

特使派遣の決定は、台湾側の合意確認がとれないまま発表された。七月下旬に宇山大使がこの特使派遣を提起した当初、台湾側が特使派遣を歓迎するとの情報のもとに特使派遣に動きはじめた外務省としては、「いまさら根回しする必要はなかった」との言い分であった(68)。日本政府は、中国との国交正常化への考えや現状を説明するために特使を派遣するとしていたが、実際にはその役割について、大平外相と椎名との間では明確なやりとりはできなかったといわれている。椎名の基本的な考えは、「最善の方策として、日本は日本流に、まず中華民国との国交関係は現状のまま維持し、新たに『中共』と国交を開く方式を考える」というものであり、二つの政権が存在するという現実を前提に北京政府との交渉にあたるべきだという姿勢であった(69)。大平外相との話し合いでは、大平が国家との付き合いについては、片方を選択すれば片方は断念せざるを得ないという考えを述べる一方であったのに対し、椎名は、台湾の扱いに関しもっと含みのある解釈を中華民国側にできるような説明を求めた(70)。

当時の椎名の考えでは、「台湾と日本との現実を重視し、あくまで『現状維持』を政府の方針として堅持し、日中交渉において、ねばりづよく相手方に迫る努力をすべきだ。結果として『断交』以外になし、となっても、台湾側がそれまでの日本側の誠意を認める余韻を残すだけの懸命の努力を払わねばならぬ」ということであり(71)、台湾への特使という苦しい役回りを引き受けた彼の意図が如実に表れている。しかし、大平外相や田中首相は、とにかく

「ただ、椎名は台湾と友好的な関係があるから、うまくやってくれ」というのみで、台湾側に何を説明するのかも明確にはなっていなかった[72]。大平外相の側からすれば、「日中交渉のポイントが台湾の扱いであることは明白であり、そのへんのことは改めて言わなくてもわかると思う。台湾との実務関係をいかにして守るかをいま何か言えば、日中正常化はできなくなってしまう。だから、そのへんは察してほしい」ということであったのである[73]。

（2）椎名特使受け入れをめぐる台湾側の姿勢

一方、台湾側では、椎名特使の受け入れにどう対処したであろうか。八月二四日の行政院院会においては、蔣経国行政院長は「もし日本側が正式にこの申し入れを行ってきたときには、中［中華民国］日両国には外交関係があるので、国際慣例に基づき受け入れを拒絶するものではない」との方針を示していた[74]。しかし、翌二五日付『中央日報』の社論では、椎名特使派遣について、「全く意義がなく、かつ必要もない」と受け入れ反対の立場を示し、「政府もこうした措置をきっと受け入れないものと信じる」とまで述べている[75]。これより先に、八月一九日付『中華日報』の社説でも、立法委員から行政院に対して厳しい質問がなされたことを指摘しつつ、「華日関係がここまでに立ち至った以上、もはや善後措置など話し合う余地は全くない」、「余計なことである」との激しい拒絶の立場を表明していた[76]。立法委員はじめ中国国民党のなかに、この受け入れに強く反対する意見があったとみられる。

こうしたなかで、八月三一日の行政院会における蔣経国行政院長の指示は、示唆的なものであった[77]。

［現段階の対日外交問題に関して］我々は終始国家全体の最高利益を顧慮する立場に立って、怠らず奮闘する。我々の原則としては、現段階の利害得失を考慮すべきであるが、また同時に、どのような措置についても、国家の今後の利益と生存環境に対して与えるその影響までをも顧慮しなくてはならない。中［中華民国］日関係

が引き続き悪化していくのを防ぐために、経済面・内政面・軍事面を問わず、すべて適切な臨機応変な措置をとり、国の総力を結集して、いかなる面からの挑戦をも迎え受けなければならないのである。

蔣経国院長は、既定の原則と政策は堅持するとしながらも、実際の具体的な措置については、将来の利益や生存環境に与える影響をも考慮しなければならないとの立場を表明している。また、それが日本との関係の文脈で述べられているという意味では、当時の対日経済措置や椎名特使受け入れなどの問題に対し、今後に向けて現実的な措置をとるべきであるとの蔣経国の姿勢を表していると読むこともできよう。

この間、椎名特使はじめ外務省も、特使は「説得大使」ではなく、台湾側の意見を聞き日本の状況を説明しに行くのだと幾度も弁明し、九月一日外務省は専門員を台北に派遣し、九月一一日か一二日に特使を派遣して田中首相の親書を渡したい旨を伝達した。また、自民党に勤務していた松本彧彦は、大平外相から訪台してトップと交渉してくることを要請された後、外務省の中江要介参事官と相談した。日米首脳会談を終えたタイミングで、中江参事官は松本の台北派遣へ動き出した。その二日後の九月一〇日に、松本は台北へ飛び、特使受け入れ工作を行ったという[78]。

松本は、青年団の交流を通じて関係のあった救国団の執行長である宋時選を通じて張群への面会を申し込み、九月一一日に張群に椎名特使受け入れを要請した。張群との会談は、外交部を通さずに最高レベルでの政治的判断で実現した可能性が高いものの、実際にこれが特使受け入れに対してどのような役割を果たしたかは明らかではない[79]。彼の行動には、こうした日台間の行き詰まりの際には、駐日大使を通さず直接張群に頼るという、自民党の従来の発想が表れていた。そして、松本は「貴国の受け入れ承諾の返事がいただけない現状から、自民党内の貴国を擁護しようというグループが、次第に窮地に追い込まれてきております」として、自民党の親台湾派議員の国内的状況への理解を求めるかたちで、説得を試みた(80)。

『記録 椎名悦三郎』によれば、台湾側から正式な受け入れ発表があったのは九月一三日であったが、沈昌煥外交部長から非公式の回答があったのはその四日前であったという(81)。先にも述べたように、国民党や立法院などで受け入れ反対の強い意見があったことは確かであった。なぜなら、反対者にとって特使の受け入れは、共産主義と手を組む田中政府に、ある意味台湾への誠意を尽くしたとの口実を与え、あるいは田中訪中の事実上の黙認に使われかねない懸念があったからである。その上、万一日本が断交通知をもってくるのであれば、この受け入れを決定した蔣経国行政院長がその責任を問われかねない。そこで外交部としても、特使受け入れの最終段階まで、断交通告ではないことを日本外務省に再確認するなど慎重な姿勢をとっていたのである(82)。

5　日華断交と実質関係の維持

（1）椎名特使訪台

椎名特使一行は、九月一七日に台北へ到着した。空港では、約三〇〇名ものデモ隊が特使一行の乗った乗用車を取り囲み(83)、車に卵をぶつけるなどした。台湾側が組んだ会談の日程は、一八日午前に外交部で沈昌煥部長、厳家淦副総統、午後に何應欽日華文化経済協会会長、再び沈昌煥外交部長、一九日午前に蔣経国行政院長、午後に張群総統府資政、その間に「中華民国国民意代表・日本国会議員座談会」など、宴席もないハードなスケジュールであった。これら一連の会談は、台湾側の強硬な立場を十二分に日本側に伝達できるように準備されていたのである(84)。

この他にも台湾国内では、監察院外交委員会や立法委員から、日華平和条約の破棄による戦争状態への復帰や、台湾海峡を航行する日本船籍の監視、演習の実施、日本との経済関係断絶など、非常に報復的で強硬な意見も出されていた[85]。また、田中訪中後の二六日には、国防部が日本漁船を拘留し臨検を行ったことが報道され、すぐに釈放されたものの報復措置かと思われるような事件も起きている[86]。

以上のように、もともと台湾国内では日本に対して非常に強硬な意見も出されており、台湾側は椎名特使一行の訪台を、こうした強硬な姿勢も含む厳しい態度を意図的に日本側に示す機会として利用した。この厳しい状況下において、椎名特使が携行した蒋介石宛の田中首相の親書が、九月一八日の会談の場で厳家淦副総統に手渡された。この訪問で椎名は蒋介石総統に会うことはできなかったと当時考えられていたが、実際には、この時期蒋介石はすでに体調を崩し、会える状態にはなかった。この親書は、「慎思熟慮して北京政府と新たに建交する」と表明しているが、石井明が指摘するように台湾との外交関係の断絶を明確に記してはいない[87]。そして、「本政策を実行に移すに當っては固より　貴國との間に痛切なる矛盾抵触を免れず　時に又粗略有るを免れぬことと存じますが　自靖自献の至誠を尽して善処し　閣下至仁至公の高誼を敬請する次第であります[88]」として、「善処」とはあるもののそれが具体的にどこまでを指すのかは曖昧にされていた。

この椎名・厳会談の内容は、石井明が詳しく紹介しており[89]、それによればこの席での厳副総統の発言は、基本的には「なぜ日本政府は媚匪行動に反対しなければならないのか――椎名悦《ママ》との会談の参考要点試案[90]」に基づいてなされたものであったという。同文書は、九月一四日に国家安全会議で原案が起草され、修正が行われた後、厳家淦副総統、張群総統府資政、蒋経国行政院長、沈昌煥外交部長、張宝樹国民党秘書長らへ送付されたものであった。椎名・厳会談の同日午後四時から行われた椎名・何應欽会談では、厳副総統と同様の内容を何應欽が述べたのに対し、椎名は「日華平和条約はある学者によれば、吉田首相がかつてその適用範囲は中華民国の実効力が及ぶ地域に限られるとし、将来中華民国が大陸を回復した後のことについては、のちにまた定めるとしたという。このことからいえば、日中国交樹立後、日華平和条約は廃棄されないということになる。田中首相はまだ日華平和条約への最終的な態度を決めていない」と述べている。[91] 日華平和条約締結交渉時に最も もめた適用範囲の問題については、その後外務省はこの条約が中国との戦争状態の終結を指すとして、特にふれなくなっていたが、椎名は学者の説と称しての遠まわしな意見表明によって、日華平和条約が廃棄される可能性についてあえてぼかしたように見える。

翌九月一九日、二時間以上に及ぶ椎名特使と蔣経国行政院長の会談で、椎名特使の説明は、日中国交正常化協議会の決定は田中首相・大平外相が北京で交渉を進めるにあたり準拠するものだとしており、次のようなやりとりがあった。[92] 蔣経国は、「日本政府および田中総理は必ず協議会の結論に準拠して中［中華民国］日関係を処理されるのか」と尋ねたのに対し、椎名は「協議会設立の総会に田中総理、大平外相とも出席し、その席上、必ず協議会の意見に従ってやると挨拶した」として、この点がまだ確定していないことを強調した。これについて、さらに蔣経国は、大平外相と彭大使との会談における発言を「国交断絶の事前通告」と受けとっていることを提起し、さらに日本側の真意を尋ねる。椎名はこれについても、「個人的な感想として、憂慮の念をいただきながら彭大使にこの見解を説明したもの」で「事前通告ではない」と説明した。

さらに蔣行政院長は私見として、「日華平和条約は、日本軍閥の失敗の後の日中友好の再出発点となったものであるが、今後ともこの基礎の上に友好関係を進めてゆくべき」と述べている。[93] これらのことから伺えるように、蔣経国行政院長らの関心の焦点の一つは、日華平和条約の取り扱いにあり、今後の日台関係が継続されるかどうかのポイントは、この条約の扱いいかんであることを示唆していたとも考えられよう。この会談が後日の日中交渉過程における大平外相の決断に影響を与えたかどうかは確認できないが、結果としては、外相談話による日華平和条約の終了という処理を選択した背景には、台湾側のこうした立場を考慮しつつ、戦争状態の復活など台湾国内の強硬論をかわし、日台実務関係を穏便に維持するための配慮が含まれていたと考えられる。

こうした椎名特使の台湾における発言は、台湾側ではさまざまな捉え方をされているが、「椎名は田中・大平と一体になって台湾に煙幕をかけにきたのではあるまいか」といった意見や、「椎名の真の狙いは、台湾の強硬な動きを制すること」という論もあったという。(94) さらに、当時駐日大使館政務担当次官であった林金莖は、「椎名先生の人格を信じて、［中華民国と］外交維持であったら、正常化は阻止できると、たかをくくっておった」と回想する。(95) 一方、この会談メモを残した中江要介は、この二人のやりとりを双方の芝居めいたものとし、日台関係の継続を不可能にしない範囲内で互いの立場を公的に表明し合った場であったと指摘している。(96)

（2）対日断交声明発出をめぐる最後の決断

最後の段階を迎えて、日本とのつながりの強い斉世英と梁粛戎は日本での工作を続けていた。九月二二日、赤坂プリンスホテルで福田赳夫との会談を行い、その報告を沈昌煥外交部長に送付している記録がある。(97) この記録について張群、黄少谷への転送も依頼していることから、この動きは対日政策のコアとなっていた外交部および国家安全会議メンバーとの連携のもとで進められていたと考えられる。福田はこの席で法眼次官に電話をかけ「中共との国交樹立と同時に中華民国との従来の関係を維持することは、法理論的拘束をうけるのではなく現実の問題だ」と述べて電話を切ると、「日華両国関係は特殊だから、過去には先例がなかったとしても、日本が新しい例を創り出すことができよう」と述べた。(98) これに対し梁らは、外交関係なくして経済・文化関係の維持はありえないと台湾側の立場を伝え、福田から田中に対する最後の説得を依頼したのであった。

本書では詳しく取り上げていないが、八月中には陳建中が来日して、岸信介、賀屋興宣ら自民党保守派への説得工作を実施しており、六〇年代までに構築してきた対日チャネルを使った田中への説得工作を行っていたことがわかる。しかし、この間接的な説得工作は、田中訪中による日中国交正常化への一気呵成のプロセスを引き延ばすことはできなかった。

九月二一日の田中訪中発表以降に外交部で作成されたと思われる『「日匪関係正常化」の最近の進展と我が方の対応方針(99)』という機密文書からは、「外交関係の維持はできない」としながらも正式には「断交」を口にしない日本に対して、台湾側が主導的に「断交」を宣言したかのような誤解を生じさせずに日本側の責任を明確にするにはどうすべきかという点を苦慮していたことがわかる。

この文書のなかでは、日中関係正常化に対する対応の原則として次の二つを挙げている。第一に、あらゆる外交チャネルを用いて田中訪中を阻止することである。そのために、声明の発表により厳正なる立場を表明し、日本政府に強い抗議を申し入れる一方、米国やアジア太平洋地域の友好国および日本各界の正義の人士と連携協力するとしている。このうち、アジア太平洋地域の友好国にどのような働きかけをしたのかについては明らかではないが、その他の事項についてはすでに見たとおり実施されていたといえよう。

第二の原則は、かりに田中が訪中を決意し中共との交渉を達成して外交関係の宣言に至った場合、その責任が日本政府にあることを、各国、日本の国民および台湾の内外の同胞に認識させることであった。このとき、田中訪中で発表されるコミュニケや公報の内容の可能性として、三つが考えられている。第一に、可能性は最も低いとされているが、アジアの緊張緩和や世界平和への貢献のために、交渉を開始するだけにとどまる。第二に、中共が中国の唯一の合法政府であることを認め、国交を樹立する。このとき中共は台湾はその不可分の領土であることを宣言し、日本側はこれに対して「承知」あるいは「理解」を示す。そしてこの場合、日中間では台湾側が対日断交をすると予測してコミュニケ等では断交を提起しないであろうと予想している。また、第三には戦争状態の終了、「平和友好条約」締結などが宣言される可能性があり、日華平和条約は公的に廃棄が宣言されるのではなく「自然消滅」するものとして、日本政府は日華平和条約廃棄の責任を逃れようとするなどの可能性が挙げられている。台湾側は日本側が中国との交渉において台湾との関係をどのように処理しようとしているかについて、すでにある程度の細かい情報をつかんでいたとみられる。

さて、こうした情勢にどう対処するかにあたっての問題は、日本との断交をいかに処理するかであった。台湾で検討された選択肢は以下の三つであった。すなわち、第一に、台湾側が単に日本との断交を宣言すれば、それがどのような形であれ、台湾から主導的に断交を宣言したと認識され、日本政府の責任を明確にすることができないことを懸念していた。そうなれば、結果として日本国内に対する責任という点で田中を助け、日中間の矛盾や困難を解消してしまうことにもなり、台湾国内の一般民衆にも誤解を与えることになるという。そこで、第二に、政府としてはとにかく厳正なる声明を表明して日本側に責任を回避させないよう対決を迫り、その後に断交声明を発するということになれば、国内においては政府の対応が慎重でかつ確固たるものであったとの評価が得られ、そして外交上も、中国共産党との闘争においても徹底的に最後まで意を固くして奮闘したということになろう。しかし、第三として、もしコミュニケなどにおいて断交の字句が提起されていれば、選択の余地なくただちに対日断交を宣言する。

九月二七日の院会では、日中の国交樹立に際して発表する声明について、第一に日華平和条約の歴史性・合法性、その一方的な廃棄の違法性などについての政府の立場と見解、第二に断交の責任はすべて日本の田中政府が負うべきであり、外交関係は「中断」すること、第三に発表の際には田中首相の政策と日本人民を区別し、特に日本の反共民主人民との友誼を継続することを、表明するよう指示された[100]。しかし、二九日の日中共同声明と大平外相談話が発表された後、事前に準備されていたはずの「断交声明」はすぐには発表されなかった。このために外交部の中にも、日中共同声明発表に際して「日本が台湾と本当に断交するのかどうか外務省に確認するように」との電報が駐日大使館に届くといったエピソードが示すように、希望的観測も一部にはあったという[101]。

『黄少谷文書』に残されていた「本会議『日匪結託』対応工作への参加大事紀要」という手書きのメモによれば、九月二九日に大平談話が発表された後、台湾側が当日夜に断交声明を出すまでの間、蔣経国行政院長、張群総統府資政、沈昌煥外交部長、黄少谷国家安全会議秘書長ほか、外交部および国家安全会議関係者は、午前中からずっと声明の最後の選択に時間を費やしていた。(102) 日本側のこれまでの声明や親書などの文面には、「断交」の二文字は記載されていなかった。これを詳細に検討し、日本側の「狡猾な」やり方にいかに対処すべきか、ニュアンスの異なる甲乙二つの案を準備していた。

このうち甲案では、「本政府は外交関係断絶を宣言する。そのすべての責任は日本政府が負うことを指摘する」と明確に説明されていた。一方乙案では、「日本政府のこれら条約義務を顧みない背信忘義の行為が、中〔中華民国〕日両国の国交関係の断絶をもたらしたことに対し、〔日本政府は〕完全に責任を負うべきである」としていた。甲案はより明確な内容であり、一方、乙案は誰が断交したのかを直接提起しておらず、若干の解釈の余地が残されている文面であった。

この案および英文原稿を再三にわたり検討し準備を進め、夕方五時四五分には張群からの電話でさらに修正意見が入り、六時一〇分、蔣経国院長、沈昌煥外交部長が国家安全会議に集結した。周書楷政務委員らも含めて最後の討議がなされ、「この重大な決断には慎重の上にも慎重を期さざるを得ず」、七時二〇分になりやっと最終決定が行われた。採用されたのは、断交および日本の友好人士との友誼の保持を明確な姿勢で示している甲案であった。最終決定後、厳副総統と張群には電話で決定が伝えられ、午後一〇時半に外交部から声明が出された。このメモからは、こうした関係者が出入りをしながら、七月以来最後の段階に至るまで数十回にわたる協議を続けてきたことがうかがい知れるが、そこでどのような具体的な討議が行われたのかについては、「トップシークレットの部分は記述できない」と記されている。

九月二九日、中華民国政府は日本に対する断交声明を発表、同時に声明の最後で「我が政府はすべての日本の反共民主の人士に対し、依然、引き続いて友誼を保持する」との文言を入れ、断交後の経済・文化実務関係の維持を表明した。大平外交が目指した二つの目標、すなわち台湾との外交関係は台湾側から断絶されることおよび断交後の実務関係を維持することという目標は、ここに実現することになる。日中国交正常化は、この台湾側との外交関係の断絶における二つの目標の達成なくしては、成り立ちえないものであった。

6 小結

日中国交正常化の裏側で起きた日華断交は、台湾の中華民国政府の「漢賊並び立たず」という頑なな原則のもとでの政策選択ではなかった。実際には、当時台湾側のもつ政策選択の余地は、きわめて限られたものだった。

日本側は、台湾を含む中国における政府として、台北にある政府ではなく北京にある政府を承認する立場への転換にふみきり、北京の中華人民共和国政府との国交正常化を発表、日中共同声明発表後の外相談話のなかで台北の中華民国政府との間の日華平和条約の「終了」を説明した。このとき日本には、一九六〇年代までに検討されてきた中国と台湾をめぐるさまざまな構想を具体的に考慮する姿勢はなかった。それらはすでに諦められた可能性・選択肢だったのである。そして、田中首相・大平外相のもとでは、台湾との関係をどう処理するかという問題は、主に国内的な考慮からなされていた。日本側の方針は、台湾をめぐる安全保障面は米国に任せ、経済・文化などの実務的な関係の維持を図ることによって、日本国内の台湾との関係を重視する勢力からの反対を抑え込み、かつまた日本自ら台湾との関係に直接ふれることなく日中国交正常化を成し遂げ、そして台湾の側から外交関係の断絶と断交後の実務関係の維持が宣言されるようにするというものだった。そして、それはほぼ成し遂げられた。

このとき日本が台湾側に提起していた断交後の実務関係のあり方は、公的な外交関係がなくなるものの経済や航空、人の往来など従来の関係には変更を加えないというものであった。台湾との関係の深い日本に対して、断交後の台湾との関係について中国側がどの程度まで許容するのか。台湾側、特に対日外交の最前線で動いていた人々は、日中交渉の成否を見定めつつ、この機をとらえて実務関係をしっかりと継続することができなければ、取り戻すことのできない損失を被る可能性を強く感じながら、その後の関係のあり方を検討していた。公式の外交関係がなくなった後にいかに関係を継続し、国際社会において活動空間を確保するのかということが重要だったのである。

蔣経国行政院長は、日本に対する強硬な姿勢をとりながら、大きな政策変更によって政権内部の動揺を引き起こすことを避けつつ、国際空間における経済・貿易・文化などのさまざまな活動を可能にしていくことで、台湾社会の危機感をやわらげていった。しかしそれは、台湾の中華民国政府が中国の歴史のなかから退出し、台湾とその周辺諸島を統治する政府として国際社会で存続していこうとする転換にまでは至らなかった。むしろ、国際空間における中国共産党政権との闘いにおいて、完全に負けることなく生き延び、将来のチャンスを保持するべく、自らの活動空間を確保し、経済的にも破綻することなく存在しようとした。そのために、戦術的柔軟性が見出されてくることになる。

この場合、中華民国の理想とする中国サイズの存在としてではなく、台湾サイズでの存在としての認知や活動空間の確保が求められることになるが、この時期に志向されていたのはむしろ中華人民共和国とは異なる存在として認知されるということであって、そこには台湾としての認知という志向が生まれてきたのではない。しかしながら、日華断交を皮切りとした七〇年代初期の国際的孤立化は、国際空間において中華人民共和国とは異なる存在として扱われることをめざした行動実践を生み出し、それ以後この行動実践が積み上げられていくことになる。その行きつく先が、台湾としての認知となるのか、中国大陸におけるなんらかの要因による中国の政府への返り咲きとなるのか、あるいはそうした行動実践の断念というかたちになるのかは、この時点では見えていなかったに違いない。

第八章　外交関係なき「外交」交渉

1　航空路線問題の外交問題化

(1)「一つの中国」論と日中台関係

近代国家としての中国だけではなく、文化的意味における広義の中国と日本は、地政学的にも歴史的にもつかず離れずの微妙な関係にあるうえ、近代以降の歴史においては日中戦争という過去を有している。また、歴史的に中国史のなかに含まれた経験を有しつつも、その境界領域に属し地政学的にも歴史的にもはざまに存在してきた台湾は、日本との間に政治・経済・文化において密接な関係を形成してきた。このため、台湾をめぐる問題についての中国から日本への圧力は、非常に大きいものとなっている。それゆえ日本は、中台をめぐる問題が象徴的に表れる場となってきた。もとより、中国と台湾の政府がそれぞれに主張する「一つの中国」という言説は、一九五八年の長崎国旗事件をはじめ、第三章および第六章で考察した国連における中国代表権問題、第七章で見た七二年の日中国交正常化と日華断交など、戦後の日本外交においてもさまざまなかたちで作用してきた。そして、それは現在においても、中台関係とそれをめぐる国際関係における一つの軸として、さまざまな展開と拘束を生み出している。

第六章で見たように、七〇年代初めの外交危機にあたり、蔣経国は蔣介石との共通点をもつ長期戦略の上で、外交の意味を柔軟化しつつ「実質外交」を打ち出した。しかしながら、その政策の本質は、台湾としての存在について国際的認知を獲得していくことを目的としたものではなかった。それはむしろ、中台関係の帰結については将来の状況の変化に可能性を残したものであり、短期的には「中共との妥協なき闘い」であり、「中共の対台湾孤立化戦略の打破」であった。そして、いわばこの「内戦の延長としての外交」が、実質外交や外交の柔軟化を国内的に正当化する論理であったのである。その実質外交において「内戦の延長としての外交」の側面が典型的に表れた一つの事例が、日台の航空路線問題であった。

本章で考察する日台航空路線断絶事件とその復航は、七二年九月の日中国交正常化と日華断交後の日中台関係の再編期に問題化したもので、七四年四月二〇日に空路断絶が発生し、翌七五年九月に空路再開の一番機が飛ぶまでの間、日台それぞれのフラッグ・キャリアである航空会社の飛行機が往来を停止した事件であった。この日台航空路線問題は、断交後の七四年に、小林正敏が日本の政治過程の問題点を中心に事件の経過を分析したことがある以外は[1]、多くの場合、日中航空協定締結に付随する事件として、あるいは日中交渉における一つの争点としてふれられてきたにすぎなかった。しかし、近年の外交文書の公開をうけて、本格的な実証的研究成果が出されるようになった[2]。

この問題は、単に日中台関係の一つの争点として、航空路線をどうするのかという問題であっただけではなかった。第一に、中国は日本との国交正常化交渉の過程で容認した日台実質関係の継続について、「一つの中国」の原則の下で、日中関係を国家間関係とするのに対し日台関係を地方レベルのものとして位置づけようとする対台湾外交闘争を展開していた。それに対し台湾政府は、日本との実質的な関係維持という方針に基づき、その実質関係を中国との外交闘争のなかでどのように形成したかという過程が、この事件の経過には表れているのである。第二に、この過程は、台湾の国内政治の文脈においては、対日政策の中心軸が蔣介石—張群ラインから新しいラインへと移行し、その新しい体制がどのように機能しうるのかを表すケースであった。本章では、この二つの側面を中心として、航空路線問題をめぐる日中台関係の展開を考察していく。

これまで述べてきたように、日本は、戦後否応なく「一つの中国」をめぐる状況に巻き込まれてきた。その状況のなかで、七二年の日中国交正常化と日華断交という日中台関係の一つの転換を経つつ、さらにその後の日中台関係の構造が再構築されていく。一九五〇〜七一年の期間における米国の対台湾政策は、中国「封じ込め」の基地として台湾に戦略的価値を置いていたのであり、中国ナショナリズムからくる正統性の争奪という内戦の要素は取り除いてしまう方が好ましかった(3)。そして、すでに第六章において詳しく見たように、七二年二月の上海コミュニケにおいては、「米国政府は、台湾海峡両岸のすべての中国人が、中国はただ一つであり、台湾は中国の一部分であると主張していることを認識している。米国政府はこの立場に異論をとなえない」としている。すなわち、このときの米国の大統領ニクソンは、中国側から米国と台湾との防衛条約を糾弾しないという譲歩をとりつける一方で、中台双方が「中国は一つであり、台湾は中国の一部である」と主張している事実を認め、台湾問題の実質的な最終決着については先延ばしにしつつ、台湾をいっそう独立させるような支援は行わないことを中国に確約したのである(4)。そのため同コミュニケは、沈剣虹駐米大使とキッシンジャー大統領補佐官との会談に見出されるように「中国人」(Chinese)や「中国」(China)という字句を用いることによって、米中台それぞれの立場からの解釈を可能にする余地を残していたのであった(5)。

日中国交正常化における台湾問題の処理については、すでに第七章において述べたとおりであるが、外交関係断絶後の日台関係に対し日本政府は、一定程度の支持を表明していた。たとえば、財団法人交流協会と亜東関係協会の民間取り決めの締結に際して、二階堂進官房長官は「日本国内法の範囲内で、政府としてもできる限りの支持と協力を与える方針である」と言明している。しかし、この方針の範囲内で、日本政府がどのくらいの支持と協力を行い、また日台間の実質関係維持機構がどのような実質的機能を果たしうるのかについては、機構設立の段階においては依然として未知数のままであった。

日中友好に反しない範囲内で台湾との関係を維持するという行動準則が、「友好」かどうかという判断基準を中国に委ねることになりうるという点で、台湾の対日外交はある意味において危機的状況にあった。七三年から七四年の断航に至るまでの日台航空路線問題は、まさに「日中国交関係下での、中華民国との関係の限界を明らかにする初めてのテスト・ケース」であったのである。(6) そして、断交後の日台関係のあり方が未確立な状況において、台湾からは東京弁事処初代代表として馬樹禮が着任し、まず航空路線問題への対応が迫られることとなった。このとき亜東関係協会東京弁事処初代代表として派遣された馬樹禮は、中国国民党中央党部海外工作組主任を一〇年にわたって務め華僑工作を中心とする海外工作の専門家であり、立法委員、国民党中央委員会委員でもあった。彼はそれまで表立って対日政策に携わることはなかったが、第五章でも見たように宣伝外交綜合研究組の一員であったりと早い時期から対日工作に関わっており、蔣経国の信頼が厚い人物であった。

(2) 問題の政治化

航空路線問題は、路線権や以遠権の問題であるとともに領空主権の問題であるため、航空権の交換という行為は、台湾の外交関係および実質関係のレベルを測る一つの指標とされることもあり、また外交上の孤立を打破するための手段としても位置づけられている。(7) そのため多くのケースで問題が生じている一方、フラッグ・キャリアの中華航空が就航するすべてのケースで政治的な問題が生じているわけではない。(8)

日台航空路線は、一九七四年四月から一年四ヶ月の間断絶した。この間、日台航空路線に就航していた中華航空と日本航空（以下、日航）が就航を停止したが、それによって人々が日台間を直接往復することができなくなったわけではない。当時、この二つの航空会社以外に、キャセイ、ノースウエスト、トランスワールド、ベトナム、タイ、マレーシア、シンガポール、大韓航空の八社が就航していたが、日台間の旅客数のうち三～四割が日航、一～二割を中華航空が占める状況であった。(9)

フラッグ・キャリアである二つの航空会社の飛行機が日台航空路線への就航を停止したこの事件は、その直接の原因が、七四年四月二〇日の日中航空協定調印の際に発表された大平正芳外相の談話にあったとされる。この大平外相の談話とは、中華航空の社名と旗の性格に関する日本政府の認識について述べたもので、日本国政府は民間取り決めを通じて日台航空路線を維持していく方針であるとしながら、中華人民共和国政府に対して下記の見解を表明したことを明らかにした。(10)

日本と中華人民共和国との間の航空運送協定は国家間の協定で、日台間は地域的な民間の航空往来である。日本国政府としては日中両国の共同声明に基づき、同声明が発出の日以降、台湾の航空機にある旗の標識をいわゆる国旗を示すものとして認めていないし、「中華航空公司（台湾）」を国家を代表する航空会社としては認めていない。

問題となったのは、「台湾の航空機」以下の部分であった。これに対して台湾の沈昌煥外交部長は、次のように宣言した。(11)「大平は、その発表した無礼な談話のなかで、中華民国の国旗を認めず、我が国の尊厳と権益を重大に損ない、日華両国民が戦後力を合わせて打ち立てた友好関係を再び傷つけた。我が政府は国家・民族の尊厳を擁護するため、中共の威圧に屈服することによって我が国の権益を損なう、いかなる事情をも絶対に容認できない」とした。そして、中華航空の日台路線への就航を即日停止することを決定するとともに、「国際慣例の相互原則」に基づいて日本の航空機の中華民国管轄下の飛行情報区（ＦＩＲ）および防空識別圏（ＡＤＩＺ）への侵入を許さないと表明したのである。

この声明では、大平外相を名指しで非難しており、七二年九月の断交声明以上に激しい怒りを表していた。その断航の原因は「国の尊厳と権益を重大に損な」ったことにあるとされており、また、断航は「国際慣例の相互原則」に基づいていると主張されている。したがって、この二つのポイントを中心に、なぜ大平声明が断航を引き起こすような内容で出されなければならなかったのかを考察するとともに、日中台関係において断航事件のもつ意味を考察する。

まず、外交において日台航空路線が問題として取り上げられたことの意味に注目してみよう。日中航空協定交渉において日台路線が表立って問題として取り上げられたのは、七三年二月末のことであった。中国側は、中日友好協会会長である廖承志が訪日した際に、同じ空港に中国機と台湾機が並んだら漫画だと発言し、台湾問題が避けて通れないことを日本側に示唆した。それ以前の段階においては、日中どちらの側の原案でも台湾問題についてはふれていなかった。しかし、その後の日中間における航空協定の交渉過程で問題となったのは、日中航空協定に関する技術的な問題ではなく、むしろ日台路線の処理であった。すなわち、それは日台関係を日中間でどのように位置づけるかということであったのである。

七三年三月一〇日から北京において始まった予備交渉のなかでは、中国側は次の二点を問題とした[12]。すなわち、一つには、日台路線がどのような根拠に基づいて維持されているのかという点であり、二つ目には、国交正常化後も従来と同じように台湾の飛行機が「国旗」を意味する旗、あるいはシンボルマークをつけて往来しているのはなぜか、という点であった。

これに対して日本側は、第一の点について、日本の航空法に基づき、国交のない国や地域との間の航空路線は政府の許可によって運航ができることを根拠にして維持されているとの立場をとった。そして、第二の点については、青天白日満地紅旗（以下、青天白日旗）[13]をつけた飛行機と中国の飛行機が同時に飛行場に並ぶという事態が起こらないようにすれば問題は解決すると考えていた。たとえば、離着陸の時間や曜日の調整、あるいは使用する空港の調整などにより、技術的な問題として調整することができれば、中国との交渉を続けていけるものと判断し、またそう対処していたのである。[14]

一方、中国側は、「中華航空公司の社名」と「機体の旗」を政治原則にかかわる重要な政治的問題と考えていた。日本は当初中国との交渉における問題を解決するために、中華航空の名称変更や日本での整備業務およびカウンター業務の日本側への委託、飛行機上に青天白日旗を使用しないことへの協力を台湾側に求めた。しかしながら、これを政治問題と捉える台湾の政府において、日本側の要請が受け入れられるはずはなかった。そして、台湾側との交渉が行き詰まったために、日中間の交渉も進展しない状況に陥り、交渉は日中共同声明発出以降すでに一年を越えても妥結しない状態が続いた。

七四年一月、大平外相は日中貿易協定締結の名目で訪中し、姫鵬飛外交部長や周恩来首相との会談を重ねた。その結果として、中華航空の東京からの以遠権を認め、その名称および機体の旗の変更を求めない代わりに、日本政府が別途認識を表明することで中国側の了解をとりつけることができたのである。[15]大平外相は、これで日台路線に実質的に大きな変更を加えることなく路線維持が可能となり、また自民党内の親台湾派議員らを説得できると判断した。[16]

一方台湾側は、中国側と同様にこれを当初から深刻な政治問題として受けとめていた。七三年三月一九日の自民党本部での会議には、一月二六日に駐日弁事処初代代表として赴任したばかりの馬樹禮が招待されたが、馬は席上

「我が国の中華航空公司の航空権を損なうようなことになれば、容認できない。航空権を守るためには、日本の飛行機に我々の飛行情報区および防空識別区を通過する権利を与えない」こともあると警告した[17]。

2　航空路線断絶の政治過程

(1)　台湾の国内政治における問題の位置づけ

台湾の外交部は、五月四日付で、日本側が北京の言いがかりに屈服して現在の日台航空関係に影響を与えるようなことを一方的に決定し、取り返しのつかない事態を引き起こさないよう要望する旨を日本外務省へ伝達するよう、亜東関係協会を通じて交流協会に要請した[18]。外交部のこの動きは、日中間の第二次予備交渉で航空問題の技術的問題についてはほとんど決着したものの、日台航空路線をめぐる問題の意見調整ができずに、交渉の継続が決定された状況を受けてのものであった[19]。すなわち、日本政府が日中航空協定の予備交渉の行き詰まりを打開するために、台湾の関与しないところで日台路線についての話し合いを進め、なんらかの決定を行わないように、台湾側としては先手を打ったのである。

このときまでに、日本の新谷寅三郎運輸相は、日台路線は航空協定や交換公文ではなく、日本の航空法に基づき「政府の許可」によって運航しているとの立場を表明していた。それは、形式的には便数の増減などについての一方的な変更が可能であるとする日本側の姿勢を表したものであった。先に述べたように、日本側はこの形式にのっとった発着時間や乗り入れ空港の調整などにより技術的に問題を解決しようとしており、それによって日台航空路線の継続について中国側の了解を得ようとしていたのであった。

これに対し、台湾の外交部における会議では、五月二四日、日本側が中華航空の乗り入れ空港について、現在の東京・大阪から名古屋への変更を要求してきた場合、日航の日台路線への就航権を取り消すこともありうるとの方針が決められた。(20) そして、この方針は、五月二五日の中華航空公司総経理周一塵のコメントでもさらに裏づけられ(21)、また、交通局は航空権の平等を主張するとともに、中華航空にとって経済的損失が大きすぎるとの立場から、乗り入れ地点の変更に反対していた。(22) この時期の台湾側の方針について、もし日本が変更を一方的に決定すれば経済・文化その他の交流に影響が出ることになるとして、各関係機関は「強硬な態度」で臨むとの結論に達している旨を、『中央日報』は再度報じた。(23)

『中央日報』は情報源としての権威を徐々に高めていき、政策決定前の「アドバルーン」として、党や政府の意向を受けて「権威筋」からの情報として伝える記事を出すことがある。(24) 六月七日付の権威筋からの情報としての報道は、まさにそのアドバルーンであったと考えられる。その報道の趣旨は、①中華航空公司は純民間航空企業であり、政府はこれを国家を代表して国際線に就航する航空会社に指定している、②台湾の政府は日台双方の航空権の発展を特別に重視し関心をもっている、③もし日本が現行の航空路線（空港および以遠権を含む）を一方的に改変すれば、我が国は双方の飛行機のFIRおよびADIZ通過について再検討する、などであった。(25)

台湾側は、アドバルーンとして出したこれらの情報に対する台湾国内の反応のみならず、日本側の反応にも注目していた。『中央日報』東京特派員黄天才は、このニュースが日本側で非常に重視されていると伝えた。すなわち、日本政府をはじめとして一部の人々は、台湾は断交時でさえ強硬な措置をとらなかったのだから、より小さな問題である航空問題で強硬措置を実施するはずがないと考えており、先の台湾側の強い姿勢を伝えるニュースに衝撃を受けていると分析した。(26) さらにその分析では、日本は実務関係および経済的利害の面からこの問題を見ており、個別に処理すれば解決は難しくはないと考えているが、台湾側は原則および日台全体の関係から見ているとして、日台間の認識の相違を指摘している。

では、日台関係全体からこの問題を位置づけるとは、一体航空問題をどのように考えるということになるのか。それは、台湾との実務関係を維持していく方針の日本が、これに待ったをかけようとする中国に対してどのように対処するのか、あるいは日本が考える「日中友好関係を阻害しない範囲内で」とは、具体的にどのようなものなのか、そうしたことの重要なテスト・ケースとして航空問題に対処するということであった[27]。この黄天才特派員の報道は、この問題に対する駐日弁事処の認識をかなりの程度反映したものであったといえよう。

その後、七月一四日には、外交部スポークスマン柳鶴図情報司長が、「もし、日本政府が実際に中共の圧力に屈して譲歩すれば、我が政府は惜しむことなく、中華航空機の日本離着陸および東京FIR通過の権利を放棄し、同時に相互主義の原則に基づいて、日本民間機の飛来および通過を許さないなどの相互的な措置をとる」と発表した[28]。そして、台湾側は、第一に中華航空の飛行機は必ず東京で離着陸すること、第二にこれまでの以遠権をもち続けること、第三に中華航空会社の名前は変更できないこと、第四に飛行機上の国旗は外せないことの四点を基本姿勢としたのである[29]。また、これら四点のうち、台湾国内向けに流されたニュースでは、第一および第二の点に言及しただけであったが、台湾側は後者の二つを重視していることを日本側に伝えていた[30]。また、訪台した交流協会の板垣修理事長も、台湾側はこの問題をきわめて重視し、結局のところ台北と北京との政治的闘争と考えているという感触を得ていた[31]。それらの感触は、台湾側が日本側に対して明確に伝達しようとしていた点であったのである。

八月七日、馬樹禮代表と板垣理事長の会談では、板垣の私案として、(1)中華航空の名称の変更、(2)地上業務の委託、(3)青天白日旗を日本への飛行機にはつけないことなどを、台湾側からの提案として日本側に提出するという案が提示された[32]。板垣がこの提案について台湾側から自発的に行ってほしい旨要望した背景には、大平外相および外務省が、この提案が公になれば日華関係議員懇談会(以下、日華懇)メンバーら親台湾派議員たちの反発を招くと予想していたことがあった。そこで、台湾側からの妥協案の提示ということになれば、彼らのそうした反発も根拠を失うと考えたのであろう。しかし、これに対して馬樹禮代表は、日本側は台湾側を過小評価しているとし、断固として拒否した。(33)

台湾側は、もし外相が中華航空の名称と航空機上の標識について中華民国の尊厳を損なうような認識を表明すれば、断航を辞さないとの姿勢を崩さなかった。七四年一月、大平外相は中国から帰国すると、中国側との合意をふまえて日本側の基本姿勢を六項目に整理し、いわゆる「外務・運輸両省案」(六項目パッケージ案)として自民党の外交調査会、政調会外交・交通両部会、航空対策特別委員会の合同会議で提示した。この案の正式な提示以前から、日華懇や青嵐会のメンバーたちは、中華航空についてなんらかのかたちで名称等に変更を加える決断がなされたのではないかと懸念していた。しかし、福田篤泰外交調査会長と佐藤孝行交通部会長らが、党内の意見調整をし、日台路線はほぼ現状維持がなされるとの説明をしたことで、親台湾派と呼ばれる議員たちも、一旦は「特に反対する理由もないのではないか」と考えはじめていた。(34)この合同会議に先立ち、日華懇副会長であり青嵐会所属の藤尾正行議員は、外務・運輸両省案を入手して急遽台北へと飛び、一月一五日に蔣経国行政院長との会談を行った。(35)藤尾は、合同会議を前にし、台湾側の最高指導者との会談により台湾側の強硬姿勢に変更のないことを確かめた。そして、「北京側の考えに沿って日台空路の取り扱いを決めることは許されない。とくに中華航空(台湾)と呼ぶのは北京の主張によって台湾がその一省であることを意味付けるものだ」と、蔣経国行政院長の言葉を根拠として猛反対したのである。(36)

一方台湾では、この頃からもはや「航空権の平等」といった次元で議論されるのではなく、政治的観点からこの問題に対処するとの姿勢が明確に示されるようになった。「一つの中国」「中国の唯一の合法政府は中華人民共和国政府である」「台湾は中華人民共和国の一省」との原則的立場を強調する中国側の姿勢をふまえ、一月一八日に台湾側の回答が亜東関係協会の張研田理事長から交流協会板垣修理事長へと伝えられた。回答では、「政治的視点から見れば、本件は中華民国と中共間の闘争の問題であり、中共と決して妥協しないわが基本的立場に基づき、およそわが国の尊厳および基本的立場を傷つけるいかなる建議にも、いささかの考慮もしない」と述べられており、その付帯説明では、日台路線については日台間で決めることであって、日本と北京との間でこの問題についてなんらかの協議がなされることに強く反対していた(37)。

すなわち、台湾側の「中華航空公司の社名」と「機体の旗」へのこだわりは、政治原則との関わりによるものであった。そして、政治的な問題については台湾と中国との問題であり、日本はこれに直接関与すべきではなく、日中航空協定については日本と中国との間で処理し、日台航空路線については日本と台湾との間で処理するということを要請していたのである。台湾側は、民間協定で航空路線を維持することや羽田空港の使用などの技術的問題には基本的に同意するとしながらも、次の点には反対した。すなわち第一に、日本が中華航空に言及する際に「中華航空（台湾）」とすること、第二に、営業所などを委託することには反対し、名称や国旗の問題で「国家の尊厳」を傷つけることには同意できないと表明していた。

台湾政府の側からすれば、国旗や社名の変更などについての中国側からの要求が、日本を通じて台湾政府に突きつけられた様相を呈していたのであり、単に日本との間の航空路線問題ではありえず、日本を介した北京との政治闘争となっていた。台湾側はこれについて、「単に航空路線の利権を争っているだけではない。最も重要なことは原則の問題であり、我々は是非を争い、国家の尊厳という点で争うのだ」と強調し(38)、また「国旗を汚辱から守ることは、原則上の重大な問題であり国家の名誉に関わる問題である。中華航空の収益と引きかえられる性質のものではない」と主張したのである(39)。

これ以降、立法院はじめ国内の保守的および強硬な意見はいっそう強まり、日本との航空問題はもはや妥協すべき問題ではないとの議論が盛り上がっていった。一月二六日の中国国民党中央常務委員会（中常会）臨時会議では、「国家の尊厳と権益とが侵犯されるのを許さないという行政院の事務担当同志のこれまでの立場」に対し全面的な支持が与えられた。[40]これら保守的な強硬論は、実質的な政策決定における影響力という点では大きな役割を果たしたとはいえないが、台湾の国内の権威ある機関・組織において出された決議は、第一にその議論を日本の議員が自らの主張の根拠とすることによって自民党内での議論に影響した。そして第二に、トップ・リーダーの決断や妥協の可能性についても枠がはめられ、その決定を拘束することになった。問題が日台間の実務的問題としてではなく、原則論として議論されるようになれば、立法院・中常会らの決議に反する決定を行うことは、蒋介石さえも困難を伴った。そして蒋経国も同様な困難に直面し、この問題で現実的な対応をとることはいっそう困難な状況が生まれていった。[41]

（2）大平外相の誤算

では、台湾政府が「国家の尊厳」を傷つけられたと認識する行為とは、一体何であったのだろうか。張研田理事長から板垣修理事長へ渡された先の回答によれば、「わが国の基本的立場と尊厳を傷つけること」とは、たとえば「中華航空の後ろに『台湾』と括弧したり、名称と国旗について、中華民国を否定するような声明を出したりすること」とある。[42]また、日本側が非公式なルートでさらにその意味を探ったところによれば、日本政府が発表する認識の内容についてぎりぎりの線とは、七二年九月の日中共同声明の範囲を超えないことであったという。[43]日中共同声明での台湾の取り扱いについては、すでに述べたように、中華人民共和国の台湾の帰属問題に対する立場を理解・尊重するというのが日本の立場であり、それについてはあらためて発言する立場にはないというものであった。したがって、もし日本政府が中華民国のフラッグ・キャリアである中華航空の社名の変更と国旗に関する認識を表明して、中華民国の国家としての存在を否定する言説を述べるとすれば、上記日中共同声明の立場を超えることになると台湾側は考えていた。

大平外相としては、先の外務・運輸両省案にしても、「あそこまで台湾のメリットを守ったのだから、よもや親台湾派からの文句はあるまい」と考えていた。[44] しかし、日本の議員のなかには、台湾に対しては強硬姿勢を崩さないように要望するとともに、台湾の強硬姿勢を根拠として反田中・大平の動きを繰り広げる人々がいた。そして、彼らの立場は、国会において台湾側の立場を支持する一方、日台航空路線問題を反田中のための政争の道具と化してしまった面があったことは否定できない。これによって、問題はいっそう複雑化していったのである。

強硬姿勢をとりつつも、なんとか断航を回避するための工作を続けていた駐日弁事処の馬樹禮代表および林金莖副代表らは、その一つの成果として二月末に民社党の永末英一議員と大平外相との国会での質疑応答を実現させた。そこでの大平外相の答弁では、「中華民国は三八ヶ国から中国を代表する政府として認められている政府として承認されております。したがって、いうところの青天白日旗が国旗でないなどという僭越なことは私どもは申したことはございません」と表明されたのである。[45]

しかし、こうした対日工作の成果は、もはや台湾国内の政治状況においては効力をもちえなかった。[46] 二月二八日の行政院院会では既定方針の堅持が確認され、訪台した板垣理事長も三月二日の張研田理事長との会談で、政治問題の解決が前提との姿勢を堅持する台湾側と具体的な交渉に入ることができないでいた。[47] 外務次官を辞任した法眼晋作は、「青嵐会があまりに騒ぐので、台北側も硬化した」と捉えている。[48] そして、さらに状況は錯綜していった。

七四年四月一〇日、藤尾正行議員は記者会見で自分が入手したという日中航空協定の交渉をめぐる公電と、調印の際に大平外相が発表する声明の内容を公表した。また、四月一五日までに交渉を妥結せよとの訓令が、外務省から北京の代表団に出されていることなども暴露された。[49] 日本では台湾との交渉が進んでいるとの情報が幾度も流れたが、台湾側は交渉は全く行っていないとの立場をとり、最終的に台湾側が警告から実際の断航措置へと進むのかどうかについて、日本外務省やさまざまな国会議員が訪台して情報を探ろうとした。そのことは、いっそう情報の混乱を招くことになる。

四月九日の監察院本会議での決議をはじめとして、立法院、監察院、国民大会それぞれの外交委員会においても、既定方針の堅持を支持すると表明された。そして、四月一一日には沈昌煥外交部長が談話を発表して、台湾は結局断航しないだろうとの日本側の観測を断固として否定した(50)。台湾へ戻った馬樹禮は、日本側の最終決定として、国旗を否定するような外相談話を発表することになるとの判断を伝えた。馬は、帰国直前に椎名悦三郎と会談し、「……外交形式として日本は声明を発表するが、大平が声明を発表して君らの国旗を承認しなかったとしたら、ただちに談話を発表して大平の声明を否定し、それは国旗であると述べる。これではまずいのか」との話を聞いていたのである(51)。

それまでの台湾側の強硬な発言や幾度もの警告にもかかわらず、大平外相をはじめとして日本政府側には、最終段階での断航はないであろうとの楽観的な判断があった(52)。しかし、台湾側が断航措置をとる可能性が高いという状況を最終段階になってやっと認識した日本側は、外相談話が中国に対してのみ出されることについてなんとか中国側の同意を獲得し、さらに四月一八日深夜になって談話を明文化しないことについての中国側との合意を得ることに成功した(53)。

日本政府の認識発表がたとえ中国向けのものであると限定されたとしても、もし台湾側がなんら措置をとらず、「台湾は中華人民共和国の一省」との中国の立場を台湾は暗黙のうちに容認したとの解釈がなされれば、中台外交闘争における台湾の立場は打撃を受けることになる。しかも、そうした前例がその後に行われるであろう海運や漁業に関する日中間の実務協定および日中平和友好条約に適用されていくことになれば、その積み重ねの結果として、日台関係は地方レベルの交流にすぎず、その問題は日中の枠組みのなかで扱うという状況が制度化していくことが懸念される。したがって、断航措置はそうした形で日台関係に枠がはめられることを拒否する台湾側の姿勢を表していたのである。すでに見たように、そうした台湾側の立場は、八〇年代後半からの李登輝時代の「現実外交」(務実外交)に通じる発想とは異なり、むしろ中華民国政府の政治原則である国体の堅持といった保守的な立場に基づき、中国の対台湾外交闘争への対抗措置として形成されたものであった。

四月一九日午前、蔣経国行政院長は、沈昌煥外交部長、楊西崑次長、高玉樹交通部長、中華航空公司董事長である徐煥昇、馬樹禮駐日代表を行政院に召集し、断航の最終決定を伝えた。この最終決定をうけ、同日深夜、馬代表をはじめ外交部関係者が集まり、翌日とるべき行動についての最終確認を行い、続いて東京弁事処へ通達の文書が発せられた(54)。こうして翌日すなわち日中航空協定の調印同日に、台湾は断航を宣言することとなったのである。

3 日台関係の転換点としての航空路線再開

(1) 台湾側の姿勢——復航への条件

大平外相は、最終的には台湾は断航しないだろうと判断していた(55)。また、外務省も、同様に判断を誤っていた。東郷文彦次官が断航後に馬樹禮代表と会談した際、日本が情報ミスによって判断を誤ったことを認めたという(56)。台湾側が幾度にもわたり断航するとの警告を行ったにもかかわらず、日本政府が断航はないとの判断をしてしまったのはなぜなのか。その原因については、日台関係の「外交」チャネルという点で、二つの重要な問題を指摘しうる。第一の側面は、日本の親台湾派議員の果たした役割という点であり、第二に、台湾の対日外交という側面に表れた台湾国内政治における権力構造の変動という点であった。

まず、第一の側面について、日本の親台湾派議員は、自民党内での議論において台湾側の利益を代弁する役割を担った。しかし、その一方で、台湾側の強硬姿勢を利用して、またその強硬姿勢を堅持することを台湾側にも要請しながら、反田中・大平の動きを繰り広げていた。すなわち、彼らの行動は、国会において台湾側の立場を支持する一方で、日台航空路線問題を反田中のための政争の道具と化してしまったのである。これは、外交問題を国内政治化させ、問題の解決を促進するよりも、いっそう複雑化させた。

このために、大平外相および外務省は、日華懇の議員たちを通さない台湾とのチャネル構築を模索する。すでに述べたように一九七三年八月、板垣理事長は馬代表と会談した際に、板垣私案としていくつかの項目について台湾側からの提示というかたちで妥協案を提起することを提案し、かつ日華懇の議員には秘密裏に事を運びたいなどの要請を行った。[57]しかし、馬代表はこの妥協案を断固拒否した。

また、八月末に日中通商協定の大枠が基本合意に達し、中国側は姫鵬飛外交部長の訪日および大平外相の訪中に積極的になった。外相の相互訪問が実現する見通しが強まると、日本としては懸案の日台航空路線でなんらかの決断を迫られることになるため、日本外務省は、早急に台湾の政府首脳との接触を検討した。そして、対日政策について影響力のある人物、もしくはその人物へのメッセンジャーたりうる人物と直接接触をしようと試みたのである。九月一八日、外務省政務次官水野清は、馬代表に対して、一〇月八日に中国課長の国広道彦と審議官一人がマニラにおいて、外交部次長楊西崑か中国国民党中央党部秘書長張宝樹と会談し、意見交換したい旨を伝えた。[58]これに対し馬代表は、日本とのチャネルを亜東関係協会に一本化させるとの方針のもとに、外務省が外交部や国民党首脳部との間に直接のチャネルを開拓することに賛成しなかった。[59]そして、台湾の外交部も、この外務省政務次官の提案を拒否した。拒否した理由について、台湾側はその態度や方針に変更がない以上あらためて話し合う必要はないということであったが、馬代表は、蔣経国行政院長および外交部のこの決定を駐日弁事処および馬自身への支持であると受けとめた[60]。

日華断交の際、台湾側の出先の機関や駐日代表の姿勢はきわめて強硬であったため、大平外相は台湾の最高レベルへの別チャネルを模索した。このことは、すでに第七章で「別れの外交」にふれた際に述べたとおりである。大平外相の頭のなかでは、台湾の対日外交をかつてと同じ構造で捉えていたのであろう。また、馬代表らは、非公式には外務省事務次官、政務次官、運輸省政務次官らとそれぞれに会談し、また必要に応じて関係当局との電話などによる情報交換も行っていた[61]。しかし、その一方で馬代表らが展開した、国会議員への説得工作を中心とした対日工作は、日中航空協定を早期に解決したいと望む日本政府首脳および自民党主流派にとっては、反主流派からの圧力とみなされ、台湾側からの情報としてストレートに受け入れられるものではなかった。馬代表は、こうした対日外交の状況を改善し、亜東関係協会東京弁事処の日本における地位を向上させることを、日本赴任後の重要な目標と設定していたのである。

断航直後から日本側では復航に向けたさまざまな働きかけが始められた。しかし、台湾側は馬代表を中心として、この問題は単なる航空路線問題ではなく、断交後の日台関係を改善し、その後の関係発展を可能とする基礎をつくるための唯一の切り札であり、政治問題が解決しないうちは復航できないとの方針をとった[62]。台湾側は、復航の実現に対して二つの目的を設定していた。それは、第一に大平外相談話の撤回や否定による復航の実現であり、第二に復航実現を前提としてそれ以後の日台関係に対する日本の基本姿勢について明確な言質を獲得することであった[63]。

(2) 復航決定への「外交」交渉

経済的な考慮からいえば、台湾においても早期の復航が望まれていた。断航の原因さえなくなれば、いつでも復航に応じるというのが、台湾の基本的な立場であった。[64] 実際、中華航空と日航の就航停止によって、旅客輸送力は約三八％低下していた。もっとも、座席確保の不便さはあったものの、その他八社による運航は継続されており、これら航空会社の増便によって、その旅客輸送力の低下は緩和することも可能であった。しかし、実際に日台双方の当局に増便の申請を行い許可を受けることができたのは、キャセイ航空（定期便四便の増加）とノースウエスト航空（定期便一便の増加）だけであった。この五便のほかには、大韓航空が臨時に二〇便の増加を申請し、台湾側の許可を受けたが日本側が許可しなかったため、結局運航するにはいたらなかった。[65] また、六月一七日からのフィリピンとの交渉では、日本が台北経由よりも近道となるルートの開設を要求したのに対し、フィリピン航空は台北経由東京行きの路線開設を要求し、継続協議となっていた。[66]

台湾を訪れる旅行客は、日本からの旅行客がその半数以上を占めていた。一九七三年に台湾が受け入れた八二万四三九三人のうち日本人は五三・一％、七四年にも五三・五％を占めている。[67] 断航の影響は総数からいうと大きくないように見えたが、月別の旅客総数で見ると影響は少なくなかった。七四年の一、二月の旅客数は、前年の同時期に比べ二倍近い数字になっており、三月も五九・一％の増加を見せていたが、断航した四月には前年比二・四％減、五月以降七五年四月までは一貫して一〇〜三〇％程度の前年比減を記録している。[68]

断航の影響は大きかったとはいえ、特に日本側は、短期的にその空白を他の航空会社で代替させることはせずに、路線復活に備えていた。七四年七月に木村俊夫が外相に就任すると、台湾では「我々は中［中華民国］日問題を考える際、すぐに激烈な感情に支配されてきた。しかし冷静に考えてみると、是非や白黒のけじめは必要であるが、本質はやはり利害の問題である」との論調も期待感とともに現れてきた。[69] 外相就任にあたり木村が積極的に外交問題に取り組むと言明し、日台航空路線再開を強く希望すると表明したことによって、そうした期待感をもった論調が登場してきた一方、復航への条件として「外相談話の撤回」「遺憾の意を表明せよ」などの厳しい要求は変わらなかった。

台湾国内の期待感の高まりに対し、台湾の政府はより慎重な対応であった。国民党機関紙の『中央日報』では、木村外相就任についての社説も出さず、またそれまでの政府の公式声明では、断航の原因を指摘するのみで復航については考慮していないと述べられていた。その後七月二九日、沈昌煥外交部長が「断航の責任は我が国にはない。断航の要因が削除されない限り、復航を考えることはない」と述べたことは、復航への条件にふれている点で、多少の前進であった。[70] 古屋奎二の指摘によれば、上記の沈外交部長の談話において、「要因の削除」との表現が用いられ、さらに八月一三日付の『中央日報』で、括弧つきで「原因の消失」との表現が用いられたことは、重大な方針変更であったという。[71] すなわち、主体的行為である「削除」に対し、「消失」には自然に消えてしまうこともありうるという含意があったのである。

しかし、木村外相には復航へのなんらかの具体的な行動に出る意思はなかった。日本政府としては、九月に日中間の一番機が正式に飛ぶ以前に、それを危うくするような外交問題が日中間に生じることは避けたかったのである。これとは別の動きとして、九月頃より佐藤孝行自民党交通部会会長が積極的に台湾側への働きかけを行った。しかし、台湾側は積極的な対応を見せなかった。佐藤は、外務省次官、アジア局長、中国課長、運輸省次官、航空局長らとの協議の結果、佐藤が国会に質疑を提出し、それに外相が答弁するかたちで双方の誤解を解き、その後に早急に訪台して外交部長と協議したいとの提案を行っていた。[72] これには徳永正利運輸大臣も同意していたが、台湾側は、木村外相の同意が得られないうちはすべては徒労に終わるであろうと静観していたのである。

台湾側が静観をした理由の一つには、田中内閣への不信感が根底にあったことが挙げられる。すなわち、木村外相が就任した際、馬樹禮代表と林金莖副代表は佐藤栄作前首相を介して木村外相と会談する機会をもったが、このときの木村への印象はひどく悪いものであった。[73] また、第二に、田中首相の資産形成をめぐる疑惑を暴露した「田中角栄研究――その金脈と人脈」という特集が一〇月九日発売の『文藝春秋』に掲載され、その月末には田中首相の進退問題が公然とささやかれるようになった。こうした日本政界の状況をうけて、台湾側は一一月初めに佐藤孝行が訪台した際にも、「航空問題は枝葉末節にすぎない。再開を急いではいない」との対応をしたのである。[74]

七四年一二月九日、田中内閣に代わって、三木武夫内閣が成立した。三木首相は、日中国交正常化の過程で積極的な役割を果たした人物であり、組閣前日に椎名悦三郎副総裁が馬樹禮・林金莖との会談をセッティングしようとした際もこれを断っていた。[75]そして、この内閣交代後の復航への動きは、主として台湾側と日本の外相レベルとの間で進められていくことになる。七四年七月の会談に続き、七五年一月にも東郷外務次官は馬代表を招待し、日中平和友好条約についての説明を行った。台湾側には、「外務省の態度にはすでに大きな改善があり」、航空問題は解決へ向かいつつあるとの判断が生まれてきていた。[76]そして、二月九日、藤尾正行と玉置和郎の仲介で、馬代表はゴルフ場で宮澤喜一外相と密会した。その席で宮澤外相は、今後の関係改善への具体的な協議について、牛場信彦前駐米大使および産経新聞社長である鹿内信隆と進めるようにと馬代表に伝え、馬はこれを機に一気に復航への動きを進めていった。[77]こうして、復航への水面下での具体的な動きが本格化していくこととなる。[78]

二月二一日の衆議院外務委員会では、民社党の永末英一議員の質疑に対して、宮澤外相は、「台湾を国家と認めている国はたくさんあり、それらの国にとっては台湾は国家であり、そしてそのものは国旗である」との答弁を行った。[79]これは日本から台北への関係改善へのシグナルであった。しかし「肝心な部分」が抜けていたために台湾側の反応は依然として出されなかった。[80]すなわち、大平外相の談話の処理という点においてはある程度台湾側の納得を得ることのできる内容ではあったが、もう一つの目標としている、復航実現以後の日台関係に対する日本側の基本姿勢についての明確な言質は、まだ含まれていなかったのである。

日台関係をめぐる状況も、台湾側が復航を考慮しうるまでの好環境をつくり出すまでにいたっていた。まず、七四年一〇月末の蔣介石総統生誕八〇年祝賀パーティー出席のために、日本側で総勢一五五人もの大型訪華団が組まれ訪台し、加えて交流協会の格上げと機能の拡充強化が行われた。さらに、七五年四月の蔣介石総統の死去に際しては、多くの日本の国会議員が葬儀に参列し、台北での国葬にも一八人の代表団が派遣された。また六月に佐藤栄作元首相が死去した際、東京で行われた国民葬には張宝樹秘書長や何應欽将軍らが弔問団として来日した。従来はこれらの機会を通じて復航への動きが具体化したのだろうと考えられてきた。(81) しかし、台湾側の復航への実質的な決定は、すでに七五年三月頃に行われていたのであった。

復航への実質的な交渉には、交流協会や日華懇の議員を直接に通すことのない、非公式な民間のチャネルが用いられた。七四年八月から産経新聞において「蔣総統秘録」が連載されていたが、産経新聞の古屋奎二は台北において、複写をせずにすべて返却するとの約束の下に、国内的にも公開されていない資料を提供され、執筆を続けていた。台湾側では、張群の指示のもとに中央党部副秘書長の秦孝儀がこれに対応しており、ここに一つのチャネルが出来上がっていたのである。このチャネルを使って、鹿内は東亜国内航空の国際線への参入という目的のために、宮澤外相および台湾側との交渉を開始することに成功した。(82)

この交渉の結果として合意された内容が、七五年七月一日に衆議院外交委員会での秦野章議員との質疑応答という形をとりながら行われた宮澤外相の発言である。それは、台湾側の目的を満たす内容の発言となっていた。すなわち、質疑と答弁のなかで、「世界の多くの国々が台湾にある政府を今日なお中華民国政府として認めている」、「今後、交流協会が一層拡充強化され」、「国際慣例に従い、相互に礼を失することなく互恵ということで友好的交流が一層促進されることを希望する」と今後の日台関係へ言及し、また大平外相の談話により誤解を招いたことはまことに不幸なことであったとし、「それらの国が青天白日旗を国旗として認識しているという事実は、わが方を含めて何人も否定し得ない」との形で、大平外相の国旗に対する発言を否定したのである。(83)

こうして復航への一つの儀式が無事に行われた。すなわち、国会におけるこれらの発言が無事に行われれば復航は実現するとの合意が、それより先に日台間において成立していたため、宮澤外相の外交委員会での発言をうけ、台湾はすぐに「断航原因の消失」との判断を表明した。そして、七月九日に亜東関係協会と交流協会との間で「民間航空業務の維持に関する取り決め」が締結される。航空路線再開に関する民間協定に同意する政府声明のなかで、沈昌煥外交部長は「相互尊重と互恵の立場」「国際慣例に沿い」「双方の友好交流を促進する」などの先の外交委員会で用いられた語句を引用し、また翌一〇日の蔣経国行政院長の発言でも、同様の語句に特に言及しながら航空路線の回復に同意することが表明された。(84)

このように「断航原因の消失」は、単に国旗に関する大平外相談話の問題を処理するだけではなく、日台関係改善の基礎となる日本の姿勢を国会における外相答弁という形で打ち出すことで完遂されたのである。その日台関係改善の基礎は、「相互尊重、互恵」と「国際慣例」に則ることとされた。それらの語は、正式な外交関係のないなかでの実質関係の維持において、その基礎が事実上は国家間関係におけるその行動規範に則るものであることを表していた。そして、さらにその後の関係改善への日本の努力を要請する基礎として、「双方の友好交流を促進する」などの語句を用いたのであった。

実際の民間取り決めの内容は、断航直前に日本側が提示していたものを基礎としていた。地上でのサービス業の委託や羽田空港の使用など技術的な面については台湾側がそれらを受け入れた形で決着し、また日本側からは日本航空の一〇〇％出資会社である日本アジア航空が就航することとなった。問題は、あくまでも政治問題にあった。航空協定問題を「日中国交関係下での、中華民国との関係の限界を明らかにする初めてのテスト・ケース」とみなし、日本と交渉をなしうる唯一の有効な「切り札」として台湾側で位置づける意味は、まさにここにあったのである。(85) そして、この航空路線問題を一つの転換点として、亜東関係協会の地位に対する日本側の認識が向上し、国際慣例に則ることを根拠として、外交人員としての扱いやビザの発給、在外事務所への派遣員の人数増加などに表れたように、同協会、特に東京弁事処は日台関係の交渉の当事者としての地位を徐々に獲得していくこととなった。

4 日本における中台外交闘争と蔣経国の「実質外交」

(1) 日台間の「外交」交渉チャネルの拡充と限界

すでに述べたように、断航後、日本外務省は交流協会の機能を拡充しはじめていた。それまでの交流協会台北事務所のトップは、以前に台北の大使館の公使を務めていた人物であり、副所長は通産省を休職して赴任していた。また、経済に重点をおいて人事配置を行っていたため、航空問題が起きたときなどに台湾側政府関係者と接触し、情報を収集するなどの積極的な役割を果たす権限も、機能も、その時間的余裕もなかった。

日本側は復航を模索する過程で、まず交流協会台北事務所所長を務めてきた伊藤博教元駐華大使館公使に代えて、卜部敏男を所長に就任させた。卜部は、ケニア、ハンガリー、フィリピンなどの駐在大使を歴任した外交官で、この台北事務所への大使レベルの人材起用は、形式上は明らかに交流協会の台北事務所の機能拡充であった。卜部が一九七四年一二月に所長に就任すると、それに伴って職員数も二、三人増員された(86)。しかし、これによって、交流協会の役割と機能が一気に改善されたというわけではない。むしろ、多少の改善は進められたが、結局のところアジア局中国課のもとに配置される台湾担当者は、中国重視の政策に基づく外務省方針のもとにあり、現在にいたるまで日台関係改善への積極的役割を担う立場にはない。

重要な変化は、日本側の対台湾機構にではなく、台湾側の対日機構に対する日本の認識に現れてきた。亜東関係協会の東京弁事処は、台北の亜東関係協会の下部組織であるが、実際には外交部から直接の指示を受けており、さらに重要な問題については駐日代表が外交部長や蔣経国行政院長に直接報告し指示を受けるという関係にあった。特に、東京弁事処初代代表の馬樹禮は国民党中央党部海外工作組主任を一〇年も務め、立法委員、国民党中央委員会委員でもあり、蔣経国およびその権力の中心的なメンバーとのつながりは断交以前のどの大使よりも強く、権限も大きかった。

すでに述べたように、蔣介石時代には、対日外交の中心は蔣介石―張群のラインが担っており、重要問題には張群が関与し、駐日代表は時として実質的な当事者でさえなかった。張群自身が日本との直接のチャネルをもち、大きな影響力を有していたからである。しかし、蔣経国の時代となり、張群が第一線を退きはじめたとき、第七章で見たように多くの人物が日台間でなんらかの役割を果たそうとした。まず、国内においては、日本との断交前後から張宝樹秘書長が中心となって「対日工作小組」がつくられていたが、この小組の実際の役割は現在のところ不明確なままである。この役割について、台湾側関係者の談話を総合すると、対日問題に限らず重要問題については小組が必要に応じて設けられるため、その一つであった可能性が強い。たとえば一九九〇年代においても、行政院あるいは総統府の諮問機関として対日工作に関わる小組は非公式に設けられ、そのメンバーは非公開である。さらに、当時張宝樹とそのブレーンが対日政策の分析を行い、蔣経国に提言をしていたとの参画者および関係者の証言もあり、この実質的な役割は現在のところ確定できない(87)。

航空路線問題の経過を通じて、馬樹禮代表の果たした役割は非常に大きかった。重要な決定については、馬に対して蔣経国行政院長と沈昌煥外交部長からの支持が与えられている。一九七三年の夏、日本側が別チャネルの模索をしたことに対して、台湾側はこれを拒否し、馬を窓口とすることについて実質的な支持を与えていたこと、また復航にあたっても主導権は馬にあったことから見て、ポスト蔣介石―張群時代は、蔣経国―馬樹禮時代ともいえるものとなっていった。この点からいって、断交後の対日関係メンバーを一新し、日本との交渉は亜東関係協会一本でいくとの方針が貫かれたといえるであろう。馬は、航空路線問題の解決までの過程で、台湾の政府最高指導層から対日政策における全面的な支持を勝ち取り、蔣経国行政院長のもとに「日本とのパイプを一本化すること」に成功したのであった。

そして、この駐日代表の大きな役割について、日本側は航空路線問題を通じて認識を深めていった。外務省は、すでに見たように台湾側への態度と同時に駐日代表への態度をも若干修正したのである。しかし、復航までの政治過程は、非公式の会談やチャネルを通じて実現されたものであり、交流協会および外務省は日台関係改善のための積極的な、かつ主要なアクターではなかった。中国との関係において問題を生じさせたくない外務省の姿勢が、政治問題については台湾との関係は表立ってチャネルを形成できない制約を生み出す一つの要因となっている。

(2) 日本における中台外交合戦

台湾のフラッグ・キャリアである中華航空は一九九五年一〇月に、機体の尾翼につけていた青天白日旗に代えて、国花である紅梅をデザインしたマークを新しくつけることとなった。この変更は、香港―台湾関係および中台関係をにらみながら、中国側の主張する「一つの中国」の原則に抵触せずに九七年の香港返還後も香港―台湾間の路線を維持するための措置であった。九〇年代に入り、中華航空公司の民営化が進み、他の航空会社が国際線に参入するなど、航空路線をめぐる状況が大きく変化してきていたとはいえ、かりに七四年四月の日台航空路線の断絶という一つの外交事件を記憶にとどめる人であれば、台湾側が中華航空機の機体のマークを変更したということに表象される中台関係および台湾の対外政策・対中政策の変化の大きさを、あらためて見出したに違いない。

九九年七月九日にドイツの放送局であるドイチェ・ヴェレの取材に際して、台湾の李登輝総統が中台関係を「国と国との関係、少なくとも特殊な国と国との関係」と発言したことをきっかけとして、「一つの中国」の意味と中台関係への認識をめぐる議論が再燃した。この発言自体は、偶然性の強いものであったのか、あるいは事前の周到な準備と戦略的考慮および周辺への配慮をしたうえでの絶妙のタイミングで提起されたものであるのか、どちらの解釈も成り立つ(88)。いずれにせよ、この発言をめぐっての中台および米国をはじめとする各国の反応を通じて、「一つの中国」の解釈がそれぞれの立場に依存して大きく異なっていることがあらためて周知されるとともに、台湾の意志の喪失としての「統一」と中国の意志の喪失としての「独立」という二つの極の間で、どの解釈が他国に受け入れられ定着していくのか、また解釈の主導権を握るのはどちらなのかという争いが継続されていることが再認識された。この複雑な状況のなかで、そしてまさに現在進行形のプロセスの一時点において、この動きの流れを捉えていくためには、その一つの手段として戦後の中台関係とその外交闘争がどのように展開されたのかを検討することが重要になっている。

七九年の米中国交正常化の後、八二年八月の米中共同コミュニケによって台湾の兵器購入が大幅に制限され、技術導入で対応するほかなくなった台湾は、安全保障上深刻な状況に陥ることとなった。このときから李登輝時代に入るまでは、まさに台湾にとって現状維持とは「緩慢なる敗北」を意味するようになったのである(89)。単なる消極的・受動的な現状維持は、状況変化のなかで現状すら維持することができずに衰退していく例も少なくない。しかし、李登輝時代においては、その消極的・受動的な姿勢を大きく転換し、現在の状況を単に維持するというものではなく、むしろある一定の範囲内に状況をとどめておくためにさまざまな行為を積み重ねていくことで現状の維持を図る状況となったのである。本書で見てきたように、「一つの中国」という言説自体は一つの固定した現実の状況や解釈を指しているのではなく、中台それぞれは自らの解釈への賛同者を獲得しようと各国との関係における外交闘争を繰り広げてはいるが、その言説の意味内容を多様化させ膨らませ曖昧にしていくことで、本質的に対立する中台関係はある現状の範囲内にとどめられている。

国交断絶後に日台実質関係を維持していくということは、単に経済関係や文化交流などを続けていくということではなく、正式な外交関係に包含されるさまざまな機能を半官半民（半公半私）の性質をもつ機構に代替させ、相互に国際慣例に基づいて行動するとの行動様式を形成していくことによって初めて可能となった。そして、その半官半民の機構が、実際にどのような地位を獲得し、どのような役割を担っていくのかは、本章で見てきたように実際の係争処理の過程において具体化していったのである。

5　小　結

航空路線問題は単に日台間の実質関係をいかに構築するのかという問題にはとどまらなかった。それは、日本を舞台とする中台の外交闘争としての一面を有した。そして、それが展開された日本が、中国と台湾それぞれにどのように対応したのかという一つの典型的な事例であった。

まず、日台航空路線問題は、「中華航空機の旗」に象徴させたかたちで、中国側により外交問題化された。これについて日本側の対応は、全く受動的であった。問題化される以前に存在する無数の問題状況において、何を問題として取り上げ、あるいは問題化されるのを防ぐのかという外交における重要な一過程において、日本は受動的だったのである。そして、中国側によって提起された問題に対処しようとすることによって、問題状況を受け入れることになり、しかも日本は、この問題に対して、具体的かつ技術的な解決のみで対処しようとの姿勢であった。その姿勢は、この問題に表象されているもう一つの次元の問題、すなわち象徴的なレベルにおける問題への対応を全く不十分なものとしたのである。それは、国際空間において各国と台湾との関係を地方レベルのものと位置づけ、その既成事実を積み上げるという中国側の長期戦略のなかで、日本が「一つの中国」原則と「日中友好」の範囲内という制約のもと、台湾をどのように扱っていくのかという課題であった。

一方、台湾側は、一九七〇年代に入り続く外交的な挫折のなかで、日本との間の航空路を維持することを当初は目標としながらも、中国との外交闘争との意味合いが前面に表出されてくるにつれて態度を硬化させた。これに加えて、日台間のチャネルの変動によって情報が錯綜し、さらに日本の親台湾派議員が航空路線問題を国内政治上の政争の道具と化したことによって問題がいっそう複雑化していった。その結果として、台湾は断航しないとの日本政府の誤信が生み出された。台湾側の断航措置は、日本との関係構築における外交上の意味もさることながら、中国との外交闘争上の意味をも有しており、日台航空路線問題をめぐる交渉は「内戦の延長としての外交」の様相を呈したわけである。そして、この断航から復航に至るまでの過程で、台湾は、中国とは別の存在としての象徴的ないし実質的な活動空間を、日本という外交空間において確保した。すなわち、日台の実質関係の維持が、日中の国家間関係のもとで日台関係が一地方関係として位置づけられていく流れに歯止めをかけ、日中関係に完全には収斂されない日台の半公半私の関係を形成していく転機となり、その起点となったのである。その半公半私ということの意味は、単に貿易・経済関係および文化交流という面での実質関係だけではなく、政府間関係のないなかで、いわば外交関係なき「外交」交渉という機能をもつということであった。

日台航空路線問題の一つの帰結として、台湾は日中関係において「中華人民共和国の一地方」として実質的に位置づけられることを阻止し、また中国の対台湾外交闘争に対する一定範囲の活動空間を日本において確保するにいたった。そこに、機能的に国家として存在することの余地が見出されていったのであった。そして、日本に対しては、この問題解決にあたり「国際慣例」「相互互恵」などの言説を引き出すことによって、正式な外交関係のない日台関係を改善し発展させていく根拠を獲得したのである。その過程は、まさに外交関係なき「外交」交渉であった。

さらに、その日台関係をめぐる政治過程は、台湾国内の対日政策をめぐる政治過程の重心が移行するのと並行して進んでいた。従来、蔣介石は対日政策を自身の主管分野として自ら中心的役割を担い、これにより蔣介石―張群の総統府を主導とするラインが形成されていたが、蔣介石から蔣経国への権力の移行期にあたるこの時期、対日政策もまた蔣経国・沈昌煥―馬樹禮（駐日代表）を軸とする行政院主導のラインへと重心が移っていった。そして、日台航空路線問題にみられたチャネルの変動を通じて、対日政策も蔣経国の下に一元化されたのである。

「主権国家」「政治実体」「地方政府」「対等な二つの政府」「特殊な国と国の関係」「九二年コンセンサス」といったさまざまな言説が繰り出され、一見言葉遊びにも思えるほどめまぐるしく展開する中台関係については、当事者同士で解決する問題であるとの基本的な立場を各国は有しているとはいえ、各国の中国・台湾に対する行動様式が否応なく中台関係へと影響を与えていく。航空路線問題において日本が知らず知らずのうちに巻き込まれ演じていた役割を見れば、日本も例外ではなくその渦中にあることは明らかである。本章において考察した航空路線問題をめぐる日中台関係は、まさにそうした視点をもつことの重要性を強く示唆している。

第九章　中華民国外交から台湾外交へ

一九七二年の日華断交を経た台湾の対日外交には、それ以前との継続性と変化がみられた。本章では、日華断交という一つの転換点を、六〇年代のさまざまな選択および選択肢の喪失という流れの帰結として位置づけ、これまでの分析を整理する。そして、この時点では「過渡期の台湾外交」として特徴づけられた蔣経国時代の外交が、その後どのように台湾外交へと変容していくのかについて、試論的ではあるが考察する。個々の出来事を一つ一つ分析することによって得られる結果を、さらに一〇年、二〇年……四〇年という時間と文脈に位置づけたとき、台湾をめぐる考察はどのような意味をもつことになるのだろうか。

すでに述べたように、戦後の日本と台湾の関係は、植民地統治期に形づくられた日本と台湾の関係の上に、戦前から続く中国大陸時代の日本と国民党および中華民国政府との関係が上滑りするように流れ込み、日台と日華の関係が重なる二重構造のなかで展開してきた(1)。七二年九月の日華断交によって外交関係が断絶した日本と台湾の間は、日華というレベルでの関係は縮小したが、それは完全にはなくならなかった。なぜならば、経済・貿易・文化など実質関係の維持・充実という日台レベルでの関係の拡充がなされる一方、領事機能を有する実務関係維持機構の設立や議員チャネルの活用によって、政治外交上の問題を実務的に処理し、それら諸関係を支えるの仕組みをつくり上げてきた部分に、日華レベルの関係は温存されたからである。

こうした非公式・準公式チャネルを活用して問題の処理を行うことは、六〇年代の日華関係にみられたように、外交関係のある二国間にとって時に摩擦や障害となり、また時に問題の処理に重要な役割を果たす。そして、断交後の準公式な日台関係のなかでは、それらはよりいっそう重要な役割を果たしうるものであった。七二年以前に日本と台湾それぞれの執政党の間で形成されたチャネルは、いわば日華の公的なチャネルを補完するものとして機能したといえるが、七二年以後はどのような役割をもつことになったのだろうか。さらに、「中華民国の台湾化」[2]や断交後に積み上げられてきた日台実務関係は、日華・日台の二重構造の変容と継続にどのような影響を与えることになったのだろうか。

今後も続いていくであろうこれらの課題について、本章では李登輝時代までの変容を念頭に、二つの問いを設定して考えてみたい。第一に、蔣経国体制の下での対日チャネルの一元化の模索を軸に見たとき、準公式な関係のなかで日華・日台の二重構造はどのような意味を有したのか、そして第二に、台湾の民主化時期における李登輝総統の登場によって、この二重構造がどのような変容を遂げたのかである。

1 中華民国外交と内政

（1）中華民国外交の行動準則

台湾とその周辺諸島のみを支配する状況になった中華民国政府が、なぜその現実を数十年も受け入れず、中華人民共和国との国際社会における共存や二重承認の受け入れによる他国からの認知の確保、あるいは台湾住民を代表する政府・国家への転換を行わなかったのか。この問いに対しては、一九九〇年代までは、蔣介石の原則重視の強硬外交に原因があるとされていた。そして、その原則重視の強硬さを生み出した要因が、蔣介石個人の問題であるのか、あるいは体制を含む複合的な要因と考えるべきなのかについて、その後の研究では、台湾における中華民国政府の権威の正統性の脆弱さなども指摘され、より複合的に考察されるようになった。

中国の正統政府の座をめぐる中華民国外交は、蔣介石の個人的な性格や特徴にすべてを帰せられるものではない。たとえば、蔣介石をはじめとする中華民国政府内部の人々がこの時期、そしてある時期まで、中国大陸時代の歴史を引きずり、その思考様式や行動様式の範囲内で行動し、変わることができなかったという面もあろう。一年一年、その場その場において、妥協せず、譲歩せず（実は妥協も譲歩もしてはいたが）、立場を固持したことが、結果としては、国連での議席を守ることにつながり、また各国は二重承認のような政策への変化を容易に実行できず、従来の姿勢を維持することとなった。これは、短期的には成功であった。相手国の政策の変化を阻止し、従来の政策を維持させ、国交や国際組織での議席を確保できたという意味では、台湾の外交は「成功」の積み重ねであったといえる。

ところが、その「成功」が二十年積み重ねられた先にあったものは、何であったのか。それは、もはや台湾を実効支配する政府としての地位もなく、あるいは中華人民共和国のいう「一つの中国」の一部として実効支配を受けることは免れているという現実を踏まえた、なんらかの関係づくりが可能となる余地さえもほとんど残されていない、という不安定かつ厳しい状況であった。

そうした状況を生み出した七〇年代までの中華民国外交は、中国大陸時代からの延長線上で動いていたとみなしうる。中華民国が国際的な地位を獲得し欧米各国と対等の関係を築き上げることを目標とし、最前線にいる外交官や宋美齢らがそれを推進し、日中戦争後の国共内戦時期においてもその営みは継続され、そして台湾移転後の中華民国政府の外交においても、それ以前の時期の外交との共通性をもちながら展開された。共通性をもつとは、中華民国政府が依然として中国大陸時期の外交の特徴を引きずり、変わらない思考・行動様式のなかにいたということである。いつか中国大陸へ戻ることを目標に掲げ、夢としてであれ抱き続けていたとすれば、そうならざるを得なかったというべきだろう。当初は一年あるいは数年のうち大陸へ戻ると考えていたとすれば、転換の必要性を認識しえなかったのもやむをえないかもしれないが、現状の固定化を志向する米国との関係によって軍事力による大陸反攻が難しくなっていった五〇年代半ばから六〇年代以降、口にはできないが、大陸に戻る可能性を見出せない現実に多くの人々は気がついていた。それでも、蔣介石のようにある意味「生き方」として諦めることをしない、それを捨て去らない人もおり、その人が指導者の地位にあり続けた。もちろん蔣介石だけではなく、大陸反攻の放棄となれば、台湾での居場所を失うことになりかねない外省人、民意代表たちにとっても、夢を捨てない方が都合がよかった面がある。

そうして引き継がれていった特徴の第一は、国内的および国際的に中国を代表する政府としての存在を確保するために、外交がその最も重要な手段であったということである。日中戦争や国共内戦のさなか、政府が転々と拠点を移しながら闘いを続けたり、あるいは同時期に複数の政府が存在する状況においても、外交官は「中国」を代表して外交を担った。その外交の有用性は、国際協調を重視し、国際的ルールに則って現実のパワー・ポリティックスのなかで中国の地位を高めていこうとする行動準則に支えられていた。それは政府の外交政策の柔軟性というよりは、むしろ国際法を熟知した民国期以来の外交官たちの現実的行動によって担保されていたものだった。

台湾移転後の中華民国政府は、米国の台湾海峡の固定化を図る現状維持政策によって、事実上台湾とその周辺諸島のみを実効支配する政府として存在する時間を積み重ねたものの、この現状維持を政策目標として容認することはできなかった。もし、それを容認すれば、「中国を代表する正統政府」として「光復大陸」を目指す政府の立場と原則との間に矛盾が生じるからである。しかし、原則面においては米国の現状維持政策を肯定できないものの、中華民国政府としては、実質的にはその現状維持の範囲内で行動せざるを得なかった。この大きなジレンマのなかで、原則の維持と現実的妥協との両立を実質的に可能としたのが、民国期から抗日戦争期、国共内戦期において「中国」の国際的地位を確保してきた、現実主義的外交官に主導される政治術（政治的技芸）であった。

実効支配する領域がごく限られるなかで、全中国を代表する政府としての立場を堅持しようとすれば、さまざまな外交交渉において矛盾や困難を抱えざるを得ない。そのなかで、現実の課題をクリアし、他の国々との関係を構築していくためには、こうした外交官の力が必要であった。彼らはまた、指導者が国内的に威信を保つうえでも、重要な役割を果たした。米国との安全保障をめぐる交渉においても、国連での中国代表権問題においても、さまざまな妥協をせざるを得ない状況にあって、外交において指導者の威信を決定的に傷つけることのない方法を模索することが求められたからである。

朝鮮戦争の勃発により奇跡的に米国の支持を回復したことで、「光復大陸」のリーダーとしての蔣介石の威信は保たれた。しかし、その後米国の支持の確保によって生じた現状維持という状況が、逆に蔣介石の威信を浸蝕していく。短期的に武力による大陸反攻が不可能となっていくなかで、長期的な戦略として「政治七分、軍事三分」の大陸反攻政策を残存させるためには、それを可能とする時間をつくり出す現状維持の再生産が必要となる。この再生産は、表面上はより強硬に「光復大陸」を叫び原則を堅持しながら、実質的な次元においては、米国や日本とも、その時期その時期での「不後退ライン」をつくり出していくことでなんとか可能となっていたのである。

第二の共通した特徴は、外交と宣伝の領域が密接に関わり合いながら展開してきたという点である。宣伝工作の担う範囲は、時期や問題の性質によって異なるものの、それは六〇年代の日華関係においてみられたように、外交では解決しうる問題のみを扱い表面的には安定した友好関係を演出しながら、容易に解決することが難しい問題については党を主導とする宣伝工作のなかで処理の模索を図るというスタイルである。蔣介石総統のもと総統府に宣伝外交綜合研究組が設定され、党を含む各部局横断的に情報の収集や分析、政策の具体的な検討などが行われ、総統府主導の外交の体制がつくられていったのも、こうした外交と宣伝を一体化させて展開しようとする戦略の一つの例である。

(2) 一九六〇年代における可能性の消失

「二つの中国」論などをめぐり米国との確執を強める中華民国政府において、米国援助の終了をふまえ円借款の確保などを課題として対日関係の重要性が高まった時期に、日本の池田勇人内閣は米国の政策変化に伴い対中貿易積極化の姿勢を強めていた。一九六三年のビニロン・プラント事件では、中国に対する輸銀融資をめぐる日本の決定が、台湾側の過剰な反応を引き起こし、円借款交渉の頓挫に加えて、駐日大使の引揚げに至るという、まさに日華断交の危機へと発展した。この時の池田の立場は、台湾の中華民国政府から北京政府への承認の切り替えにより中国と台湾のどちらか一方を選択するというものではなかった。むしろ、台湾との政治的な関係を維持したまま、中国との関係も改善していこうとするものであり、この点は吉田茂から佐藤栄作に至るまでの日本の歴代内閣がとっていた立場と基本的には同じであった。すなわち、「一つの中国、一つの台湾」の立場である。

この立場に準ずれば、中国との関係は長期的なものとして、短期的にはまず台湾の中華民国政府との関係に取り組む必要があった。それが、中国と台湾のいずれか一方を選ぶのではなく、中国との関係改善と台湾との関係維持を両立させようとする日本政府の姿勢であった。そして、日本としては、台湾の共産化を回避するために中華民国政府を瓦解させることなく、中台それぞれと関係を構築するために、中国がそれを許容するかどうか以前の問題として、まず台湾側からなんらかのかたちで黙認をとりつけることが必要となる。それは、いわば日本の対台湾外交における「中華民国の台湾化」の試みといえよう。そのために日本政府は、長期的には中国との関係改善を模索しつつ、それに伴い動揺する台湾との関係をいっそう安定させ、まさに車の両輪のごとくそれらを同時に追求しなければならなかったのである。

台湾側は、こうした「一つの中国、一つの台湾」の模索に強く反発したが、実際には日本と中国との経済・貿易関係の拡大を黙認し、政治的関係への発展だけは一線を越えずにとどめるように求めていた。その姿勢のシンボルとして「第二次吉田書簡」はたびたび取り上げられ、日本の「政経分離」政策に反対しながらも黙認し、かつ日本に対して「政経分離」を守らせるものとして活用した。すなわち、「第二次吉田書簡」は、日華間における暗黙の不後退ラインとされたのである。

いうなれば、この時期の日中台関係は、相手の変化を待つ時間との闘いであった。すなわち、日本が「一つの中国、一つの台湾」の立場から中国のいう「一つの中国」という言説へ取り込まれていくのか、あるいは中国が実質的な「一つの中国、一つの台湾」のラインまで立場を変化させてくるのか、そして、台湾の側がなんらかの現実的な変更を受け入れる状況になりうるのか、という待ちの闘いである。

結局、その六〇年代末までの一〇年間に、国際社会における中国をめぐる主要なテーマは、中華民国政府への説得の事実上の断念というかたちで、中華人民共和国をいかに国際社会に参加させるかへと移行した。それは、待ちの闘いのなかで、原則的な立場を堅持し続ける中台に対し、日本をはじめ国際社会の側の認識が「一つの中国」へと収斂していく時間となったのである。

（3）一九七〇年代初期の国際的孤立

一九七〇年代に入り、イデオロギー闘争という側面が後退してくると、「中国」とは北京の中華人民共和国政府に代表されるものであるとして、四九年以来二〇年に及ぶ領域の実効支配の正当性（実効性）が明確に受け入れられるようになった。七〇年代に入ってから国連総会に集約された各国の意向は、中華人民共和国政府の中国代表としての国連参加であった。中華民国政府は、最後の可能性として、台湾を代表して国際組織に存続する道を確保できるかどうかという状況に追い込まれた。

七一年の国連総会では、台湾の中華民国政府は、国連での議席を一年守るための戦術的な妥協としてではあったが、事実上「二つの中国」方式を受け入れるかたちで国連に残留するとの方策を含め、いくつかの対応を準備していた。しかし、それを現実に使う状況は生まれなかった。したがって、国連からの退出という事態は、「漢賊並び立たず」原則によって脱退を自ら選択したというよりも、むしろ台湾追放の決議がなされる前に自ら脱退を宣言することによって、わずかに面子を保ったにすぎないものであった。米国と日本においてみられた六〇年代の「二つの中国」「一つの中国、一つの台湾」の構想は、この時点では、もはや六〇年代ほどの実現可能性を残していなかったと考えられる。結局七〇年代初期には、それまで台湾の中華民国政府の議席維持を支持していた国々が台湾への説得を断念していくかたちで、「一つの中国、一つの台湾」のうち後者の「一つの台湾」が消えていった。そして、前者の「一つの中国」が、残された選択肢として現実化することになる。しかし、それは単に「一つの中国」に収斂したことを意味するのではなく、後段の部分である「一つの台湾」が一旦抜け落ちたまま、いわば「一つの中国、――――」としか表現しようのない余白が残され、現実を表徴するなんらかの言葉によって埋められる可能性も残されたままとなった。

2　日華断交と日台チャネルの変動

（1）蔣経国体制下での日華断交

蔣介石が国際的威信と大陸反攻のシンボルとしてのリーダーシップを維持した一九七〇年代初期までの二〇年間は、蔣経国系の人事配置が徐々に進められ、ナンバー・ツーであった陳誠行政院長の死去後に国防、経済、そして外交分野へと影響力を拡大し、段階的に権力を掌握していく時間であった。七二年に蔣経国が行政院長として表舞台に登場したときには、高齢となった張群ら実力者は蔣介石とともに一線を退いており、あたかも当然の世代交代であるかのごとく、いわば権力移行が最終段階に入った状況だったのである。

七一年の米中関係改善に対し、中華民国側がどのような対応をしたのかを分析した松田康博も指摘するように、蔣経国はニクソン訪中を前に動揺する台湾社会に対するコントロールを回復するために、主に国内の報道統制を開始するとともに、このタイミングをうまく利用しながら、立法院の増加定員選挙などの国会改革をはじめとする政治改革を推し進め、権力基盤の強化に結びつけていった(3)。人事面においては台湾出身者や「青年才俊」と呼ばれる若手起用が具体化されたものの、外交部長には沈昌煥が再度起用され、対米不信をもちつつも「忍耐」するという、より現実的な外交政策をとろうとしていた(4)。

こうした外交政策の調整は、七一年後半から問題となっていたセネガルとの外交関係に表れ、七二年三月には断交後も一部の外交特権を残したかたちで商務代表処を残すなどの対応がとられた。国内的には「反共抗俄」の教条的な論調を強調して「動員戡乱」制度の安定を維持しつつ、国際間では外交スタイルを「一つの中国」あるいは「二つの中国」という問題を回避して柔軟性をもたせた実務的（現実的）なモデルに多少変更した。そのなかでは、表面に中華民国の文字が表れず外交機構なのかもわかりにくい名称を関係機関に与えることも惜しまなかった[5]。

七二年に蔣経国は、行政院長に就任した直後、外交政策について中国と国交を結んだ国々の事情に一定の理解を示しながら、「我々はこれらの国家と断交したから往来を断絶してしまうというような政策は放棄しなければならない」とした[6]。その重要な時機に、台湾側は強硬な姿勢を貫きながらも、実際には対日断交による国内への衝撃を、最小限に抑えたかたちで「静かに」受けとめようとしていたかに見える[7]。六〇年代までの「象徴的な友好、実質的な脆弱」という日華関係の特質を背景として[8]、日本との経済的な関係の深さと新しいリーダーをめぐる台湾の国内保守勢力の影響などが、極端な政策変更も強硬措置をも抑制することになった[9]。

一方日本では、田中角栄首相のもとで中国との関係正常化が急展開で進められるなか、台湾に対しては、大平外相の「別れの外交[10]」として知られる外交政策が展開された。日本側の目指した日台関係の処理とは、第七章で論述したように、台湾からの報復的な措置を受けることなく、「日台関係を破局に至らしめない」で「円満に事実上の関係は維持」することであった[11]。

この間、台湾側では、八月一一日の外交部「日本問題工作小組会議記録[12]」にみられるように、強硬な抗議声明の発出などの指示が出されただけであった。日本の政策転換を阻止する措置の検討というよりも、日本の姿勢転換を半ばあきらめ、むしろ情報の漏洩によるマイナスの影響を慎重に回避しながら、外交部の楊西崑政務次長のもとで今後の計画を秘密裏に作成する動きが開始されていた[13]。

(2) 日台チャネルの「一元化」

すでに論述してきたように、一九六〇年代までの蔣介石総統のもとでの対日関係は、主として張群総統府秘書長が担当し、米国の東アジア政策に基づいて台湾との関係を重視する自民党保守政治家との個人レベルでの親交を含めた太いチャネルに担われてきた。日台間に重大な問題が発生した場合、たとえばビニロン・プラント問題に端を発した断交危機のときなどには、張群秘書長が外交部の頭越しに日本の駐華大使と話し合い、公式・非公式を問わず、政府間の最も重要な交渉チャネルとして機能した[14]。張群は、蔣介石からの十分な信任と日本の各界指導者からの尊敬と信頼を基盤に、高度に政治的な立場から問題を処理する役割を果たしていたのである[15]。

特に六〇年代以降は、蔣介石―張群のラインで処理される対日政策について、外交部長も関与しないという事実上の役割分担となった。実際、歴代の駐日大使董顕光（一九五二～五六）、張厲生（五九～六三）、魏道明（六四～六六）、陳之邁（六六～六九）らは実績のある優秀な外交官であったが、特に日本との関係が深い人物として派遣されたわけではなく、対日政策決定過程に深く参与する立場にはなかった。

そして、こうした張群ラインから外れた邵毓麟[16]のような人物は、駐日大使への就任のチャンスをつかめず、張群につながる鈕乃聖への批判も激しい[17]。在外公館は、それぞれの系統で人員を送り込んで情報を収集し、指示を伝達する、きわめて縦割りの統一されていない寄せ集め体制の下にあった。そのため、駐日大使が日本との交渉の中心的な窓口となることは難しく、時に実質的には「雑事に忙しく走り回るだけ」と形容されるほどの重要性しかもちえなかった[18]。

蔣経国院長は、断交のタイミングをとらえて、実務関係維持機構の理事ほか対日関係者の一新を図った。亜東関係協会の理事らには、辜振甫を除きそれまで対日関係にあたっていた人物とは異なる人々が選出された[19]。そして、初代東京弁事処代表馬樹禮は、蔣経国の信頼も厚く、国民党の海外工作担当として実績を上げてきた人物であり、強まる中国からの圧力を最前線で受けとめながら、断交後に動揺する華僑への対応および華僑との連携による国民外交の展開を的確に担った。この馬樹禮起用は、六〇年代から徐々に進められてきた蔣介石から蔣経国への権力移行の一環であり、対日政策の重心が総統府中心の蔣介石―張群ラインから行政院中心の蔣経国ラインへと再編されたことを意味していた。

3　過渡期の台湾外交——馬樹禮時期の対日工作

（1）「蔣介石カード」と日華の連携維持

一九七〇年代初期以前の中華民国外交は、「一つの中国」原則のもとで唯一の合法政府としての認知を得ることを優先し、中国共産党と中国国民党のいずれが中国の正統政府かを争う国共内戦の延長と位置づけられていた。この論理において展開された対日外交では、中華民国政府および中国国民党への日本の支持をとりつける最もわかりやすく効果的な切り札として、「蔣介石カード」が使われてきたといえよう。[20] このいわば「蔣介石恩義論」「以徳報怨」の言説は、日本のなかで、第一に北京の中国共産党政権に対して台北の中国国民党政権を支持すること、第二に台湾における台湾人の意思や独立運動よりも中国国民党政府の台湾統治を支持することを意味した。[21]

「以徳報怨」「蔣介石恩義論」については、対日戦後処理の精神を表したものと位置づけられ、終戦直後から台湾にも持ち込まれて、台湾における治安の安定化や引揚げ日本人の再教育、留用者の懐柔、さらには台湾人を「中国国民」に統合していく機能を果たしたと指摘されている。[22] その後、この言説は、日本の政治家に強い影響を与え、その理念が日華関係の基礎と位置づけられ、中華人民共和国への接近を抑制する面があった。[23]

一方で、六〇年代半ばにして外務省内部でもこれを相対的に捉える視点が存在し、蔣介石の三選、四選という独裁化が明確になることについて体制の限界を見据えつつ、中華民国や国民党政府とは異なる歴史や志向をもつ台湾および台湾人への理解も有していた。[24] しかし、表立ってそうした台湾人の立場に配慮することはできず、統治側の立場から社会統合の重要性に言及する程度であった。日本側の公的な発言においては、「以徳報怨」による蔣介石への支持が基調となり、五〇年代から岸信介、矢次一夫、吉田茂をはじめ多くの政治家が言及し、さらに佐藤栄作、福田赳夫へ、断交後は日華懇や青嵐会メンバーの言説へと引き継がれていく。

断交後にまず結成された日華懇の基本活動は、蔣介石の各種祝賀行事への参加や墓参によって、日華のつながりを明示的に維持することであった。また、青嵐会の中尾栄一は「『暴に報ゆるに徳をもってする』といい、しかも日本はいま疲弊しきって大変な状況だと言うことがわかっていたから、一人に兵隊に二合ずつお米を持たせて返したのです。これを温情と言わずして、何を温情と言うのでしょうか」と感謝し、青嵐会自体の外交政策の方針において、「今後の日中間の実務協定では、わが国と中華民国・国民政府間に現に存在する政治、経済、文化技術関係をこれ以上傷つけないよう留意しなければならない」とした[25]。

馬樹禮は、その回顧録のなかで、「一九七〇年代、台湾海峡両岸は依然として極端な敵対状況にあり、反共は最高の国策であった。その一方、先総統蔣公の対日『四大恩徳』（天皇制の保持、日本に賠償を求めない、日本人捕虜・在華日本人の迅速な帰還、占領放棄による日本分裂の回避）は、人々の記憶に新しいものであった。そのため、日本の中共との外交関係樹立によって、我が国の朝野はみな日本政府の忘恩不義を恨み、日本の有識者たちは日本当局の措置は適当でないと譴責することになった」としており、この状況において対日工作のポイントは、「以徳報怨」を活用し「反共の友好人士との連携」、いわば日華の連携を獲得することにあった[26]。

公的な外交関係をもたない日台をつなぐ人的チャネルは、議員外交を中心に展開される。そのチャネルの形成は、主に個人的な関係を通じて進められた。馬樹禮の回顧録によれば、日華懇の灘尾弘吉、藤尾正行ら以外の議員との関係は、駐日代表処の林金莖、楊秋雄、柯振華、蕭昌楽、陳鵬仁、黄興家、詹明星ほか、華僑の人脈を使って、自民党各派閥、民社党、新自由クラブ、社民連の議員との間につくり上げられていったという[27]。招待外交を展開し、対日チャネルを強化することに対し、台湾の政府内部で十分な理解があったとはいえなかったが、馬は蔣経国の信任に加え、党内での要職を占めていた経験と、国会議員でもあることも重要な要素となり、外交部を事務的に通して思うように進まない点については、蔣経国が総統に就任して以降も直接総統府へ電話をかけて実現することができた。蔣経国に直接報告をしながら、緩やかに外交部との連携を図り対日外交を展開していたと考えられる。

（2）経済関係をめぐる実質的連携の構築

馬樹禮は日本との連携を拡大・強化する一つの手段として、経済も活用した。行政院力行小組のなかで、中国側が「周四条件」を企業に提示したことから、台湾側でも中国との経済・貿易関係をもつ日本企業を「黒名単」（ブラックリスト）にリストアップして往来を拒絶していたが、日中国交正常化後、多くの日本企業が中国との貿易に従事しはじめ、日本から購入しなければならない物資や輸出品に困難が生じたため、制限のさらなる緩和が課題となった。[28]

外交部は断交以前に定めた対日貿易政策を「全面的に検討を加えて修正すべき」と積極的な姿勢を示し、経済部も今後の台湾の経済発展のために、台湾との経済・貿易関係を希望する相手との積極的な往来を提案していた。一方、馬樹禮は、日本からの台湾への投資・貿易については、敵と友を見分け相手を慎重に選択する方法を考えるべきで、日華懇などの友好団体の推薦を経て許可されるようになれば、今後の対日工作の推進に利すると提案していた。[29] 経済部国際貿易局の原案では、ブラックリストの取り消しから折衷案までが準備され、力行小組で具体的な検討がなされた結果、「きわめて友好的でない」日本企業をブラックリストに入れることが決定され、亜東関係協会東京弁事処馬代表の収集資料に基づいて審査し、名簿を作成することとなった。[30]

この作業が実際いつの時期まで行われたのかについては明らかではないが、一九七三年一二月二二日の「実践小組第一次会議」において、馬樹禮代表が「最近の、政治・経済が協調して運用されるべきとした本党中央の決定は、対日工作に有利」と発言し、以降、賀屋興宣、渡邊美智雄、椎名悦三郎らの紹介してきた企業の審査や、力行小組からの要請による企業の審査等が始められ、七四年までに四回の会議が開催されている。その基本的なスタンスは、日華懇ら友好団体の推薦に基づく関係の拡大であった。(31)

また、八二年二月に台湾の経済部は、日台貿易不均衡の問題化のため一五三三品目の対日輸入制限を発表した。突然の台湾側の発表に驚いた日本は、三月初めに交流協会を通じて遺憾の意を表明し、ただちに当該措置を撤回することを強い文面で求めた。意思疎通のうまくいかない日台間の状況を打破するため、日華懇は、台湾側に貿易格差に関する強い調子の文書を出す場合には先に相談をすべきであると交流協会に釘を刺した。一方、台湾側は政治レベルでの交渉を進めるため、外交部次長銭復が馬樹禮代表と連携し、四月八日に来日した。一五日に帰国するまでの間、銭復外交部次長は灘尾弘吉、長谷川峻、金丸信、藤尾正行、佐藤信二ら日華懇の議員らと懇談した後、福田赳夫元総理大臣、自民党本部では二階堂進幹事長ほか竹下登、小渕恵三、中川一郎科学技術庁長官、須之部量三外務省事務次官、加えて岸信介、山中貞則、渡邊美智雄大蔵大臣、櫻内義雄外務大臣、宮澤喜一内閣官房長官、安倍晋太郎通産大臣ら多くの要人たちとの会談に走り回った。(32) 馬代表をはじめ駐日代表処が構築してきた対日チャネルが、フル稼働した感がある。

最終的に日本は自民党の江崎眞澄を団長とする「江崎ミッション」を台湾に送り、台湾側の制限の解除にこぎつけ、翌年「安西ミッション」をさらに送ることとなった。これが貿易格差問題の実質的な解決に結びついたわけではないが、双方の認識不足などで招いた誤解によって国内から発せられた強いメッセージの応酬が日台関係を揺るがすほどに一気にエスカレートしていくことを抑止し、準公式チャネルを活用して政治的解決にこぎつけた事例であった。

この経験をもとに、銭復は、日本はじめ各国のメディアでは、日本政府が中国寄りであり、政治・外交・経済上台湾に対し不利な政策をとっているとの報道が多く、台湾国内での誤解や不満を招き日台関係に影響を与えていると指摘する[33]。このメディア工作や対日宣伝工作という面では、新聞局の役割も重要となるものの、大きな壁を抱えていた。一九八〇年に日本に赴任した新聞局の張超英は、日本のメディアとの多面的な関係の構築を一つの課題としたという[34]。この張超英は、個人的な人間関係を活用して朝日新聞や読売新聞等とのつながりを新たに構築したが、産経新聞等との長年の強い関係とのバランスをいかにとるかという点は容易ではなかった[35]。

(3) 過渡期の台湾外交

日華断交によって、日本と台湾との間には、公式な政府間関係というレベルでの外交関係は失われたが、実質関係を維持するための機構は、断交後三ヶ月も経たずに設立された。その機構設立をめぐる過程の考察によって明らかとなったのは、公的な外交関係断絶後の関係の位置づけをめぐる日台間の明確な立場の相違であった。田中角栄政権は、日中国交正常化の交渉過程においてみられたように、台湾問題を日中の枠組みのなかに位置づけ、「民間、一地方」との関わりという行動準則をとりはじめたかに見える。それに対し台湾側は、外交関係が切れたのち、民間の実質関係維持機構の設立から航空路線断絶、そして復航までの過程において、いわば「一つの中国、一」の後段の空間を守り、国家としての行動準則をいかに積み上げていくのかという中国との闘いを展開した。それは日本の側から見れば、国際空間において各国と台湾との関係を地方レベルのものと位置づけ、その既成事実を積み上げるという中国側の長期的な対台孤立化戦略のなかで、「一つの中国」と「日中友好の範囲内で」という制約のもと、台湾をどのように扱っていくのかというすぐれて政治的な問題であった。

航空路線の復活への過程は、日台関係が、日中関係に完全には収斂されない半公半私の関係へと再編されていく転機となった。その半公半私ということの意味は、単に貿易・経済関係および文化交流という面での実質関係だけではなく、政府間関係なき、いわば外交関係なき「外交」交渉という側面をもつということであった。すなわち、日本側は、台湾側の日台実務関係機構である亜東関係協会駐日弁事処（後の台北駐日経済文化代表処）を、対台湾実質関係の交渉相手として、また準政府機構として位置づけるようになったのである。その後馬樹禮は、実質として中華人民共和国とは異なる存在として扱われるための実践を積み上げる一方、問題を政治化させずに処理することに重点をおいた。これによって一九七〇年代後半から八〇年代半ばの時期には、江崎ミッションで見た日台経済摩擦を除き、日台および日中台間には大きな問題が起きなかったかのように見える。それはまさに、蔣経国―馬樹禮の体制下でとられた、問題を政治化させないで処理しようとする外交姿勢の結果であった。これこそが、過渡期の台湾外交の重要な特徴である。

元来、中華民国外交がもつ一つの論理は、短期的には後退し、長期的には巻き返しを図るという外交戦略であり、それは毛沢東や蔣介石の長期戦略に通じるものであった。それはいわば、毛沢東および中国共産党政府の側が、国民党政権が疲れ果て内戦の最終的敗北として大陸へと戻ることを待つ一方、蔣介石および国民党政府の側が共産党による大陸支配の崩壊を待つ状況下で、ここでもまたどちらが長く待つ時間をつくれるのかという時間の闘いであった。そして、その時間の闘いの内実は、過渡期を経て、独立した存在であろうとする台湾の意志が失われる帰結としての「中台統一」と、中国が統一する意志を喪失していく帰結としての「台湾の独立」という両極の結論に対して、どちらが自らに有利な変化を生み出しうる時間をつくり出すのかという性質へと変容する。蔣経国時代の実質外交への変化は、中華民国の歴史を背負いながらその存続のために台湾化の要素を取り入れたものだったものの、それが行きつく方向性は曖昧にされたままだった。しかしながらその転換は、統一も独立も、そしてそれへの交渉も行われずに積み重ねられた蔣経国体制下で、二十年に及ぶ現状維持の時間を再生産した。そのなかで、意図したものとしてではなかったが、中華民国外交から台湾外交への変容を生み出していくこととなった。

4　李登輝時代への変動のなかで

(1) チャネル再構築の模索

一九八八年の蔣経国総統の死去に伴い、副総統であった李登輝が総統に就任すると、国内の民主化と対外活動、そして対中活動が連動しながら大きく変容し、国際空間で台湾が展開する活動を、国際社会がどのように認識し対応するかが重要な問題となった。そうしたなかで、七二年から外交部長、国家安全会議秘書長、総統府秘書長として外交での発言力をもっていた沈昌煥が、八八年のソ連貿易訪問団をめぐって解任されて総統府資政となり、九〇年には対日外交でやはり無視できない存在感を有していた張群が死去する。さらに翌年、シンガポール大使を経て駐日代表処に赴任していた蔣経国の次男蔣孝武が病気療養のため離任することになった。

このタイミングに李登輝は、九一年四月、内政部長だった許水徳から、形式的には降格となる駐日代表に就任する承諾を得た。日本語によって直接日本各界とのチャネルを構築しうる人物を駐日代表として日本に送り込むことができたわけである。[36] 許水徳は六月二九日、本省人初の代表として期待を背負って東京に赴任することとなる。[37] その後、林金莖（一九九三〜九六）、荘銘耀（一九九六〜二〇〇〇）と日本語に堪能な人物が駐日代表に任命されるようになり、基本的には総統のもとで対日政策は展開されていく。特に、許水徳の時期は、それまで国民党と自民党の間に築かれていたチャネル以外に、新たなチャネルの開拓が必要とされていた。

李登輝訪日をめぐる日本内部での確執は、そうした一面を表す出来事でもあった。九一年六月、元副総理金丸信は台湾を訪問した際に、李登輝訪日の話を持ちかけられ承諾する。しかし、従来から台湾との間をつなぐ重要なチャネルとなってきた日華懇の藤尾正行や佐藤信二らは、これに抵抗して情報をリークした。これに先駆けて中国側は、八〇年代から自民党の総務会長、幹事長を歴任した経世会（竹下派）の重要人物である金丸への工作を続けており、九〇年八月には金丸の初めての中国訪問が実現していたのだった。しかも、訪中の際には、江沢民総書記、楊尚昆国家主席、李鵬首相らとの会談もセッティングし、金丸の対中認識によい影響を与えたとの感触を得ていただけに、李登輝訪日の情報が入ってくると、もとより太いチャネルをつくり上げてきた竹下登を通じて急ぎ金丸を説得し、断念させたという。(38) こうして、最初の李登輝訪日計画は流産した。

日華懇との間に生じた隙間を埋めながら、一方では社会党の土井たか子、渡邊美智雄（当時外相）はじめ、宮澤派の議員らとの関係を構築して、水面下および公式・非公式の日台間のチャネルが更新されていった。(39) 九三年二月には、銭復外交部長の訪日が実現、福田赳夫元首相はじめ要人との会談が実現したほか、九四年末までに王金平立法院副院長（九三年六月）、蔣彦士総統府秘書長、邱創煥考試院長、劉松藩立法院長、劉兆玄交通部長、徐立徳行政院副院長、江丙坤経済部長らの訪日が次々と実現した。九三年夏に日本の「五五年体制」が崩れ、連立政権が成立すると、「ハイレベル接触」が増加し、日台関係の実質に変化が見えはじめる。(40)

九一年の李登輝訪日をめぐる藤尾正行や佐藤信二ら日華懇の「老関係」との確執は、(41) 従来の日華関係を象徴する蔣介石への「以徳報怨」を軸とした関係とは異なるつながりへの変容を表していた。その後日華懇は、超党派の「日華議員懇談会」に改組された後も、定期的な訪台を継続し、単に日華関係を象徴するチャネルからは変容し、日本および台湾の政権交代を経ても継続しうる日台間のチャネルとして機能していくことになる。

（2）李登輝の対日工作

李登輝政権では、国際空間での活動と中国との関係の発展は、「車の両輪」のように同時に動かす必要があると捉えた[42]。実務外交（Pragmatic Diplomacy「務実外交」）の展開と中台関係の状態を二つの軸として考えると、実務外交の展開によって台湾および台湾問題への国際的な関心を確保し、それを担保に中国と対等に「対話」することは、台湾にとって理想的な状態である。しかし、台湾が国際的に孤立し、国際社会において台湾問題が中国の国内問題として認識される状態では、一方的に中国ペースでの「統一」プロセスが展開せざるを得ない。こうした観点から、台湾の国際空間における活動を必要不可欠と位置づけたのが李登輝時代の戦略であった。そして、日本との関係は、その戦略の重要な一部であった。

李登輝のもとで日本と台湾との関係に大きな変化が生まれるのは、おおよそ一九九一年以降であったという[43]。許水徳が駐日代表として東京に赴任するのと時期を同じくして、九一年七月、形式上は外交部に属する対日工作小組が設立され、外交部長銭復を招集人として対日工作の課題などを検討しはじめている[44]。総統府参議（後に国策顧問）として参加していた曾永賢によれば、この対日工作小組は、実質的には李登輝総統主導で活動が進められ直接総統に報告をあげる体制がとられ、人事や人材養成、情報の安全面などでさまざまな改革案も提起されたが、次第に形式的なものとなっていったという[45]。そして、八〇年代の「江崎ミッション」訪台に際しても積極的に関係改善に動いた銭復が、九六年に外交部長を離れるとともに、この小組は役割を終えた。

李登輝は、その一方で中嶋嶺雄や戴國煇、彭榮次ら個人的なチャネルを活用しながら、対日工作を主導していく。九四年、空席となっていた駐日代表処新聞組長に、いったん退職していた張超英を再度起用すると、張は日本の大手新聞はじめ各メディアを通じて日本における台湾および李登輝への認知を拡大させることを自らの課題として活動する[46]。アジア大会への徐立徳訪日、翌九五年李登輝訪米から総統選挙、ＡＰＥＣ大阪会議などの出来事を通して、日本の紙面での台湾情報の扱いを拡大し、李登輝や辜振甫らの知名度を格段に高めた。そうしたメディア工作等によって、蔣介石カードに代わりうる新しい日台の象徴が形成されていくことになる。

九四年頃から日本の雑誌や新聞記事には「李登輝」の文字が氾濫しはじめ、民主化の過程で政治改革や「憲政改革」など変革を推し進めるアジアの「強いリーダー」としてのイメージが創られていく。また、これとともに、九四年の司馬遼太郎との対談において、「台湾に生まれた悲哀」「場所の苦しみ」を掲げ、台湾人の置かれてきた歴史状況や現状に対する日本人の共感を強く喚起しつつ、それに対して長く無関心を装ってきた日本人の責任を強く想起させた[47]。李登輝は、日本語教育、軍隊経験、日本語を母語として操る能力という、植民地統治の影響が刻まれる自らの経歴・個性・立場をフルに活用しながら、日本の台湾に対する親近感をつくり出し、自ら率いる国民党政権さえも「外来政権」と説明して、民主化し台湾化していく「台湾の中華民国」と日本の新しいつながりを提示したのであった。「李登輝」と、それによって形成された「親日台湾」のイメージが、蔣介石カードにとってかわり、日台関係を結びつける効果的なカードとして活用されていくことになる。

九三年八月の国民党大会において党主席に再選された李登輝総統は、中国との正面衝突を避けて地道に台湾の国際的な地位を引き上げようと試みるそれまでの外交姿勢から一転、「休暇外交」と称する積極的な姿勢に転換した。これにより、日本外交も変化する必要性があるのではないかという認識は、日本国内でさらに広がりを見せる。

九三年一一月にシアトルで開催されたＡＰＥＣでは、江丙坤経済部長が「段階的な二つの中国論」を打ち出し、「台湾の中華民国」の存在について国際的な認知を得ることに力を注ぎはじめる。翌年二月にはフィリピン、インドネシア、タイへの非公式訪問、五月には中米諸国、南アフリカを訪問するなど、国際空間での活動量を増大させることによって台湾の存在を国際的にアピールしていった。この背景には、中国側が巨大な潜在的市場と経済成長を武器に次第に国際的影響力を強めていくのに対し、国際空間で活動し発言することによって存在をアピールしなければ、台湾が中国の国内的な存在として封じ込められるとの危機感があった。

こうした台湾の積極的な外交を前に、地理、文化のみならず、経済的にも歴史的にも関係の深い日本はどのような対応ができるのかが注目されることになる。広島アジア大会は、そうした現実へのテスト・ケースとなった。九四年の広島でのアジア大会開催に向けて、大会を運営するアジア・オリンピック評議会（ＯＣＡ）のアフマド・アル＝サバーハ会長は、九四年八月に李登輝総統に対して招待状を出した。その真意は不明であったが、これがマスコミに公表される以前から、中国は日本の議員との談話を通じて、李登輝訪日に断固反対であるとの姿勢を示していたという。(48) この中国の激しい反発をうけて、結局台湾からは代理の徐立徳行政院副院長が派遣されることとなった。日本政府としては李登輝総統の訪日を避けることで中国側に配慮し、徐立徳副院長の訪日を受け入れることで台湾側へも配慮するという妥協点を見出したつもりであったが、結局中国からの非難は避けられなかった。また、日本国内では、スポーツに政治を持ち込むことに反発を覚える人々や、中国の強烈な反発はやりすぎではないかと感じる人々も多かった。最終的に、台湾側は日本の立場を配慮し李登輝の代理を日本に送ったものの、李登輝総統は、「日本人の六、七割は中国が強引すぎると感じただろう」と総括し、積極的な外交活動による台湾の知名度向上については手ごたえを感じていた。

次に注目されたのは、九五年一一月に大阪で開催されるＡＰＥＣの非公式首脳会議に際して李登輝総統の訪日があるのかどうかであった。ところが、これについて日本外務省は、同年五月の村山首相訪中を前に、すでに中国外交部に「李総統はむろん、行政院副院長もありえない」と伝えていた。(49) さらに台湾に「特使」を派遣して、李登輝総統が参加しないように要求していたという。(50) 米国が李登輝の訪米を承認し米中関係がこじれたものの、同年秋には改善へと向かう外交関係を展開する一方で、従来どおり事なかれ主義的な対応を見せる日本外交の象徴的な出来事ともなった。

5　小　結

一九七〇年代初期に国際的な孤立感が深まるなかで、台湾の中華民国政府は、蔣経国行政院長を中心とする体制の下、経済活動が減退しないように政策を手直しし、また外交においても、公的な外交関係のないなかで各国との実質的な関係を維持する。特に日本との関係の処理は、他の国家とは異なる重要性をもった。なぜなら日本は、「二つの中国」を主張する中国との関係において、台湾の扱いをいかなるものにするのか、あるいは日本の認識として台湾をどう位置づけるのかをめぐり、中国からの強いプレッシャーを受ける相手だったからである。この日本との実質関係を維持するためのさまざまな問題処理の過程で、公的な外交関係をもたない台湾は、日本を介して突きつけられる中国からのプレッシャーをはねつけ続けながら、日本での活動空間を確保し、また中国とは異なる存在としての認知を獲得していく。

そして、中国とは異なる存在としての実践の積み重ねによって、台湾の外交は中華民国外交とは異なる特徴をもつことになるのだが、それだけでは日華・日台の二重性をもつ日本との関係において、日華が縮小して日台に一元化されていくことにはならなかった。外交関係が失われた後の日本と台湾の間の実質関係は、半官半民の機構を主としつつ、半公半私の領域における政治関係によって補完されることで問題を処理し、関係を進展させていくものだった。そこでは、日華懇の役割にみられるように、蔣介石という象徴的な存在を強い絆として結びつく「日華」関係における要素が重要な役割を果たしていた。蔣経国の時代の外交は、すでに中華民国外交とは異なるものでありながら、依然として「日華」の要素に支えられ維持されていたといえる。

この過渡期に積み上げられた外交上の実践は、日本においては、「李登輝」という象徴的存在を獲得することによって、新たな枠組みに再構築されることとなる。すなわち、日本は、自国の植民地統治時代の歴史を自らの人生に刻み込んだ存在である李登輝とのつながりのなかで、台湾を再認識することとなった。そして、七二年からその時期までに積み上げられてきた関係は、台湾としての認知を求める台湾外交のなかで新たな意味をもち、また理解されるようになった。九〇年代に明示的に展開されはじめた台湾外交は、新しいものをつくり上げていくというよりは、すでに二〇年の実践の積み上げによって築かれてきた基盤の上で展開するかたちで推し進められることになったのである。蔣経国時代の日台関係における実践は、こうして台湾外交への過渡期として再解釈され、意味を与えられるものとなったといえよう。

終　章　「現状維持」の再生産と台湾外交の形成

本書で見てきたように台湾をめぐる特殊な状況は、中台関係のなかだけで生まれてきたものではなかった。米国、日本をはじめさまざまな国が関わりながら生じてきたものである。米国によって台湾海峡の分断の固定化がなされることで生まれてきた現状維持という状況は、一〇年、二〇年という期間で見れば継続してきたことになるが、実際は幾度もの摩擦や紛争、危機を、なんとか最悪の事態に陥らないよう抑制することで、更新されつつ獲得されてきたものだった。その現状維持は、米国や日本が国内事情から大きな政策変更をしないことによって支えられる一方で、台湾が国際社会から提示される「一つの中国、一つの台湾」という現状に即した関係の再構築を拒否し、日本や米国の政策変更を強く拒絶する頑な外交姿勢によっても、支えられていた。一九五〇〜六〇年代までの台湾海峡をめぐる「現状維持」はそうしたかたちで継続され、そのなかで台湾の中華民国政府は、国際社会において自らを「中国」として位置づけながら存在することが可能となった。

しかし、第二章から第三章で国連における中国代表権問題をめぐる米台関係の考察を通して見たように、台湾の中華民国政府が米国への不信感を深め、その不信感のゆえに外交における柔軟性を失い、現実主義路線をとる外交官と蔣介石との確執が深刻化していったことは、中華民国の外交力を失わせていく結果を生んだ。日本と台湾との間でも、中国と経済関係の拡大を模索する日本の動きを黙認しつつ、外交における処理の困難な問題を別のチャネルによって処理していこうとした日華関係は、表面上は緊密な友好的関係を維持しているようでありながら、そのじつ脆弱な構造をもつことになった。この五〇～六〇年代の二〇年間、台湾をめぐって日米台を軸にさまざまな模索がなされ、そのなかで中華民国政府は強硬な姿勢で政策変更を拒絶し、一つ一つの紛争の処理においては「現状」を維持することに成功したかに見えた。しかし、その一つ一つの現状維持の確保という「成功」は、七〇年代の初期に迎える大きな挫折へと帰結していくことになる。この二〇年とは、いわば台湾を国際空間に残す選択肢が失われていった時間であった。

第三章において考察したように、台湾の国際的孤立の象徴的出来事となった七一年の国連からの退出という一つの分水嶺において、中華民国政府はもはや「台湾として」も国連に残留することができなかった。そして、これに続いて翌七二年には、日中国交正常化交渉が急速に進展していく。そのなかで、日本は台湾との外交関係を断ちながらも実務関係を維持することを成功させる。台湾の中華民国政府は、日本の動きを阻止することも遅らせることもできないまま、その対応の重点を国内の動揺を抑えることにおき、実質的に国際空間において生き残る道を模索する。中華民国外交は、大きな状況の変化のなかでもはやなすすべなく挫折していくこととなった。

この中華民国外交の挫折は、短期的な対応や処理の失敗というよりは、それが生じた七〇年代初期までの二〇年近くの時間のなかでつくり出されてきたいくつかの状況の帰結であった。すなわち、国際社会においては、台湾をなんらかの形で位置づける模索や可能性が失われ、中華民国政府自身の外交力も失われていったことの帰結として、あたかもそうならざるを得なかったかのように転換が生じてきたのであった。

しかし、そうした転換のなかで、第八章の日台航空路線問題で見たように、日本との断交後に台湾は、「日中関係のなかの台湾」という枠組みに閉じ込められそうになりながら、公的な外交関係のない日本において、中国とは別の存在として扱われるために、そしてその活動空間を確保するために闘いを繰り広げる。その結果、日本の姿勢は、台湾との問題については台湾と話し合って処理し、中華人民共和国とは異なる存在として台湾に向き合うというものへと転換することになった。その後台湾は、中華民国という名前も原則的な立場も表立って放棄することなく、日本という国際空間のなかに中国とは異なる存在として生き残っていく。それは、台湾サイズの国家としての認知を求めるものでもなく、中華民国としての認知を求めるものでもなく、そうした形式の問題を棚上げにしながら、いかに活動空間を確保・拡大するかに重きをおいた外交活動であり、いわば中華民国外交から台湾外交への過渡期の外交であった。

この過渡期において、「中華民国外交」は形式上・表面上は大きな変更のないままに、実際の外交行動様式を変化させていく。そして、これにより国内での大きな変動や政治的衝突を抑制しながら、国際空間のなかでの生き残りを実現すべく、台湾としての活動空間をつくり上げていった。その具体的な外交の実践の積み重ねが七〇～八〇年代の二〇年という時間を経た結果として、台湾としての認知を求める「台湾外交」へと変化していく基盤が形成されるにいたったのである。八〇年代末からの李登輝時代になって表れてくる台湾外交は、その時期の短期的な政策転換によって実現されたのではなく、その外交の枠組みの変化に先立って生じていた実質的な行動様式の変化、いわば台湾外交の実質的な形成過程という二〇年の時間を経て、その基盤の上に実現していったと見るべきである。

（1）日華・日台関係の二重性

戦後の日本と台湾との関係には、中華民国政府と日本との次元における日華関係と、台湾と日本との次元における日台関係という関係の二重性が存在する。そして、蔣介石の恩義論に象徴される中華民国政府と日本の歴史的および政治的関係と、植民地時代からの政治・経済・文化における密接な日台関係には、この二重性の存在ゆえに、一九七〇年代初期の国際的孤立を契機として中華民国外交から台湾外交への変容が単線的に起きたのではないことを典型的に見出しうる。このことは、本書を通じて何度も確認してきたことである。

蔣介石時代における日華関係は、中華民国の国際的地位を確保する手段としての外交のなかで、蔣介石という個人を担保に形成された、日本と中華民国政府の間のそれであった。そして、外交関係断絶後の日台関係は、依然として中華民国の名を捨てずに残しながら、台湾と各国との実質関係を拡大していくという、蔣経国時代の過渡的な外交のなかで展開した。過渡的とはすなわち、中華民国外交から台湾外交への変容過程における過渡的な性格をもつということである。この段階における蔣経国の外交は、外交の台湾化や台湾外交への転換という方向性を意識的な政策選択としては有していない。したがって、この段階においては、台湾外交への方向性も、中華民国の復権としての方向性も、ともに開かれていたのである。

こうした中華民国の名を残し、外交原則を大きく変更しないままに、具体的実践としてのちの台湾外交を形づくる実質外交を展開することができたのはなぜなのか。また、それはいかなる思考様式によって生み出されてくることになったのだろうか。蔣経国時代の台湾の外交は、中国の対台湾孤立化戦略と統一戦略に対抗するために、外交空間における中国との闘争を継続していかなければならないとして、実質外交を正当化した。日本との実質関係の形成過程においてみられたように、それは開明的な外交戦略というよりも、対中外交闘争の展開のなかで国家として行動し、中国とは切り離された存在として実質的に扱われるという行動規範の獲得であった。その結果として、国内的に中華民国政府の支配の可能性を存続させるとともに、外交領域における台湾化を生じさせることにもなった。すなわち、外交面において、積極的に正統性を争い勝ち取るという面が抜け落ちていき、実質的に中華人民共和国とは切り離された存在としての活動空間を確保し拡大することに重点がおかれるようになる。このことは台湾に、中華人民共和国とは切り離された台湾、もしくは「台湾にある中華民国」という実質を付与していくこととなったのである。それは、現状維持によって生み出される時間を通じて積み上げられていく実質のなかで、中華民国外交から台湾外交への静かなる変容へとつながった。

しかしこの過程は、台湾の独立か、あるいは中国を代表する政府としての中華民国の再興かをめぐる方向性は曖昧なままに、台湾と各国との実質関係を拡大していったものである。その実質関係を基盤とし、かつその実質関係を反映させていこうとするかたちで、台湾と各国との関係のレベルアップが模索されていくことになる。したがって、その実践の積み重ねだけでは、二重性をもつ日華・日台関係における、中華民国外交から台湾外交へのジャンプは起こらなかった。

準公式のチャネルによって実務関係を維持してきた日台関係は、政権交代などの国内的な変動によって大きく影響を受けざるを得ない構造であるものの、当事者たちが指摘するように、まさに人脈がその活動を支えた。蔣介石から蔣経国への権力移行に伴う対日チャネルの再編では、日華懇メンバーを軸にしつつ蔣介石カードを活用してチャネルの構築を進めざるを得なかったが、この日華レベルの関係が、外交関係のないなかで日台間の実務関係を維持し、発生した問題を実務的に処理しうる環境づくりに寄与したという意味で、「日台」を支えたのであった。

李登輝時代の現実外交は、そうした実質的な外交関係の積み上げを基盤として展開されていくこととなった。対日工作と対日政策が李登輝総統主導に切り替えられていく過程で、この二重構造においては決定的に「日台」が重きをなしていくことになるが、それは、本省人であり日本語堪能な駐日代表の派遣という転換だけではなく、蔣介石カードに代わる象徴的な日台のつながりを創出することによって可能となっていった。しかし、日華の次元がそれによってもはや歴史となったのかという問いかけは、台湾における中華民国の位置づけや歴史の取り扱いという、現代の台湾が抱える問題と交錯しながら展開していくことになる。

少なくとも、日華・日台の二重構造の遺産は、関係を再構成しながら継承していく際の重荷にもなれば、また日台関係を支える重要な要素ともなりうる。総統選挙を前に訪日した馬英九が、つくられてしまった反日イメージを払拭する意味も込めて孫文ゆかりの地を訪れるなどし、日本との関係の深さを掘り起こそうとするとき、また中国と台湾がさまざまなレベルを使い分けることによって関係を展開させていくのを目の当たりにするとき、日本が二重構造のなかで台湾との関係を構築してきた歴史への多層的な認識は、あらためて必要とされ、意味をもってくるように思われる。

八〇年代末以降の台湾の民主化に伴う台湾問題の再浮上によって、日本のなかでも台湾への関心が高まり、それがナショナリズム、「民主」という価値と結びついたことで、新たなチャネルの構築が進みはじめたように見える。しかも、そうした過程は、李登輝個人への強い思い入れと台湾海峡をめぐる日米安全保障への考慮に支えられていた。

そうした台湾へのイメージ形成や理解の変化は、日中相互のイメージ、特に日本の対中イメージをどう揺り動かしているのか。この点は、九六年を契機として、台湾海峡をめぐる危機は中台問題という国内問題ではなく国際問題であり、台湾への軍事的威圧には日本も自国の問題として危機感をもつべきであると強く意識されるようになったことに集約される。これにより、大国化していく中国への脅威という感覚が日本に定着し、それが国内的に対中「弱腰」外交への懸念を強める結果となった。日中関係そのものの変化によって日本の対中認識が変化したというだけではなく、台湾をめぐる中国の対応や台湾への認識を通じて、日本の対中認識は変化したといえるであろう。つまり、「親日台湾」というイメージに対して、強圧的、「反日」中国というイメージが対旋律的に流れはじめる。

そして、九〇年代以来、李登輝への強い親近感を背景にして支えられてきた日本の台湾への認識は、その後の台湾国内政治の変動や中台関係の展開に直面したときに、日本に戸惑いを生み出している。それはまさに、中台関係や日中、日台関係に対する日本の認識や基本的な姿勢が再構築されず、変容を迫られた二〇年間を、台湾問題への本質的な理解を求めないまま状況対応的にやりすごしてきた結果でもあろう。

（2）再生産される問題状況のなかで

戦後の台湾が置かれていた米国・日本の台湾・中国への政策を含む国際政治の文脈では、李鍾元の言葉を借りれば、戦後の東アジアの冷戦状況における「オモテ」と「ウラ」のドラマが作用した[1]。すなわち、表側のドラマとして、イデオロギー対立としての米ソ冷戦と各国がこれを引き込んだ「国内冷戦」が展開し、もう一方の裏側のドラマとして、より地政学的な権力政治が展開された。そして、日本を中心とする米国の東アジア政策の展開において、台湾は国際政治の「国内冷戦」と地政学的な権力政治のドラマとのはざまに存在してきたのである。

台湾問題は、そうした冷戦と権力政治という二つのドラマのなかで展開してきた。序章においても述べたように「七二年のニクソン訪中による米中接近と日中国交（日台断交）、さらには七九年の米中国交樹立によって、それまで戦後一貫して重要な課題であり続けた『台湾問題』は、この時以来アジアの国際関係における『マイナー』なイシューに転化し、それはその後二十年余の時間的経過のなかで、一般には『中国問題の一部分』としての見方が定着しつつあった」というのが、日本における台湾問題をめぐる状況であった[2]。そして、従来の台湾に関する問題は、日中友好関係の阻害要因または争点として取り上げられることが多かった。しかしながら、台湾問題は、本書において考察したように、七二年の日中台関係の変化を経ても、完全には「日中関係の中の台湾」の問題とはならなかった。

航空路線問題にみられたように、状況の規定という次元においては、この問題に関わるアクターのいずれが主導権を握るのかが重要な点である。たとえば、中国が「問題である」とする状況の規定に対し、日本は問題を解決しようと動くことによって、問題が存在するという中国の状況規定を受け入れることになる。それは、航空路線問題だけでなく、その後の歴史問題や台湾問題への認識表明などにおいても幾度となく繰り返されている、問題を解決しようとする行為によって問題を再生産してしまっている構造である。

現在に至る中台関係においても、「一つの中国」「対等な二つの政府」「一国両制」「特殊な国と国の関係」「中央と地方」「九二コンセンサス」「両岸一家親」などのさまざまな言説によって、状況の規定をめぐる激しい政治外交が展開されている。そのなかで、台湾問題は再生産されているのである。

国際政治においては、対立の真の原因を求め、除去しようとしても、それは果てしない議論を生むだけで、肝心の対立を解決することにはならない。それよりは対立の現象を力の闘争として、あえてきわめて皮相的に捉えて、それに対処していくほうが賢明なのである(3)。

台湾問題は、上記のように、むやみに解決を求めれば果てしない議論を生むだけで解決が困難となる問題ではあるが、無意識にせよ台湾問題をめぐる一種の行動準則が形成されてくることによって、絶えず再生産され続ける現状維持という均衡状態が成り立ってきた。日中台間の台湾問題をめぐる外交においては、表面上の原則堅持と実質面における内実拡充を軸に、すでに多くの意識的あるいは無意識的な取り組みが積み上げられてきている。そのことを理解しておくことは、まさに「権力闘争に対処しながら、その対処のしかたにおいて、国家の行動準則を形成する方向に動くことが必要である」との指摘のとおり(4)、今後の日中台関係の展開を見通すうえでも必要となろう。

原則面において、台湾の中華民国政府は近代中国の歴史的使命を担う政府であることを捨ててはいない。象徴的次元において原則を守り、中国史の文脈を継承する「中華民国」という名を残しつつ、実質的な変容を果たしてきたわけである。中華民国という名前を台湾が背負い続けることは、今日まで引き続いている台湾の歴史にとって重荷であるかもしれない。しかし、その一方で、近代から中国の歴史的使命を背負ってきたその名は、台湾の独立を許容しない中華人民共和国との政治闘争において、重要な政治的資源となっていると見ることが可能かもしれない。すなわち、経済発展と八〇年代後半以降の平和的民主化の成功によって、台湾問題における台湾の自立性が向上したにもかかわらず、単に台湾の住民自決といったかたちで問題が収斂されていかない状況で、統一を強いる中国からの圧力と闘う一つの手段は、中華民国という名に象徴される歴史的・政治的なさまざまな要素や経験であるからである。

七〇年代の台湾の国際的孤立化は、六〇年代のさまざまな可能性の喪失としての、台湾をめぐる政治力学の一つの帰結であった。そして、台湾外交の実質的な基盤は、その国際的孤立化のなかで、「台湾化」という明確な方向性をもっていたわけではない実践の積み重ねの結果としてもたらされたものであった。これらの結論の延長上には、次のようないくつかの課題が導き出されるであろう。すなわち、それぞれの正統性が国内政治および国際政治のレベルにおいて衝突し、一種の力の均衡が生み出され現状維持という時間が再生産されていく側面、また「国家であること」と「国家として扱うこと」「国家として扱われること」という自己認識と他者認識のずれ、中国─台湾─国際社会（日本、米国等）の三者の認識のずれによるダイナミズム、三者間の認識と実態のずれによるダイナミズムなどである。これらの課題については、今後いっそうの解明が必要とされる。

意図されたなんらかの方向性を有する行為の積み重ねだけではなくさまざまな可能性の消失をも含めた政治力学がもたらす帰結を見出そうとする取り組みは、困難な作業ではあるが、歴史のなかにうずもれている新しい可能性や経験を取り戻すうえでも重要である。九〇年代における台湾問題の再浮上の背景には、六〇年代におけるいくつかの可能性の消失と、その帰結としての七〇年代初期の台湾の孤立化があった。そして、本書での六〇〜七〇年代の分析は、「一つの中国」の後段部分、すなわち七〇年代初期に「一つの台湾」の語が消え去り、そしていまだ確定した言葉が書き込まれていない余白について、その記憶を取り戻していく作業といえるものだった。

(3) 台湾外交への軌跡

一九七〇年代初期までの台湾の中華民国政府は、中華民国という国家としての承認・認知を求めるがあまり、中華民国としての認知はおろか、台湾を統治する政治実体としての認知を得ることさえできず、「一つの中国」というある種の虚構の「主体」としての地位を中華人民共和国に奪われることになった。幸いにも、七〇年代の一〇年間という時間において、国際社会から政治外交上の国際主体としては退出しつつも、米国との外交および相互安全保障条約を維持した体系のなかで、台湾海峡の「現状維持」が続く。この時間は、中華民国政府が外交原則を大きく変更しないまま、二つの目的のための実践と行動準則を積み上げる契機となった。一つは、台湾の経済活動空間の確保・拡大であり、二つ目は、各国・各場面において展開される中国との外交闘争のなかで、中華人民共和国とは異なる存在、政治実体として生き残ることであった。

「国際主体」としての行動準則の確保と維持、そしてそれを可能とする空間の確保という実践の積み上げが、八〇年代に入りさらに一〇年続いたとき、外交とは異なる次元で台湾の民主化が進行し、それまでの本土化（土着化）の動きを一気に推し進めることになる。そして中華民国の台湾化が進むなかで、九〇年代に入り李登輝が台湾を統治する政治実体としての認知を求めはじめる。そこには、突破しなければならない課題は多々あった。「中華民国」としての歴史と枠組みを一気に捨て去ることなく、国際空間における実態と現実を反映させた政治実体として認知を獲得するためには、それまでの「しがらみ」をある意味で抜け出し、新しい認知を得る必要がある。あるいは、そうした「しがらみ」の強くないケースでは、その転換は大きなものではないかもしれない。

日本は、このケースでいえば、歴史的文脈からいって、最も「しがらみ」の強いケースとなる。五〇〜六〇年代に日華関係を支えた「蔣介石の恩義論」に代表される「蔣介石カード」、日華関係を結びつける蔣介石というわかりやすいシンボルは、断交後の二〇年の時間のなかでも、日華関係、準政府レベルでの関係を支え続ける象徴的な存在だった。このカードを捨てず活用し続けた日本側のアクターとしては、日華関係議員懇談会がある。

九〇年代以降、日本と台湾が新たな関係を展開させていくためには、このシンボルを入れ替え、日本側に新しい視点を提供する必要があった。それなくして日本における「台湾」への認知は拡大と変容を遂げえないからである。その実現を目指したのが、李登輝の対日外交であった。この李登輝の外交により、日本は「李登輝カード」、「李登輝」という新しいシンボルを獲得する。それは、日本における「台湾という政治実体」のシンボルとなった。

七二年の外交関係断絶以来、経済領域の拡大と対中外交闘争における中華人民共和国とは異なる存在としての活動空間の確保および実践、それによる日台双方での行動準則の積み上げを通して築かれてきた基盤は、李登輝という新しいシンボルの獲得によって、いわば「台湾外交」という明確な形をとって現れることになったのである。

しかし、その後九〇年代以降の台湾外交が、国内における「中華民国の台湾化」と歩調を合わせるかたちで順調に活動空間を広げ、明確な台湾としての認知を獲得しえたかといえばそうとも言い切れず、やはり拘束要因も強く残された。七〇年代初期に「一つの中国」争いにおいて敗北したという歴史に基づく、中国と各国との一種の合意形成は、捨て去られることなく続いている。むしろ、それは九〇年代に入りあらためて台湾の活動を封じ込めようとするために活用されることになる。台湾外交の空間・余地は、わずかに消滅をまぬがれてとどまったという程度に確保されているにすぎない。

中国の経済力の強化に伴い、国際社会における発言権も高まり、台湾への圧力も次第に増大する。この圧力は、台湾自身のギブアップを容易に生じさせることはないが、他の国々についてはそうではない。この圧力と周囲の無関心が、台湾の地位と存在を危うくする。台湾海峡をめぐる「現状維持」の再生産という時間のなかで、それぞれの国・地域は変容してきた。今後の変容がどのようなものになっていくにせよ、本書で取り上げた五〇〜七〇年代初期までの中華民国外交の時期、そして七〇年代初期を起源とする台湾外交の基盤形成という過渡期、さらに八〇年代末期以降に見出される台湾外交の本格的展開は、その外交の可能性と限界に対する慎重な認識の重要性を突きつける。台湾がどのように選択し、行動するのかという面と同時に、各国が台湾をどのように扱い、どのような行動準則のもとで問題や日常的な関係を処理していくのかという課題がある。それはいまや政府レベルの問題にとどまらず、中国や台湾との経済関係をもつ一企業、団体にさえも選択と行動を迫るものとなっている。考えてみれば、そうした状況は、六〇年代に中国や台湾との経済関係に取り組んだ日本の企業がかけられた圧力にみられるように、今に始まったことではない。

そして、日本は、六〇〜七〇年代に中台それぞれとの関係を模索し、技術的に問題を処理することによって政治外交闘争に巻き込まれることを回避しようとしながら、最終的には逃れることはできず、政治問題としての決着をせざるを得なかった。この失敗の積み重ねから何を学ぶのか。出来事の政治問題化の契機をいかに抑え、あるいは問題の政治化をいかに活用するのか。ひいては、問題化する枠組み自体の変容によって、いかに事を非問題化し、非政治化するのか。そうした知恵が、現在においてあらためて日中、日台、中台をめぐる外交のなかで重要なセンスとして必要とされることになるのだろう。

あとがき

日中国交正常化以来十数年の間、なぜ日中関係はかくも声高に「友好」を唱え続けなければならなかったのか、裏を返せば「友好」を叫ばなければならない友好的ではない状況とはどのような状況なのか、なぜそうした状況が生じているのか。一九八〇年代後半に日中関係を学びはじめたときの疑問であった。日本にとっての中国と中国にとっての日本、それぞれ位置づけが異なり、相手への思い入れが異なり、愛憎半ばにしてずれが生じ、摩擦が生じているのではないか。そんな漠然とした思いを胸に、大学二年生の夏、一人鑑真号の船に乗り込み、上海の地に降り立った。上海から北京、蘇州、大同、西安へといくつかの地を巡っていくなかで、東洋史の世界で見てきた中国と現代中国とのギャップにショックを受けた。三国志や明代、清代の文献で読む世界と現代が同じであるはずもないのだが、このショックを機に現代中国を学ばなければと思い込んだのである。

帰国後、現代のことを学べる講義はないかと他の学類・学群の講義に顔を出すなかで、プラハの春など東欧の現代史や現状を機関銃のように話す先生に出会った。秋野豊先生（故人）だった。前の方の席に陣取り、一心不乱にノートにとり続けたのを覚えている。衝撃的な授業スタイルだった。他の学生の熱気に巻き込まれながら、「このスタイルで中国を見たい」との思いを固めた。もちろん、東洋史の野口鐵郎先生の歴史概論の講義は今でも自分の研究の基礎にあり、また西洋史の歴史哲学の授業で耳にした「必要としている重要な史料は、道端に落ちているのを拾って手にするように出会う」との偶然とも必然ともわからない言葉に、今あらためて首肯したりしている。中国思想史の中村俊也先生（故人）からいただいた、「監獄に閉じ込められ一つの情報しか与えられない状況でも、それで政治・社会の状況が読み解ける力をつけよ」という言葉も忘れられない。今でも時折、その力はついただろうかと自らに問いなおす。思えば、スポーツに汗を流してばかりの日々のなかで、個性的で魅力的な先生方に出会うことができ、とても刺激の多い学生時代だった。

大学院に進んでからは、日中間の摩擦の原因は何かという疑問から、日中国交正常化の裏側で起きたとされる日華断交という出来事に行きつき、そして台湾という存在に出会った。台湾のことや日本と台湾の関係がわからなければ、日中関係も最終的にはわからないのではないかとの思いから、それ以降研究のテーマとし続けることになった。しかし、台湾をめぐる現実の変化はあまりにも激しく、現在という地点から過去をたえず振り返り続けるとともに、外交文書の公開が進むたびに、一昔前の自分に見えていたものを自分で書き直すことの繰り返しだった。学生時代、歴史学の先生方に、現代の日中関係に関する事柄をテーマとしたいと相談した際に、「それはまだ歴史となっていない」と言われたことを何度も思い返しつつ、現在と過去との終わりのない対話にかこつけて、研究に区切りをつけることを先延ばしにしてきた。

このテーマを研究しはじめた九〇年代初め、台湾はまだ民主化が緒に就いたばかりで、外交史料が今後公開されていくのか、どこで見られるようになるのかさえ不明確だった。それでも、既存の研究にとらわれずに進みなさいと見守ってくれたのは、現代中国研究の安藤正士先生（故人）である。その言葉に励まされながらとりあえず台湾で資料を探しはじめ、そのなかで、六〇、七〇年代を実際に日本と台湾の間の外交の当事者として生き抜いてきた方々の経験を直接耳にすることもできた。そこでお話をうかがった多くの時間は、その後も断片的な文献資料を拾い集める作業を続けるなかで、文字として書かれたことから生きた人々の声として「書けること、書けないこと、書かなかったこと」を嗅ぎ分けていく力を育んでくださったように思う。故古屋奎二先生（元近畿大学教授）にも、論文に関するアドバイスと励ましだけではなく、『蔣介石秘録』執筆の経験談や故宮の楽しみ方をはじめ、台湾でのさまざまな体験に基づく、台湾および中国人社会の見方をご教授いただいた。

また、馬樹禮氏、林金莖氏、何振華氏、梁肅戎氏、張超英氏ほか、東京や台北において、長時間におよぶインタビューに応じてくださった関係者の方々に、心から感謝申し上げる。そうした機会と時間に恵まれたことは何よりも幸いであった。そして、この機会は、台湾の国立政治大学国際関係研究センターのみなさまのご尽力によってもたらされたもので、特に、楊合義先生（元平成国際大学教授）、曾永賢先生（元総統府資政）、陳儔美先生（元国際関係研究センター研究員）、また陳鵬仁先生（元中国文化大学教授）には、公私にわたってお世話になった。ここにあらためて感謝の意を表したい。

現地での資料収集のなかで、台湾の外交史料との出会いのきっかけをつくってくれたのは、川島真氏（東京大学教授）だった。中央研究院の学術活動センターであのとき、資料に関するアドバイスをもらうことがなければ、蔣介石関連の資料を保存する國史館で関連資料の断片に出会い、その後も日台関係の研究を続けようとの気持ちをもって台湾から日本に帰国することはなかったかもしれない。帰国後も、日本で台湾の政治外交についての研究を続ける場を見つけることは、当時まだ容易ではなかった。このとき、筑波大学国際政治経済学研究科で受け入れてくださったのが、国際関係論のなかで台湾を論じ、台湾という特殊な存在を通して問題を提起し続けていた井尻秀憲先生（東京外国語大学名誉教授）だった。その丁寧なご指導のもとで博士論文を書き上げることができたのは本当に幸運であった。つたない原稿の一字一句を大切にしながら真っ赤になるまで手を入れてくださっただけでなく、情報をどう読み込み、思考の基礎となる理論や思想といかに対話し、その対話のなかで思考を深めるか、その重要性を教えていただいた。波多野澄雄先生、岩崎美紀子先生には、穴だらけの論文を見ていただきながら、「これから発展させていくべき方向性はすでに論文のなかに見えている」と励ましをいただいた。本書は、その一つの通過点にはなっただろうか。

本書は、博士論文「戦後日中台関係とその政治力学――台湾をめぐる国際関係」（筑波大学、二〇〇二年三月）を軸に、その前後に執筆した論文を大幅に書き直したものである。本書の完成までに、一五年以上もの時間を空けてしまうことになった。穴だらけだった博士論文の論述の主軸は、実は変わっていないのだが、その後台湾における資料公開が進み、裏づけとなる資料を確認しては補充し、次々に出される新たな研究成果を吸収して穴を埋めていこうとすればするほど、終わりが見えなくなっていった。本書で活用した資料は、台北での資料保存場所および機関が変遷する状況のなかで手書きで写しとったものが多く、デジタル化され公開が進む以前に確認したものもあり、檔案編号などの記述が不十分となった部分があることを深く反省している。この堂々巡りのような研究状況のなかで、一旦大学からはみ出し「充電」期間を過ごしている間も研究の場を提供し、本の出版を後押ししてくれた松田康博氏（東京大学教授）なくして、本書の刊行に辿り着くことはなかった。ここに、心からの感謝を申し上げたい。

なお、本書は以下の論文を大幅に加筆・訂正し、さらに再構成をしたものである。

「日台航空路断絶の政治過程」『問題と研究』第二五巻第六号、一九九六年三月
「日台外交関係断絶の政治過程」『問題と研究』第二五巻第七号、一九九六年五月
「『第二次吉田書簡（一九六四）』をめぐる日中台関係の展開」『筑波大学地域研究』第一九号、二〇〇一年三月
「台湾における蔣介石外交――一九六一年国連問題をめぐる原則と妥協」常磐大学国際学部『常磐国際紀要』第六号、二〇〇二年三月
「日華関係再構築への模索とその帰結」（第三章）、「日華断交と七二年体制の形成」（第四章）、川島真・清水麗・松田康博・楊永明『日台関係史 一九四五〜二〇〇八』（東京大学出版会、二〇〇九年）

「台湾・総統選挙の衝撃（一九九六年）——日中関係を揺さぶる台湾ファクター」園田茂人編『日中関係史　一九七二〜二〇一二　社会・文化編』（東京大学出版会、二〇一二年）、第六章

「蔣経国・李登輝時期の日台関係の変容——日華・日台の二重構造の遺産」『問題と研究』第四一巻第三号、二〇一二年九月

「一九六〇年代日華関係における外交と宣伝」（日本国際政治学会報告論文・未刊行）、二〇一三年一〇月

本書の刊行は、二〇一八年度科学研究費補助金研究成果公開促進費「学術図書」を受けて可能となったものであり、深く感謝する。この出版は実際のところ、名古屋大学出版会の三木信吾氏と山口真幸氏がいなければ、実現するべくもないものであった。博士論文の原文は、自分で読み返してみても「この人はいったい何がいいたいのか」とさじを投げたくなる状態であった。その文章に最後まで粘り強く的確なコメントを入れ、何を捨て、何を加えるべきなのかを丁寧に見てくださったお二人の力が、この本を生み出してくれたのである。ここに、心からの感謝を申し上げたい。無論、不十分な分析や誤り、文章の至らなさについては、その責任は私個人に帰するものである。また、多くの論点が未解明のまま残されている台湾政治外交史および日台関係史の研究が、本書への厳しいご叱責、ご指摘のうえに、いっそうの発展を見ることを心から願っている。

最後に、現代中国についての父との幾度にもわたる激しい議論が、私の問題意識と思考様式に多くの影響を与えてきたことは否定すべくもない。父清水徳蔵は、上海東亜同文書院の時代から中国と関わり、戦後も中国の現状を分析し続けた。書斎にこもるのではなく、自宅の居間のテーブルで白髪をなでながら、こどもたちが周りで騒ぎ邪魔するのを気にするふうでもなく、「それは中国の農民、老百姓のためになる政治であるのか」と問いかけては、静かに筆を動かしていた。そして、文明論を含め、広い視点から物事を考えるよう幾度も方向を示唆し続けてくれ

た。その父は東日本大震災の前にこの世を去ったが、この本の完成を長い間待ち続け、最大限の支援と厳しい励ましをくれた両親にこの本を捧げ、深く感謝の意を捧げたい。

二〇一八年一二月

清水　麗

《著者略歴》

清《し》水《みず》　麗《うらら》

1967 年生まれ
1998 年　筑波大学大学院国際政治経済学研究科博士課程単位取得退学
国士舘大学 21 世紀アジア学部助教授などを経て
現　在　東京大学東洋文化研究所特任准教授，博士（国際政治経済学）
著　書　『現代台湾の政治経済と中台関係』（共著，晃洋書房，2018 年）
『日台関係史 1945～2008』（共著，東京大学出版会，2009 年）
『中台危機の構造——台湾海峡クライシスの意味するもの』（共著，勁草書房，2004 年）他

台湾外交の形成

2019 年 1 月 20 日　初版第 1 刷発行

定価はカバーに
表示しています

著　者　清　水　　麗
発行者　金　山　弥　平

発行所　一般財団法人　名古屋大学出版会
〒 464-0814　名古屋市千種区不老町 1 名古屋大学構内
電話(052)781-5027/FAX(052)781-0697

Printed in Japan
印刷・製本 ㈱太洋社
ISBN978-4-8158-0935-5
乱丁・落丁はお取替えいたします。

索　引

サ　行

ナ　行

ハ　行

マ　行

ヤ　行

ラ・ワ行

参考文献

＊日本語文献および中国語文献は日本語音読みの五十音順，欧文文献はアルファベット順に並べた。出版地が台湾の文献では繁体字を，中国大陸の文献では簡体字を用いた。

I　未公刊資料

1）和　文

『外務省戦後外交記録文書』（外務省外交史料館所蔵）
「日本・中華民国間外交関係雑件」（A'1.2.1.7）
「大平外務大臣中華民国訪問関係一件」（A'1.5.1.8）
「本邦対中共経済関係雑件」（E'2.5.2.1）
「本邦対中共貿易関係雑件」（E'2.5.2.2）
「日本各界中華民国親善使節団関係（石井光次郎団長）」（A'1.5.1.1-2）
「毛利外務政務次官中華民国訪問関係」（A'1.5.1.2-1）
「佐藤総理中華民国訪問関係」（A'1.5.1.15）
「中華民国要人本邦訪問関係雑件」（A'1.6.1.6）
「日本中共関係雑件」（A'1.2.1.8）

2）中　文

『外交部檔案』（台北：中央研究院近代史研究所および國史館所蔵）
『蔣中正總統文物　籌筆』（新店・台北：國史館所蔵）
『蔣中正總統文物　特交檔案』（新店・台北：國史館所蔵）
『蔣中正總統文物　其他』（新店・台北：國史館所蔵）
『蔣中正總統文物　特交文電』（新店・台北：國史館所蔵）
『蔣經國總統文物　忠勤檔案』（新店・台北：國史館所蔵）
『蔣經國總統文物　黨政軍文巻』（新店・台北：國史館所蔵）
『陳誠副總統文物　石叟叢書』（新店・台北：國史館所蔵）
『陳誠副總統文物　書函與日記』（新店・台北：國史館所蔵）
『陳誠副總統　外交與國際事務』（台北・新店：國史館）
『中國國民黨　中行廬經世資料』（台北：中國國民黨文化傳播委員會黨史館）
『中國國民黨　會議紀録』（台北：中國國民黨文化傳播委員會黨史館）
『李國鼎先生贈送資料影本　各國情勢類　我國向日本接洽貸款案』（台北：國立台湾大学法学院三民主義研究所所蔵）
「台湾を主とする国防・外交・宣伝指導等に関する文書：黄少谷文書」東京大学東洋文化研究所図書室所蔵『現代台湾文庫』

3）インタビューによるもの

郭宗清氏　1996年8月9日　台北
許介鱗氏　1996年7月25日　台北

高玉樹氏　1996年8月19日　台北
詹明星氏　1996年8月13日　台北
陳水逢氏　1992年7月22日　台北
陳鵬仁氏　1996年8月7日　台北
馬樹禮氏　1996年8月10日　台北，1994年8月16日　台北
武冠雄氏　1996年8月15日　台北
古屋奎二氏　1994年10月3日　熱海
羅坤燦氏　1996年8月9日　台北
劉興炎氏　1996年7月30日　台北，1992年7月16日　台北
梁粛戎氏　1996年8月15日　台北
林金莖氏　1996年8月5日　台北，1994年11月10日　東京，1992年6月29日　台北
A氏（日本アジア航空基関係者）1994年8月　台北
張超英氏　1996年10月11日　東京
何振華氏　1997年10月25日　東京

II　公刊資料・資料集・年表など

1）和　文

アジア経済研究所編『アジア動向年報』アジア経済研究所，各年版
——『アジア・中東動向年報』アジア経済研究所，各年版
安藤正士・小竹一彰編『原典中国現代史　日中関係』第8巻，岩波書店，1994年
石井明・朱建栄・添谷芳秀・林暁光編『記録と考証　日中国交正常化・日中平和友好条約締結交渉』岩波書店，2003年
石川忠雄・中嶋嶺雄・池井優編『戦後資料・日中関係』日本評論社，1970年
伊原吉之助『台湾の政治改革年表・覚書（1943-1987）』帝塚山大学教養学部，1992年
運輸省編『運輸白書』各年度版
外務省『わが外交の近況』各年度版
外務省アジア局中国課監修『日中関係基本資料集』霞山会，1970年
河邊一郎編『国連総会・安保理投票記録——国際問題と各国の外交姿勢』新聞資料センター，1951-71年版
衆議院事務局『第71回国会衆議院外交委員会会議録』第15，21号
——『第72回国会衆議院外交委員会会議録』第7，10号
——『第73回国会衆議院外交委員会会議録』第17号
——『第75回国会衆議院外交委員会会議録』第5号
総理府編『観光白書』各年度版
総理府統計局編『日本統計年鑑』各年度版
台湾研究所編『中華民国総覧』『台湾総覧』台湾研究所，各年版
日中国交回復促進議員連盟編『日中国交回復関係資料集』日中国交資料委員会，1972年
毛里和子・増田弘監訳『周恩来キッシンジャー機密会談録』岩波書店，2004年
山本草二編集代表『国際条約集 1993』有斐閣，1993年

2）中文（特に記さないものは，出版地は台北）
王正華編『中華民國與聯合國史料彙編　中國代表權』新店：國史館，2001 年
外交部國際司編『中華民國出席聯合國大會第廿六屆常會代表團報告書』外交部國際司，1972 年
外交報告書編輯委員會『外交報告書　対外関係與外交行政』外交部，1992 年
行政院新聞局『寧静革命』行政院新聞局，1994 年
――『行政院蔣院長言論集』行政院新聞局
――『蔣總統經國先生言論集』
座談會秘書組編『中華民國民意代表・日本國會議員座談會實録』1972 年
朱文原主編『蔣中正總統檔案　籌筆目録』國史館，1998 年
蔣介石著，秦孝儀編『先總統蔣公思想言論總集』第 38，39 巻，中國國民黨中央委員會黨史委員，1984 年
蔣經國先生全集編輯委員會編『蔣經國先生全集』第 8，9，13，17，18 巻，行政院新聞局，1991 年
孙平化・肖向前・王效贤监修，田桓主编『战后中日关系史年表 1945-1993』北京：中国社会科学出版社，1994 年
中華民國外交部『外交部声明及公報彙編』
――『外交部週報』
――『外交部公報』
中華民國経済部『経済部公報』
中華民國立法院『立法院公報』
中國文化大學・中華學術院先總統蔣公全集編纂委員会編『先總統　蔣公全集』第 3 冊，中國文化大學出版部，1984 年
中日關係研究會編『張岳軍先生対日言論選集』中日關係研究會，1978 年
梅孜主編『美台關係重要資料選編』北京：時事出版社，1997 年
李雲漢主編『中國國民黨職名録』中國國民黨中央委員會黨史委員會，1994 年
李永熾監修『台湾歴史年表　終戦編 I（1945～1965）』國家政策研究中心，1990 年
――『台湾歴史年表　終戦編 II（1966～1978）』国家政策研究中心，1990 年
林満紅主編，蔣經國基金會賛助調査『台湾所蔵中華民國経済檔案』中央研究院近代史研究所，1995 年
呂芳上主編『蔣中正先生年譜長編』（第 8 冊～第 12 冊）國史館・國立中正紀念堂管理處・財團法人中正文教基金會，2015 年

3）欧　文
Burr, William, ed. *The Kissinger Transcripts : The Top Secret Talks with Beijing & Moscow*. New York : The New York Press, 1999.（鈴木主税・浅岡政子訳『キッシンジャー［最高機密］会話録』毎日新聞社，1999 年，傳建中『李辛吉秘録』時報出版，1999 年）
U. S. Department of State. *Foreign Relations of the United States (FRUS), 1949, vol. 9, The Far East : China*. Washington, D. C. : United State Government Printing Office (USGPO), 1974.
――. *FRUS, 1951, vol. 6, Asia and the Pacific. Part 1*, Washington, D. C. : USGPO, 1978.
――. *FRUS, 1952-1954, vol. 14, China and Japan*. Washington, D. C. : USGPO, 1985.
――. *FRUS, 1955-57, vol. 2, China*. Washington, D. C. : USGPO, 1986.

——. *FRUS, 1961-1963, vol. 22, Northeast Asia*. Washington, D. C. : USGPO, 1996.
——. *United States Treaties and Other International Agreements*, 1955, vol. 6, part 1, Washington D. C. USGPO, 1956.
Taylor, Jay. *The Generalissimo's Son*. Cambridge : Harvard University Press, 2000.

III　日記・回顧録・自伝・当事者による論文など

1）和　文

アイゼンハワー（仲晃・佐々木謙一訳）『アイゼンハワー回顧録 I』みすず書房，1965 年
山本正（聞き手）『牛場信彦経済外交への証言』ダイヤモンド社，1984 年
岡田晃『水鳥外交秘話——ある外交官の証言』中央公論社，1983 年
何応欽，中日文化経済協会編『中日関係と世界の前途』台北：正中書局，1974 年
賀屋興宣『戦前・戦後八十年』経済往来社，1976 年
岸信介『岸信介回顧録——保守合同と安保改定』廣済堂，1983 年
キッシンジャー，ヘンリー（斎藤彌三郎・小林正文・大朏人一・鈴木康雄訳）『キッシンジャー秘録③ 北京へ飛ぶ』小学館，1980 年
——『キッシンジャー秘録④ モスクワへの道』小学館，1980 年
——（岡崎久彦監訳）『外交（下）』日本経済新聞社，1996 年
栗山尚一（中島琢磨・服部龍二・江藤名保子編）『外交証言録——沖縄返還・日中国交正常化・日米「密約」』岩波書店，2010 年
佐藤栄作，伊藤隆監修『佐藤栄作日記』第 1 巻～第 5 巻，朝日新聞社，1997-1999 年
蕭向前（竹内実訳）『永遠の隣国として——中日国交回復の記録』サイマル出版会，1994 年
ジョンソン，U. アレクシス（増田弘訳）『ジョンソン米大使の日本回想——二・二六事件から沖縄返還・ニクソンショックまで』草思社，1989 年
東郷文彦『日米外交三十年——安保・沖縄とその後』中央公論社（文庫），1989 年
中江要介『らしくない大使のお話』読売新聞社，1993 年
ニクソン，リチャード（松尾文夫・斎田一路訳）『ニクソン回顧録 1 栄光の日々』小学館，1978 年
福田赳夫『回顧九十年』岩波書店，1995 年
古井喜実「日中国交正常化の秘話」『中央公論』87 巻 12 号，1972 年 12 月
松本彧彦『台湾海峡の懸け橋に——いま明かす日台断交秘話』見聞ブックス，1996 年
吉田茂『世界と日本』中央公論社（文庫），1991 年
——『回想十年』（全 4 巻）新潮社，1957-1958 年
林金莖『梅と桜——戦後の日華関係』サンケイ出版，1984 年
——「戦後日華関係の回顧と展望」『問題と研究』第 13 巻第 4 号，1984 年 4 月
——「日華断交十五年の経過」『ASIAN REPORT』1988 年 5 月号
——「日華関係を振り返って」『問題と研究』第 21 巻第 12 号，1992 年 2 月
——「中華民国は主権国家である，中華民国，と分離独立した中華人民共和国の分裂分治」『ASIAN REPORT』1995 年 9 月号

2）中文（特に記さないものは，出版地は台北）
翁元口述，王丰筆録『我在蔣介石父子身辺的日子』北京：中華書局，1994 年
王萍訪問，官曼莉記録『杭立武先生訪問記録』（中央研究院近代史研究所口述歴史叢書 23）中央研究院近代史研究所，1990 年
許水徳等口述，陳柔縉記録『私房政治』新新聞文化，1993 年
顾维钧『顾维钧回忆录』（全 13 巻）北京：中華書局
曽永賢口述（訪問者：張炎憲・許瑞浩，記録整理：許瑞浩・王峙萍）『従左到右六十年——曽永賢先生放談録』國史館，2009 年
沈雲龍・林泉・林忠勝訪問，林忠勝記録『齊世英先生訪問紀録』（中央研究院近代史研究所口述歴史叢書 25）中央研究院近代史研究所，1990 年
沈劍虹『使美八年紀要——沈劍虹回憶録』聯経出版事業公司，1982 年
張炎憲・陳美蓉主編『許世楷與台灣認同外交』呉三連台灣史料基金会，2012 年
張群『我與日本七十年』中日關係研究会，1980 年（古屋奎二訳『日華・風雲の七十年』サンケイ出版，1980 年）
張國安『歴練　張國安自伝』（天下文化・財経企管 53）天下文化出版，1987 年
張寶樹『対日本人的諍言與期望』中華民國日本研究學會，1982 年
——『年来講稿彙集』中華民國日本研究學會，1984 年
陳誠著，陳秋敏・葉恵芬・蘇聖雄編輯校訂『陳誠先生日記』（三）國史館・中央研究院近代史研究所，2015 年
陶晉生編『陶希聖日記』（上・下）聯經，2014 年
馬樹禮『印尼的変與乱』中視文化公司，1963 年
——「我所知道的日本（上）」『中外雜誌』第 52 巻第 5 期，1992 年 11 月号
——『使日十二年』聯経，1997 年
——「中日關係史話」（一）～（四）『中外雑誌』第 55 巻第 5，6 期，第 56 巻第 1，2 期，1994 年 5，6，7，8 月号
頼暋訪録『頼名湯先生訪談録』（上・下）（国史館口述歴史叢書（4））国史館，1994 年
頼名湯（葉恵芬・林秋敏・周美華編輯校訂）『頼名湯日記』I，II，國史館，2016 年
雷震『雷震回憶録——我的母親続篇』香港：七十年代雑誌社刊，1978 年
羅福全口述，張炎憲・陳美蓉主編『羅福全與台日外交』呉三連台湾史料基金会，2012 年
李肇星『说不尽的外交——我的快乐记忆』北京：中信出版社，2014 年
口述者：梁肅戎（訪問：劉鳳翰，何智霖，記録整理：何智霖）『梁肅戎先生訪談録』（国史館口述歴史叢書（7））国史館，1995 年
梁肅戎『大是大非　梁肅戎回憶録』天下文化出版，1995 年
林金莖「駐日経験回顧」『日本研究雑誌』330 号，1992 年 6 月
——「日中断交之回顧」『日本研究雑誌』333 号，1992 年 9 月
——「日『中』建交二十年與中華民國」『日本研究雑誌』335 号，1992 年 11 月
——（黄自進訪問，簡佳慧記録）『林金莖先生訪問記録』中央研究院近代史研究所，2003 年
林美莉編輯校訂『王世杰日記』（上・下）中央研究院近代史研究所，2012 年

3）欧　文
Johnson, U. Alexis. *The Right Hand of Power : The memoirs of an American diplomat*, New York : Prentice-Hall Inc., 1984.（日本関連部分の邦訳：増田弘訳『ジョンソン米大使の日本回想

——二・二六事件から沖縄返還・ニクソンショックまで』草思社，1989年）
Taylor, Jay. *The Generalissimo's son : Chinang Ching-Kuo and the revolutions in China and Taiwan.*
（中国語訳：陶涵（林添贵译）『蔣经国传』北京华文出版社，2012年）

IV　定期刊行物

1）日　文

中国研究所編『中国年鑑』大修館書店，各年版
『朝日新聞』
『アジア・レポート』
『外交フォーラム』
『月刊　台湾青年』
『産経新聞』
『世界週報』
『台湾総覧』
『中央公論』
『中華週報』
『日本経済新聞社』
『文藝春秋』
『毎日新聞』
『読売新聞』

2）中　文

『九十年代　月刊』
『共党問題研究』
『光復大陸』
『国際現勢周刊』
『時代批評』
『新時代』
『新聞天地』
『政治評論』
『星島日報』（香港）
『大学雑誌』
『中央日報』
『中国議壇』
『中国経済』
『中国時報』
『中国大陸問題』
『中国報導』
『東亜季刊』
『東方雑誌』

『七十年代 月刊』
『日本学報』
『日本研究雑誌』
『日本政情』
『文藝復興月刊』
『匪情月報』
『匪情年報』
『民意雑誌』
『民主潮』
『問題與研究』
『聯合報』

V 二次資料

1）日 文

浅田彰『ダブル・バインドを超えて』南想社，1985年
アジア政経学会編『中華民国を繞る国際関係 1949-65』アジア政経学会，1967年
阿部純一「中台関係——逆境に立つ台湾の『現実外交』」『外交時報』1997年6月号
阿部斉「アメリカの中国政策と日本」『ジュリスト』No. 496，1972年1月1日号
天羽民雄『多国間外交論——国連外交の実相』PMC出版，1990年
新井宝雄「佐藤政権下の日中関係」『世界』306号，1971年5月
アロン，レイモン（柏岡富英・田所昌幸・嘉納もも訳）『世紀末の国際関係——アロンの最後のメッセージ』昭和堂，1986年
アンダーソン，ベネディクト（白石隆・白石さや訳）『想像の共同体——ナショナリズムの起源と流行』リブロポート，1987年
安藤正士・入江啓四郎編『現代中国の国際関係』日本国際問題研究所，1975年
家近亮子「南京国民政府の成立と正当性の確立について——支配の不浸透要因の形成」『アジア研究』第43巻第4号，1997年7月
——「蔣介石の外交戦略と日本——『安内攘外』から『以徳報怨』まで」『近きに在りて』第33号，1998年5月
——「南京国民政府の中央権力機構の変遷と蔣介石」小島朋之・家近亮子編『歴史の中の中国政治——近代と現代』勁草書房，1999年
池井優「日本人の中国観」『問題と研究』第2巻第4号，1973年新年号
——「戦後日中関係の一考察——石橋・岸内閣時代を中心として」『国際法外交雑誌』第73巻第3号，1974年11月
——「日華協力委員会——戦後日台関係の一考察」『法學研究（慶應義塾大学法学部）』第53巻第2号，1980年2月
——「弔問外交の研究——蔣介石総統の死去と日本の対応」『法學研究（慶應義塾大学法学部）』第61巻第5号，1988年5月
石井明「中国の対日政策決定——組織と人脈」『東亜』No. 255，1988年9月号
——「日台断交時の『田中親書』をめぐって」『社會科學紀要』第5輯，2001年3月

――「1960年代前半の日台関係」『国際法外交雑誌』第101巻第2号，2002年8月
石田浩『台湾経済の構造と展開――台湾は「開発独裁」のモデルか』大月書店，1999年
石丸和人・松本博一・山本剛士『戦後日本外交史II　動き出した日本外交』三省堂，1983年
井尻秀憲「日『中』国交をめぐる二つの評価」『問題と研究』第17巻第1号，1987年10月号
――「日本の外交政策とその決定過程の変容――日中国交正常化を一事例として」『東亜』No. 234，1987年4月号
――「日中国交樹立の政治的背景と評価」『東亜』No. 248，1988年2月号
――『現代アメリカ知識人と中国――知と情念のフロンティア』ミネルヴァ書房，1992年
――『台湾経験と冷戦後のアジア』勁草書房，1993年
――編『中台危機の構造――台湾海峡クライシスの意味するもの』勁草書房，1997年
――『アメリカ人の中国観』文藝春秋（新書），2000年
――「日中台関係への新視角」愛知大学現代中国学会編『中国21』Vol. 10，2001年1月
一外交当局者「井尻秀憲氏『日中国交樹立の政治的背景と評価』についての一私見」『東亜』1988年3月号
伊藤潔『台湾――四百年の歴史と展望』中央公論社（新書），1993年
伊藤剛「日米中関係における『台湾問題』――米中和解とその影響」『国際政治』第118号，1998年5月
伊藤昌哉『池田勇人――その生と死』至誠堂，1967年
――『自民党戦国史（上)』，朝日新聞社（文庫），1985年
井上茂信「混迷のなかの米台関係」『海外事情』No. 30，1982年
井上正也『日中国交正常化の政治史』名古屋大学出版会，2010年
猪口孝『国際政治経済の構図――戦争と通商にみる覇権盛衰の軌跡』有斐閣（新書），1982年
――「対外政策の国内的源泉と国内政治の国際的源泉」『国際政治』No. 67，1981年
――『国家と社会』（現代政治学叢書1）東京大学出版会，1988年
伊原吉之助「李登輝論――二つの転機に臨む指導者」『帝塚山論集』第84号，1996年3月
――「蔣経国小論――蔣経国が憲政改革を指示した経緯」『帝塚山大学教養学部紀要』第46輯，1996年11月
今川瑛一『アメリカ大統領のアジア政策――反共の苦き勝利』アジア経済研究所，1991年
入江通雅『ニクソン訪中後の日中――日中問題の見方・考え方』原書房，1971年
――『戦後日本外交史』嵯峨野書院，1983年
殷允芃（丸山勝訳）『台湾の歴史――日台交渉の三百年』藤原書店，1996年
殷燕軍『中日戦争賠償問題――中国国民政府の戦時・戦後対日政策を中心に』御茶の水書房，1996年
ウェーバー，マックス（濱島朗訳）『権力と支配』有斐閣，1967年
――（脇圭平訳）『職業としての政治』岩波書店（文庫），1980年
――（大塚久雄訳）『プロテスタンティズムの倫理と資本主義の精神』岩波書店（文庫），1989年
――（海老原明夫・中野敏男訳）『理解社会学のカテゴリー』未来社，1990年
――（祇園寺信彦・祇園寺則夫訳）『社会科学の方法』講談社（文庫），1994年

宇佐美滋「自民党政権の対中政策の変遷」『国際問題』153 号，1972 年 12 月
――「ショック外交の蹉跌」『東亜』No. 250，1988 年 4 月号
――『米中国交樹立交渉の研究』国際書院，1996 年
エーデルマン，マーレー（法貴良一訳）『政治の象徴作用』中央大学出版部，1998 年
NHK 取材班『周恩来の選択――NHK スペシャル　日中国交正常化はこうして実現した』日本放送協会出版，1993 年
袁克勤「米華相互防衛条約の締結と『二つの中国』問題」『国際政治』第 118 号，1998 年 5 月
――『アメリカと日華講和――米・日・台関係の構図』柏書房，2001 年
王雪萍編著『戦後日中関係と廖承志――中国の知日派と対日政策』慶應義塾大学出版会，2013 年
大崎雄二「国家統一と国民統合の課題」『東亜』No. 340，1995 年 10 月号
太田勝洪「中国外交と日中関係の展開」『国際問題』153 号，1972 年 12 月
大平正芳著，福永文夫監修『大平正芳全著作集 7』講談社，2012 年
大平正芳回想録刊行会編著『大平正芳回想録』（伝記編・資料編）鹿島出版会，1982 年
緒方貞子（添谷芳秀訳）『戦後日中・米中関係』東京大学出版会，1992 年
――「対中国交正常化過程の日米比較」『国際問題』254 号，1981 年 5 月
岡部達味『中国の対日政策』東京大学出版会，1976 年
――編『中国外交――政策決定の構造』日本国際問題研究所，1983 年
――『岩波講座現代中国　第 6 巻　中国をめぐる国際環境』岩波書店，1989 年
岡本幸治「断交二十年に思う」『問題と研究』第 21 巻第 12 号，1992 年 9 月
小此木政夫・赤木完爾共編『冷戦期の国際政治』慶應通信，1987 年
カー，E. H.（清水幾太郎訳）『新しい社会』岩波書店（新書），1953 年
――（清水幾太郎訳）『歴史とは何か』岩波書店（新書），1962 年
――（井上茂訳）『危機の二十年』岩波書店（文庫），1996 年
神谷不二編著『北東アジアの均衡と動揺』慶應通信，1984 年
鴨武彦編集『講座世紀間の世界政治 3　アジアの国際秩序――脱冷戦の影響』日本評論社，1993 年
――（田中孝彦訳）「基礎講演：グローバリズム・リージョナリズム・ナショナリズム――21 世紀の役割を模索するアジア」『国際政治』114 号，1997 年 3 月
――・山本吉宣編『相互依存の国際政治学』有信堂高文堂，1982 年
加茂具樹・飯田将史・神保謙編著『中国改革開放への転換――「一九七八年」を越えて』慶應義塾大学出版会，2011 年
川島弘三『中国の政治と軍事・外交』第一法規出版，1990 年
川島真「顧維鈞」佐藤慎一編『近代中国の思索者たち』大修館書店，1998 年
――・清水麗・松田康博・楊永明『日台関係史 1945-2008』（東京大学出版会，2009 年）
河辺一郎「『第三世界』としての『中国』――いわゆる台湾の国連再加盟問題をめぐって」愛知大学現代中国学会編『中国 21』Vol. 7，1999 年 11 月
木畑洋一『帝国のたそがれ――冷戦下のイギリスとアジア』東京大学出版会，1996 年
『岩波講座現代思想　第 16 巻　権力と正統性』，岩波書店，1995 年
木村敏『時間と自己』中央公論社（新書），1982 年
楠田實編『佐藤政権・二七九七日』（上・下），行政問題研究所，1983 年

黒川紀章『増補改訂版　共生の思想――未来を生きぬくライフスタイル』徳間書店，1991年
桑原壽二『米中関係と台湾問題』国際善隣倶楽部，1971年
呉昌錫「台湾の外国貿易の現状と問題――とくに台日貿易について」『国際関係研究（日本大学)』9巻別冊，1989年
合意形成研究会『カオスの時代の合意学』創文社，1994年
江南（川上奈穂訳）『蔣経国伝』同成社，1989年
黄仁宇（北村稔・永井英美・細井和彦訳，竹内実解説）『蔣介石――マクロヒストリー史観から読む蔣介石日記』東方書店，1997年
高坂正堯『古典外交の成熟と崩壊』中央公論社，1978年
――『現代の国際政治』講談社（文庫)，1989年
――『国際政治――恐怖と希望』中央公論社（新書)，1966年
――『平和と危機の構造――ポスト冷戦の国際政治』NHK出版（文庫)，1995年
――『高坂正堯著作集　第4巻　宰相吉田茂』都市出版，2000年
国分良成『アジア時代の検証――中国の視点から』朝日新聞社（選書)，1996年
――『中華人民共和国』筑摩書房（新書)，1999年
国連広報センター編『回想 日本と国連の三十年――歴代国連大使が語る「現代史の中の日本」』講談社，1986年
小島朋之編『アジア時代の日中関係――過去と未来』サイマル出版会，1995年
――『中国現代史――建国50年，検証と展望』中央公論社（新書)，1999年
――「中国は両国論を激烈に非難？」『東亜』No. 387，1999年9月
――・国分良成他編著『東アジア』（国際情勢ベーシックシリーズ）自由国民社，1997年
――・家近亮子編『歴史の中の中国政治――近代と現代』勁草書房，1999年
小谷豪治郎『蔣経国伝――現代中国八十年史の証言』プレジデント社，1990年
小林進編著『台湾の前途――中国統一か，独立か』サイマル出版会，1989年
小林正敏「日華断航の背景と問題点」（上・下）『問題と研究』第3巻第12号（1974年9月)，第4巻第1号（1974年10月）
近藤俊清「米中接近に動揺する台湾――中国の脅威より内部崩壊恐れる」『エコノミスト』第49巻第35号，1971年8月
笹本武治「台湾をめぐる米中関係」『国際政治』第143号，1972年2月
佐藤慎一編『近代中国の思索者たち』大修館書店，1998年
佐藤英夫『対外政策』（現代政治学叢書20）東京大学出版会，1989年
サンケイ新聞社『蔣介石秘録』（全15巻）サンケイ出版，1975-1977年
史明『台湾人四百年史――秘められた植民地解放の一断面』新泉社，1994年
椎名悦三郎追悼録刊行会編『記録 椎名悦三郎（下巻)』椎名悦三郎追悼録刊行会，1982年
鹿沢剛「台湾の生き残り戦略と日本」『海外事情』No. 30，1982年
時事通信社政治部編『ドキュメント日中復交』時事通信社，1972年
島田克美『東アジアと台湾の経済――政府，市場，組織・ネットワークの役割』学文社，1994年
清水麗「蔣経国時代初期の対日政策――日台断交を一事例として」『地域研究』第17号，1999年3月）
――「1970年代の台湾の外交政策に関する一考察――外交と内政と中台関係の相互作用」

『東アジア地域研究』第 6 号，1999 年 7 月
清水徳蔵『中国的思考と行動様式——現代中国論』春秋社，1984 年
朱建栄「中国はなぜ賠償を放棄したか」『外交フォーラム』1992 年 10 月号
朱文琳「中共の対日策略と陰謀」『問題と研究』第 2 巻第 3 号，1972 年 10 月
徐年生「戦後の日台関係における日華議員懇談会の役割に関する研究：1973-1995」『北大法学研究科ジュニア・リサーチ・ジャーナル』2004 年 1 月
ジョンソン，チャルマーズ（中本義彦訳）『歴史は再び始まった——アジアにおける国際関係』木鐸社，1994 年
城山英己『中国共産党「天皇工作」秘録』文藝春秋，2009 年
スフェーズ，リュシアン（田中恒寿訳）『象徴系の政治学』白水社，1997 年
隅谷三喜男・劉進慶・凃照彦『台湾の経済——典型 NIES の光と影』東京大学出版会，1992 年
銭江（神崎勇夫訳）『米中外交秘録——ピンポン外交始末記』東方書店，1988 年
関戸辰蔵他『中国総合研究報告——米中ソ外交戦略と日中国交正常化の研究』中国総合研究会，1972 年
千田恒『佐藤内閣回想』中央公論社（新書），1987 年
曹伯一「国連脱退後の中華民国」『問題と研究』第 1 巻第 7 号，1972 年 4 月
添谷芳秀『日本外交と中国 1945～1972』慶應通信，1995 年
戴国煇『台湾——人間・歴史・心性』岩波書店（新書），1988 年
高木誠一郎「対外政策の概念について」『国際政治』No. 67，1981 年
高柳先男「国際政治と国内政治の連繫モデル——J. N. Rosenau と W. F. Hanrieder について」『国際政治』No. 46，1972 年
——・古城利明編『世界システムと政治文化』有信堂高文社，1986 年
田久保忠衛『ニクソンと対中国外交』筑摩書房，1994 年
——『戦略家ニクソン』中央公論社（新書），1996 年
武田康裕「政治的民主化の決定と構造——台湾，フィリピン，韓国の比較分析」『アジア政経』第 42 巻第 4 号，1996 年 6 月
武見敬三「自由民主党と日中国交正常化——複合的政策決定における妥協の構造」『法学研究（慶應義塾大学法学部）』54 巻 7 号，1981 年 7 月
——「国交断絶期における日台交渉チャンネルの再編過程」神谷不二編著『北東アジアの均衡と動揺』慶應通信，1984 年
田中明彦「日本の対中国政策決定——組織と過程」『東亜』No. 256，1988 年 10 月
——『日中関係 1945-1990』東京大学出版会，1991 年
——『新しい「中世」——21 世紀の世界システム』日本経済新聞社，1996 年
田中直吉・戴天昭『米国の台湾政策』鹿島研究所出版会，1968 年
谷浦孝雄編『台湾の工業化——国際加工基地の形成』アジア経済研究所，1988 年
田村重信・豊島典雄・小枝義人『日華断交と日中国交正常化』南窓社，2000 年
張紹鐸『国連中国代表権問題をめぐる国際関係（1961-1971）』国際書院，2007 年
張隆義「中華民国と日本の新しい展開」『問題と研究』第 17 巻第 3 号，1987 年 12 月
陳桂蘭「蔣経国時代の台湾『実務外交』の形成と展開」『法学政治学論究』第 33 号，1997 年夏季号
陳肇斌『戦後日本の中国政策——1950 年代東アジア国際政治の文脈』東京大学出版会，

2000 年
土田哲夫「中国抗日戦略と対米『国民外交工作』(第 6 章) 石島紀之・久保亨編『重慶国民政府史の研究』東京大学出版会，2004 年
デスラー，I. M.（福井治弘・佐藤英夫訳）『日米繊維紛争――「密約」はあったのか』日本経済新聞社，1980 年
寺沢一「日中共同声明の諸問題」『ジュリスト』No. 528，1973 年 3 月 15 日号
田弘茂（中川昌郎訳）『台湾の政治――民主改革と経済発展』サイマル出版会，1994 年
ドイッチュ，K. W.（伊藤重行他訳）『サイバネティクスの政治理論』早稲田大学出版部，1986 年
ドーク・バーネット，A.（伊豆見元・田中明彦共訳）『現代中国の外交――政策決定の構造とプロセス』教育社，1986 年
友田錫『入門・現代日本外交――日中国交正常化以後』中央公論社（新書)，1988 年
中西功『現代中国の政治』青木書店，1974 年
中村菊男「続現代日本論――‘日中正常化’に関連して」『問題と研究』第 2 巻第 1 号，1972 年 10 月
中村祐悦『白団――台湾軍をつくった日本軍将校たち』芙蓉書房出版，1995 年
永井陽之助『平和の代償』中央公論社（中公叢書)，1967 年
――『柔構造社会と暴力』中央公論社（中公叢書)，1971 年
――『政治意識の研究』岩波書店，1971 年
――『冷戦の起源』中央公論社，1978 年
――『時間の政治学』中央公論社（中公叢書)，1979 年
中江要介「日中正常化と台湾」『社會科學研究』第 24 巻第 1 号，2003 年 12 月
――「椎名悦三郎・蔣経国会談記録『中江メモ』」『社会科学研究』第 24 巻第 1 号，2003 年 12 月
中川一郎他『青嵐会――血判と憂国の論理』浪漫，1973 年
中川昌郎「断交後の日台関係」『東亜』No. 251，1988 年 5 月
――『台湾をみつめる眼――定点観測・激動の 20 年』田畑書店，1992 年
――『中国と台湾――統一交渉か，実務交流か』中央公論社（新書)，1998 年
――「『両国論』発言と中国の反発」『東亜』No. 387，1999 年 9 月
中嶋嶺雄「日中，20 年で明らかになったこと」『正論』，1992 年 10 月号
――「活かされない日中交渉の教訓」『中央公論』97 巻 10 号，1982 年 10 月
中西輝政「国家安全保障における主権国家の位置付け」『新防衛論集』第 23 巻第 4 号，1996 年 3 月
永野信利『外務省研究　日本外交――失態・実態と実績分析』サイマル出版会，1975 年
――「共同声明と戦争責任の処理」『中央公論』97 巻 10 号，1982 年 10 月
――『天皇と鄧小平の握手――実録・日中交渉秘史』行政問題研究所，1983 年
中山政夫『政治権力の理論的分析と思想史的展開』三輪書房，1991 年
ニコルソン，ハロルド（斎藤眞・深谷満雄訳）『外交』東京大学出版会（UP 選書)，1968 年
西村成『中国ナショナリズムと民主主義――20 世紀中国政治史の新たな視界』研文出版，1991 年
日本アジア航空株式会社 10 年史編集会議編，若菜正義監修『日本アジア航空物語』日本アジア航空株式会社，1985 年

日本文化フォーラム編『シンポジウム　中国問題と日本の選択』自由社（選書），1971 年
野村浩一『蔣介石と毛沢東――世界競争のなかの革命』（現代アジアの肖像 2）岩波書店，1997 年
野村総合研究所東京国際研究クラブ『アジアの発展とリスク――中国，NIEs，アセアンの政治・経済展望』野村総合研究所，1993 年
パイ，ルシアン・W.（園田茂人訳）『エイジアン・パワー』（上・下）大修館書店，1995 年
長谷正人『悪循環の現象学――「行為の意図せざる結果」をめぐって』ハーベスト社，1991 年
波多野澄雄編著『池田・佐藤政権期の日本外交』ミネルヴァ書房，2004 年
――・佐藤晋『現代日本の東南アジア政策　1950–2005』早稲田大学出版部，2007 年
服部民夫・佐藤幸人編『韓国・台湾の発展メカニズム』（研究双書 No. 464）アジア経済研究所，1996 年
バディ，B.，P. ビルンボーム（小山勉訳）『国家の歴史社会学』日本経済評論社，1990 年
馬場公彦『戦後日本人の中国像』新曜社，2010 年
早坂茂三『早坂茂三の「田中角栄」回想録』小学館，1987 年
原彬久『岸信介――権勢の政治家』岩波書店（新書），1995 年
原栄吉『日本の戦後外交史潮――その選択』慶應通信，1984 年
原洋之介『アジア・ダイナミズム――資本主義のネットワークと発展の地域性』NTT 出版，1996 年
平川幸子『「二つの中国」と日本方式――外交ジレンマ解決の起源と応用』勁草書房，2008 年
平野健一郎「民族・国家論の新展開――『ヒトの国際的移動』の観点から」『国際法外交雑誌』第 88 巻 3 号，1989 年 8 月
平野実『外交記者日記――大平外交の 2 年』（上・中・下）行政通信社，1979 年
深串徹「戦後初期における台湾の政治社会と在台日本人――蔣介石の対日『以徳報怨』方針の受容をめぐって」『日本台湾学会報』14 号，2012 年 6 月
福井治弘『自由民主党と政策決定』福村出版，1969 年
――「自民党の外交政策とその決定過程――中国問題を中心として」『国際問題』145 号，1972 年 4 月
福田恆存・高坂正堯「条約が破られるとき」『諸君』1972 年 12 月号
福田円『中国外交と台湾――「一つの中国」原則の起源』慶應義塾大学出版会，2013 年
藤原帰一「『民主化』の政治経済学――東アジアにおける体制変動」東京大学社会科学研究所編『現代日本社会 3　国際比較〈2〉』東京大学出版会，1992 年
――「アジア冷戦の国際政治構造」東京大学社会科学研究所編『現代日本社会 7　国際化』東京大学出版会，1992 年
――「米中冷戦の終わりと東南アジア」『社会科学研究（東京大学社会科学研究所紀要）』第 44 巻第 5 号，1993 年 2 月
フランケル，J.（河合秀和訳）『外交における政策決定』東京大学出版会，1970 年
フランソワ・ジョワイヨー（中嶋嶺雄・渡邊啓貴共訳）『中国の外交』白水社，1995 年
古川万太郎『日中戦後関係史』原書房，1981 年
古澤健一『日中平和友好条約――昭和秘史』講談社，1988 年
別枝行夫「日中国交正常化の政治過程――政策決定者とその行動の背景」『国際政治』No.

66，1980 年
――「戦後日中関係と非正式接触者」『国際政治』No. 75，1983 年 10 月
彭明敏・黄昭堂『台湾の法的地位』東京大学出版会，1976 年
細谷千博「日・米・中三極関係の歴史的構図」『国際問題』No. 254，1981 年 5 月
――「吉田書簡と米英中の構造」『中央公論』97 巻 12 号，1982 年 11 月
――・丸山直起編『ポスト冷戦期の国際政治』有信堂高文社，1993 年
――・綿貫譲治編『対外政策決定過程の日米比較』東京大学出版会，1977 年
ホフマン，スタンレイ，マイケル・スミス「伝統的国家観の崩壊を前に」『外交フォーラム』1996 年 8 月号
ホワイティング，アレン（岡部達味訳）『中国人の日本観』岩波書店，1993 年
マイケル・シャラー（五味俊樹監訳）『アジアにおける冷戦の起源――アメリカの対日占領』木鐸社，1996 年
毎日新聞社編『日本と中国――正常化への道』毎日新聞社，1971 年
増田弘編著『ニクソン訪中と冷戦構造の変容――米中接近の衝撃と周辺諸国』慶應義塾大学出版会，2006 年
――・波多野澄雄編『アジアのなかの日本と中国――友好と摩擦の現代史』山川出版社，1995 年
升味準之輔『昭和天皇とその時代』山川出版社，1998 年
松阪大学現代史研究会編『現代史の世界へ』晃洋書房，1998 年
松田康博「中国国民党の『改造』――領袖・党・政府」『法学政治学論究』第 21 号，1994 年 6 月
――「台湾における土地改革政策の形成過程――テクノクラートの役割を中心に」『法学政治学論究』第 25 号，1995 年 6 月
――「中国の対台湾政策――『解放』時期を中心に」『新防衛論集』第 23 巻第 3 号，1996 年 1 月
――「中国の対台湾政策 1979～1987 年」日本国際政治学会編『国際政治』第 112 号，1996 年 5 月
――『台湾における一党独裁体制の成立』慶應義塾大学出版会，2006 年
松本はる香「台湾海峡危機［1954-55］と米華相互防衛条約の締結」『国際政治』第 118 号，1998 年 5 月
松本博一「米中関係と台湾問題」『国際関係研究（日本大学）』No. 8，1984 年
宮里政玄「対外政策決定の分析枠組」『琉大法学』第 26 号，1980 年
――『アメリカの対外政策決定過程』三一書房，1981 年
宗像隆幸『台湾独立運動私記』文藝春秋，1996 年
百瀬宏『小国――歴史にみる理念と現実』岩波書店，1988 年
矢内原忠雄『帝国主義下の台湾』岩波書店，1988 年
山影進「国際政治学の基本枠組みとその動揺――国民国家体系の安定性の検討」『国際法外交雑誌』第 89 巻 2 号，1990 年 6 月
――『対立と共存の国際理論――国民国家体系のゆくえ』東京大学出版会，1994 年
山極晃編『東アジアと冷戦』三嶺書房，1994 年
山田辰雄編『歴史のなかの現代中国』勁草書房，1996 年
山田浩『戦後アメリカの世界政策と日本』法律文化社，1967 年

山村喜晴・山本剛士「三菱グループの華麗なる転進」『中央公論』87 巻 10 号，1972 年 10 月
湯浅成大「冷戦初期アメリカの中国政策における台湾——米中関係史」『国際政治』第 118 号，1998 年 5 月
由良善彦『日台国交断絶す——そのとき私は台北にいた』開放経済研究所，1972 年
楊逸舟「米中接近と台湾人の立場」『自由』第 14 巻第 8 号，1972 年 8 月
楊合義「日本と台湾海峡両岸の関係（1972〜1992）」『問題と研究』第 21 巻第 12 号，1992 年 9 月
楊中美（趙宏偉・青木まさこ編訳）『一つの中国一つの台湾——江沢民 vs 李登輝』講談社，2000 年
横山宏章『中国の政治危機と伝統的支配——帝国の瓦解と再興』研文出版（選書），1996 年
——『中華民国史——専制と民主の相剋』三一書店，1996 年
吉田勝次『台湾市民社会の挑戦』（アジア研究所研究叢書 3）大阪経済法科大学出版部，1996 年
吉次公介『池田政権期の日本外交と冷戦——戦後日本外交の座標軸 1960-64』岩波書店，2009 年
米谷健一郎編『周恩来 日本を語る。』実業之日本社，1972 年
ラスウェル，H. D.（永井陽之助訳）『権力と人間［改訂版］』（東京創元社，1961 年）
李鐘元『東アジア冷戦と韓米日関係』東京大学出版会，1996 年
李登輝『台湾の主張』PHP 出版，1999 年
——（中嶋嶺雄監訳）『李登輝実録』産経新聞社，2006 年
——「〈台湾・李登輝総統会見記〉 わが台湾，わが人生」『正論』1998 年 3 月号
陸鏗（青木まさこ・趙宏偉訳）『中国妖怪記者の自伝——二〇世紀史の証言』筑摩書房，1999 年
劉傑『中国人の歴史観』文藝春秋（新書），1999 年
劉進慶『戦後台湾経済分析——1945 年から 1965 年まで』東京大学出版会，1975 年
林金莖『戦後の日華関係と国際法』有斐閣，1987 年
林俊男「日台貿易共存の可能性」『国際関係研究（日本大学）』第 2 巻，1981 年
蠟山政道『国際社会における国家主権』講談社（文庫），1977 年
鹿錫俊『中国国民政府の対日政策 1931-1933』東京大学出版会，2001 年
ローネン，ダヴ（浦野起央・信夫隆司訳）『自決とは何か——ナショナリズムからエスニック紛争へ』刀水書房，1988 年
若菜正義『蔣経国時代の台湾』（時事問題解説 No. 78）教育社，1978 年
若林正丈『海峡——台湾政治への視座』研文書店（選書），1985 年
——編著『台湾——転換期の政治と経済』田畑書店，1987 年
——『転形期の台湾——「脱内戦化」の政治』田畑書店，1987 年
——「台湾——民主化と『国体』の相剋」『アジア研究』第 36 巻第 3 号，1990 年 7 月
——『台湾——分裂国家と民主化』（東アジアの国家と社会 2）東京大学出版会，1992 年
——『東洋民主主義——台湾政治の考現学』田畑書店，1994 年
——「台湾をめぐる二つのナショナリズム——アジアにおける地域と民族」平野健一郎編『講座現代アジア 4　地域システムと国際関係』東京大学出版会，1994 年
——監修『台湾における台湾史研究——制度・環境・成果：1986-1995』財団法人交流協会，1996 年

——『蔣経国と李登輝——「大陸国家」からの離陸？』（現代アジアの肖像 5）岩波書店，1997 年
——『台湾の台湾語人・中国語人・日本語人——台湾人の夢と現実』朝日新聞社（選書），1997 年
——『台湾の政治——中華民国台湾化の戦後史』東京大学出版会，2008 年
若宮啓文『戦後保守のアジア観』朝日新聞社（選書），1995 年
渡辺昭夫『アジア・太平洋の国際関係と日本』東京大学出版会，1992 年

2）中文（特に記さないものは，出版地は台北）

尹慶耀『中共的統戦外交』幼獅文化事業公司，1984 年
佚名「政要養成所（上）——掲開『國関中心』的神妙面紗」『中外雑誌』第 52 巻 4 月号，1992 年 10 月号
衛民『中華民國的雙邊外交』國家政策研究中心，1991 年
王丰『宋美齢 美麗與哀愁——永遠的第一夫人』書華出版，1994 年
王景弘編譯『列入記録——危疑年代（1970-73）的台湾外交私密談話』玉山社，2013 年
王景弘『台湾會生存下去——兩蔣因應美中關係正常化内幕（1969-1979）』玉山社，2015 年
王振寰「台湾的政治転型與反対運動」『台湾社会研究季刊』第 2 巻第 1 期，1989 年春季号
——「国家機器與台湾石化業的発展」『台湾社会研究季刊』第 18 期，1995 年 2 月
王泰平主编・张光佑副主编『邓小平外交思想研究论文集』北京：世界知识出版社，1996 年
王成聖「周書楷執著許国」『中外雑誌』第 52 巻第 4 期，1992 年 10 月号
——「外交教父沈昌煥」『中外雑誌』第 64 巻第 3 期，1998 年 9 月号
汪士淳『千山獨行——蔣緯國的人生之旅』天下文化出版公司，1996 年
何宜武「永留懐思在人間」『中外雑誌』第 52 巻第 5 期，1992 年 11 月号
何虎生主編『蔣介石——宋美齢在台湾的日子』（上・下）北京：华文出版社，1999 年
郝柏村著，王力行採編『郝總長日記中的經國先生晩年』天下文化，1995 年
龔宜君『「外来政権」與本土社會』稻郷，1998 年
倪炎元『東亜威権政体之転型——比較台湾與南韓的民主化歴程』（月旦政治研究系列 3）月旦出版社股有限公司，1995 年
阮大仁『蔣中正日記中的當代人物』学生書局，2014 年
辜寛敏口述，張炎憲・曾秋美採訪整理『逆風蒼鷹——辜寛敏的台獨人生』財團法人呉三連台灣史料基金會，2015 年
呉若予『戦後臺灣公営事業之政經分析』業強出版社，1992 年
高朗『中華民國外交関係之演變（1950～1972）』五南図書出版公司，1993 年
——『中華民國外交関係之演變（1972～1992）』五南図書出版公司，1994 年
黄天才『中日外交的人與事——黄天才東京採訪實録』聯經，1995 年
——・黄肇珩『勁寒梅香——辜振甫人生紀實』聯経，2005 年
康緑島『李国鼎口述歴史』卓越文化出版，1993 年
克来恩（Ray S. Cline）（聯合報国際新聞中心訳）『我所知道的蔣經國』聯経出版，1990 年
蔡政文・林嘉誠『台海両岸政治関係』國家政策研究中心，1989 年
蔡政文・呉栄義・林碧炤・林嘉誠『我國対外政策及行動取向』國家政策研究中心，1991 年
蔡瑋主編『中華民國與聯合國「我國加入聯合國週邊組織之可行性」研討会論文集』國立政治大学国際関係研究中心，1993 年

司馬嘯青『中日政商風雲誌——政経結合的奥秘』卓越文化出版，1991 年
司馬文武『為國民黨的外交下半旗』八十年代出版社，1986 年
司馬桑敦『中日関係二十五年』聯合報叢書，1978 年
朱少先「日本謀與関係正常化的探測」『問題與研究』第 11 巻第 11 期，1972 年 8 月号
——「日匪貿易與中日関係」『問題與研究』第 6 巻第 1 期，1966 年 10 月号
周育仁『政治與經濟之關係——台灣経験與其理論意涵』五南図書出版公司，1993 年
周鴻特「記父親周書楷與姑母周書芳」『中外雜誌』第 64 巻第 2 期，1998 年 8 月号
周谷「葉公超與蔣介石」（一）～（九）『中外雜誌』第 62 巻第 3 期（1997 年 9 月号），第 62 巻第 4 期（1997 年 10 月号），第 62 巻第 5 期（1997 年 11 月号），第 62 巻第 6 期（1997 年 12 月号），第 63 巻第 1 期（1998 年 1 月号），第 63 巻第 2 期（1998 年 2 月号），第 63 巻第 3 期（1998 年 3 月号），第 63 巻第 4 期（1998 年 4 月号），第 63 巻第 5 期（1998 年 5 月号）
——『外交秘聞——一九六〇年代台北華府外交秘辛』聯經，2006 年
周忠菲『中美建交中的台湾问题』上海：上海社会科学院出版社，1994 年
周天瑞・郭宏治『沈誠：我替楊尚昆傳信給蔣經國——海峡両岸一段秘密交往的真相』新新聞，1995 年
周昌葉『戦後日本的経済外交』中日文教基金會，1992 年
蕭全政主編『国防外交白皮書』（民間國建會　特輯③）國家政策研究資料中心，1990 年
申子佳・張覚明『辜振甫傳——辜振甫的戲夢人生』書華出版，1993 年
齊光裕『中華民國的政治發展』揚智文化事業股份有限公司，1996 年
石之瑜著，国立編訳館主編『近代中國對外関係新論——政治文化與心理分析』五南図書出版公司，1995 年
薛月順執行編輯『臺灣 1950–1960 年代的歷史省思——第八屆中華民國史專題論文集』國史館，2007 年
曾濟群『中華民国憲政法制與黨政関係』五南図書出版公司，1995 年
藏士俊，黄英哲導讀『戦後日・中・台三角関係』前衛出版社，1997 年
孙宅巍『陈诚晚年』合肥：安徽人民出版社，1996 年
段承璞編著『台湾戦後経済』人間台湾政治経済叢刊第 3 巻，人間出版社，1994 年
中國國民黨中央文化工作會主編『中國國民黨與國際關係』正中書局，1984 年
——『外交建設』正中書局，1984 年
——『日本政府不容重蹈歷史的覆轍！』中國國民黨中央委員會文化工作會，1972 年
中國國民黨中央委員會青年工作會『我們對日匪「建交」活動應有的認識』1972 年
中日關係研究會編『中日關係論文集　第一輯』中日關係研究會，1971 年
中日文化基金會編輯『張寶樹先生八十年』中華民國日本研究學會，1991 年
趙建民『威権政治』幼獅文化事業公司，1994 年
張蕪訳『台湾政治経済学緒論辯析』人間台湾政治経済叢刊第 7 巻，人間出版社，1994 年（E. A. Winckler, S. Greenhalgh, *Contending Approaches to the Political Economy of Tiwan*, 1988 の中国語訳）
張慧英『李登輝和務実外交』時報出版，1996 年
張昆山・黄政雄主編『地方派系與台湾政治』聯経，1996 年
張騰蛟『文學　藝事　外交——葉公超傳』近代中國出版社，1988 年
陳明通「台湾地区政治菁英的参選行為——歷屆省議員候選人的分析」（國家科学委員會專題

研究計画報告，台湾大學政治學研究所）1989 年
——『派系政治與台湾政治変遷』（月旦政治研究系列 2）月旦出版社股有限公司，1995 年
（邦訳：若林正丈監訳『台湾現代政治と派閥主義』東洋経済新報社，1998 年）
陳芳明『臺灣對外關係的窺探』自立晩報社文化出版部，1990 年
陳鵬仁編譯『近百年来中日關係』（文史叢書 54）水牛出版社，1988 年
——『日本華僑概論』（文史叢書 69）水牛出版社，1989 年
——「張岳群與戰後中日關係」『日本研究雑誌』330 号，1992 年 6 月
——「張岳群與戰後中日關係（下）」『日本研究雑誌』331 号，1992 年 7 月
沈誠『両岸密使秘聞録（海峡系列 5）』商周文化，1995 年
鄭佩芬『近看両蔣家事與國事——1945～1988 軼事見聞録』時報出版，2017 年
湯晏『葉公超的兩個世界——從艾略特到杜勒斯』衛城出版，2015 年
——『蔣延黻與蔣介石』大塊文化，2017 年
鄧公玄「日與勾結後我們應有之認識與做法」『問題與研究』第 12 巻第 1 期，1972 年 10 月
董玉京「沈昌煥伯伯的另 一面」『中外雜誌』第 64 巻第 4 期，1998 年 10 月号
馬之驌『雷震與蔣介石』自立晩報社文化出版部，1993 年
反對日・匪建交専輯編印委員会『反對日匪建交専輯』中華民國歴史文化出版社，1972 年
彭懐恩『台湾政党体系的分析（1950-1986）』洞察出版社，1989 年
——『台湾的発展——政治経済分析』風雲論壇，1991 年
符兆祥『葉公超傳——葉公超的一生』懋聯文化基金，1993 年
風雲論壇編輯委員會『總統府内幕』（洞察系列 1）洞察出版社，1987 年
——『透視當権人物』（風雲論壇 11）風雲論壇社，1985 年
——『透視継承挑戦』（風雲論壇 12）風雲論壇社，1986 年
——『突破政治僵局』（風雲論壇 13）風雲論壇社，1986 年
——『蔣夫人與元老派』（風雲論壇 25）風雲論壇社，
楊艾俐『孫運璿傳』（天下報導⑤）天下雜誌，1989 年
楊旭聲他『七〇年代中華民国外交——透視外交内幕』風雲論壇，1990 年
杨玉『中国人的美国观』上海：复旦大学出版社，1996 年
楊松平『戦後日本之東北亜外交政策』中日文教基金會，1982 年
扬振亚『出使乐瀛』上海：辞书出版，2007 年
楊天石『找尋真實的蔣介石　蔣介石日記解讀（4）』香港：三聯書店，2017 年
頼樹明『薛毓麒傳——走過聯合國的日子』（名人傳記 05）希代書版，1994 年
李雲漢『中國國民黨史述』（全 5 編）中國國民黨中央委員會黨史委員會，1994 年
李健编著『台湾与前苏联交往秘录』（上・下）中国社会出版社，1995 年
李功勤『蔣經國與後蔣時代的内閣政治菁英——1972-1993 年』幼獅文化事業股份有限公司，
2014 年
李暁荘・張覚明『掲李登輝底牌』（中国人物 13）書華出版，1995 年
李松林『蔣經国的台湾時代』風雲時代出版，1993 年
——主編『中国国民党在台湾 40 年紀事』解放軍出版社，1990 年
——『蔣氏父子在台湾』（上・下）北京：中国友誼出版公司，1993 年
李達編著『李煥與台湾』（風雲論壇 25）風雲論壇出版社，1989 年
——『宋美齢與台湾』香港：廣角鏡出版社有限公司，1988 年
林孝庭『台海　冷戦　蔣介石——解密檔案中消失的台灣史 1949-1988』聯經，2015 年

林照真『覆面部隊――日本白團在台秘史』時報文化，1996 年
聯合報社編訳『蘇聯特務在台湾 魏景蒙日記』聯経，1995 年
呂芳上主編『蔣中正日記與民國史研究』（上・下）世界大同出版，2011 年

3）英 文

Allison, Graham. *Essence of Decision : Explaining : The Cuban Missile Crisis*. Boston : Little, Brown & Co., 1971.（邦訳：宮里政玄訳『決定の本質』中央公論社，1977 年）
Badie, Bertrand and Pierre Birnbaum. *Sociologie de L'stat*. Paris : Editions Bernard Grasset, 1979.（邦訳：小山勉訳『国家の歴史社会学』日本経済評論社，1990 年）
Brzezinski, Zbigniew. *Power and Principle*. New York : Straus & Girouz, 1983.
Carr, E. H. *Nationalism and After*. London : Macmillan, 1945.（邦訳：大窪愿二訳『ナショナリズムの発展』みすず書房，1952 年）
Cheng, Hsiao-shih. *Party-Military Relations in the PRC and Taiwan : Paradoxes of Control*. Boulder, Colo. : Westview Press, 1990.
Chang, King-yuh, ed. *ROC-US Relations under the Taiwan Relations Act : Practice and Prospects, Institute of International Relations*. Tipei : National Cheng-chi university, 1988.
Cheng, Tun-jen. "Democratizing the Quasi-Leinist Regime in Taiwan." *World Politics* July 1989.
Clough, Ralph N. *Island China*. Cambridge, Mass. : Harvard University Press, 1978.
Cole, Alan. "The Political Roles of Taiwanese Entrepreneurs." *Asian Surve* September 1967.
Copper, John F. *Taiwan : Nation-State or Province ?* Westview Press, 1990.
Domes, Jürgen. "Political Differentiation in Taiwan : Group Formation within the Ruling Party and the Opposition circles 1979-1980." *Asian Survey* October 1981.
Elman, Mirian Fendius. "The Foreign Politicies of Small States : Challenging Neorealism in Its Own Backyard." *British Journal of Political Science*, April 1995.
Evans, Peter, Harold K. Jacobson, and Robert Putnam, eds. *Double-Edged Diplomacy : International Bargaining and Domestic Politics*. Berkeley CA : University of California Press, 1993.
Frankel, Joseph. *The Making of Foreign Policy : An Analysis of Decision Making*. London : Oxford University Press, 1963.
Fukui, Haruhiro. "Tanaka Gose to Peking : A Case Study in Foreign Policymaking." T. J. Pempel, ed. *Policymaking in Contemporary Japan*, Ithaca and Lomdon : Cornell University Press, 1977
Gold, Thomas B. "The Status Quo Is Not Static : Mainland-Taiwan Relations." *Asian Survey*, March 1987.
Goldstein, Judith and Robert O. Keohane, eds. *Ideas and Foreign Policy*. Ithaca : Cornel University Press, 1993.
Gourevitch, Peter. "The second image reversed : the international source of domestic politics." *International Organization*, Autumn 1978.
Hagan, Joe D. *Political Opposition and Foreign Policy in Comparative Perspective*, Boulder, Colo. : Lynne Rienner Publishers, 1993.
Huntington, Samuel P. *The Third Wave : Democratization in the Late Twentieth Century*. University of Oklahoma Press and Scott Meredith Literary Agency, Inc., 1991.（邦訳：坪郷實・中道寿一・藪野祐三訳『第三の波――20 世紀後半の民主化』三嶺書房，1995 年）
――. "The Clash of Civilization ?" *Foreign Affairs*, Summer 1993.

Hwang, Y. Dolly. *The Rise of a New World Economic Power : Postwar Taiwan*. New York : Greenwood Press, 1991.

Ijiri, Hidenori. "The Chiese View of Japan and the Japanese Response since the 1972 Diplomatic nomalization."『神戸外大論集叢』41-5, 1992.

King, Garry, Robert O. Keohane and Sidney Verba. *Designing Social Inquiry : Scientific Inference in Qualitative Research*. Princeton, N. J. : Princeton University Press, 1994.

Kuo, Shirley W. Y. *The Taiwan Economy in Transition*. Boulder, Colo. : Westview Press, 1983.

Leng, Shao-chuan, ed. *Chiang Ching-kuo's Leadership in the Development of the Republic of China on Taiwan*. Boston : University Press of America, 1993.

Leng, Tse-kang（冷則剛）. *The Taiwan-China Connection : Democracy and Development Across the Taiwan Straits*, Boulder, Colo. : Westview Press, 1996.

Linz, Juan J. "Totalitarian and Authoritarian Regimes." F. Greenstein and N. Polsby, eds. *Handbook of Political Science (Reading, Mass, : Addison-Wesley, 1975)*, vol. 3.（邦訳：高橋進監訳『全体主義体制と権威主義体制』法律文化社，1995 年）

Lukes, Steven. *Power : A Radical View*. Basingstoke : British Sociological Association, 1974.（邦訳：中島吉弘訳『現代権力論批判』未来社，1995 年）

Myers, Ramon H., ed. *A Unique Relationship : The United States and the Republic of China Under the Taiwan Relation Act*. Stanford, Cllif. : Hoover Institution Press, 1989.

Putnam, Robert D. and Nicholas Bayne, *Hanging Together Cooperation And Conflict In The Seven Power Sumits*. Massachusetts : Harvard University Press, 1987.

——. "Diplomacy and Domestic Politics : The Logic of Two-Level Games." *International Organization* Summer 1988.

Pye, Lucian W. "Taiwan's Development and Its Implications for Beijing and Washington." *Asian Survey* June 1986.

Rosati, Jevel A., Joe D. Hagan, and Martin W. Sampson III, eds. *Foreign Policy Restructuring : How Governments Respond to Global Change*. Columbia, S. C. : University of South Carolina Press, 1994.

Rosecrance, Richard and Arthur A. Stein, eds. The *Domestic Bases of Grand Strategy*. Ithaca, New York : Cornell University Press, 1993.

Rubinstein, Murray A. *The Other Taiwan : 1945 to the Present*. M. E. Sharpe, 1994.

Russet, Bruce, *Grasping the Democratic Peace : Principles for a Post-Cold War World*. Princeton, N. J. : Princeton University Press, 1993.

Schleinger, Arthur M., Jr. *A Thouand Days : John F. Kennedy in the White House*. Boston : Houghton Mifflin Company, Cambridge : The Riverside Press. 1965.

Schroeder, Paul. "Historical Reality vs. Neo-realist Theory." *International Security* Summer 1994.

Slaughter, Anne-Marie. "The Real New World Order." *Foreign Affairs* September/October 1997.（邦訳：「トランスガバメンタリズム」『中央公論』1997 年 12 月号）

Snyder, Jack. *Myths of Empire : Domestic Politics and International Ambition*. Ithaca, N. Y. : Cornell University Press, 1993.

Snyder, Richard C., H. W. Bruck and Burton Spain. *Decision-Making as an Approach : The Study of International Politics*. Princeton University, Foreign Policy Analysis Series, No. 3, 1954.

Taylor, Jay. *The Generalissimo's Son*. Cambridge : Harvard University Press, 2000.

Tien, Hung-Mao. *The Great Transition : Political and Social Change in The Republic of China*. Stanford, Calif. : Hoover Institution Press, 1989.

Tien Hung-Mao, ed. *Taiwan's Electoral Politics and Democratic Transition*. New York : M. E. Sharpe, 1996.

Tilly, Charles. "War Making and State Making as Organized Crime." Peter B. Evans, et al., eds. *Bringing the State Back in*. Cambridge : Cambridge University Press, 1985.

Wachman, Alan M. *Taiwan : National Identity and Democratization*. M. E. Sharpe, 1994.

Watzlawick, Paul. *The Situation Is Hopeless, But Not Serious ; The Pursuit of Unhappiness*. New York : Norton, 1983.（邦訳：長谷川啓三訳『希望の心理学』法政大学出版局，1987 年）

——, John H. Weakland, Richard Fisch. *Pragmatics of Human Communication : A Study of Internationl Patterns, Pathologies, and Paradoxes*. New York : Norton & Company, 1967.

——. *Change : Principles of Problem Formation and Probrem Resolution*. New York : Norton & Company, 1988.

Wheeler, J. W., ed. *Chinese Divide : Evolving Relations Between Taiwan and Mainland China*. Indianapolis, Ind. : Hudson Institute, 1996.

Winckler, Edwin A. "Institutionalization and Participation on Taiwan : From Hard to Soft Authoritarianism ?" *The China Quarterly* 9 September 1984.

Wu, Nai-teh（呉乃徳）, The Politics of a Regime : Mobilization and Control within an Authoritarian Regime, Ph. D. Thesis, Dpt. of Political Science, University of Chicago, 1987.

Yu, George T. and David J. Longenecker. "The Beijing-Taipei Struggle for International Recognition : From the Niger Affair to the U. N." *Asian Survey* May 1994.

Zhao, Quansheng. *Interpreting Chinese Foreign Policy : The Micro-Macro Linkage Approach*. New York : Oxford University Press, 1996.

注

序　章 「現状維持」を生み出すもの

（1）福田円『中国外交と台湾——「一つの中国」原則の起源』（慶應義塾大学出版会，2013年）。
（2）井尻秀憲「冷戦後のアジアと中台関係」『東亜』（1993年12月），13ページ，井尻秀憲編『中台危機の構造——台湾クライシスの意味するもの』（勁草書房，1997年），13ページ。
（3）鴨武彦（田中孝彦訳）「基調講演：グローバリズム・リージョナリズム・ナショナリズム——21世紀の役割を模索するアジア」『国際政治』114号（1997年3月），2-6ページ，Samuel P. Huntington, “The Crash of Civilization ?” *Foreign Affairs* (Summer 1993), 井尻秀憲『台湾経験と冷戦後のアジア』（勁草書房，1993年）他。
（4）スタンレイ・ホフマン，マイケル・スミス「伝統的国家観の崩壊を前に」『外交フォーラム』（1996年8月号），7-9ページ。
（5）Anne-Marie Slaughter, “The Real New World Order,” *Foreign Affairs* (September/October 1997), p. 183（邦訳「トランスガバメンタリズム」『中央公論』1997年12月号，396ページ）。
（6）田中明彦『新しい「中世」——21世紀世界システム』（日本経済新聞社，1996年），196-200ページ。
（7）同上，217ページ。
（8）同上，230ページ。
（9）永井陽之助は，ベトナム戦争のような非対称紛争においては，「熟柿が落ちる」，すなわち敵がやがて疲れて撤退するのを待つという「時熟の戦略」がその根本となると指摘し，またウエストファリア体制における長い時間をかけて積み重ねられてきた慣行や制度など，「時間」の重要性に注目する。永井陽之助『時間の政治学』（中央公論社，1979年）参照。
（10）高坂正堯『平和と危機の構図——ポスト冷戦の国際政治』（NHK出版，1995年），340ページ。
（11）永井陽之助『時間の政治学』前掲，83-116ページ。
（12）黒川紀章『増補改訂版 共生の思想——未来を生きぬくライフスタイル』（徳間書店，1991年），95-231ページ。
（13）高坂正堯『古典外交の成熟と崩壊』（中央公論社，1978年），347-349ページ。
（14）同上。
（15）木村敏『時間と自己』（中央公論社，1982年），32-62ページ。
（16）平川幸子『「二つの中国」と日本方式——外交ジレンマ解決の起源と応用』（勁草書房，2008年）。
（17）田中明彦『日中関係 1945-1990』（東京大学出版会，1991年），35-42ページ。
（18）戦後日本の中国政策における国際的文脈の重要性を指摘する主な研究としては，田中

明彦『日中関係 1945-1990』前掲，添谷芳秀『日本外交と中国 1945〜1972』（慶應通信，1995 年），陳肇斌『戦後日本の中国政策』（東京大学出版会，2000 年）他。
(19) 井上正也『日中国交正常化の政治史』（名古屋大学出版会，2010 年）。
(20) 川島真・清水麗・松田康博・楊永明『日台関係史 1945-2008』（東京大学出版会，2009 年）参照。
(21)「台湾大」という言葉の使い方については，若林正丈『台湾——分裂国家と民主化』（東京大学出版会，1992 年），および若林正丈「台湾をめぐる二つのナショナリズム——アジアにおける地域と民族」平野健一郎編『講座現代アジア 4　地域システムと国際関係』（東京大学出版会，1994 年）参照。

第一章　台湾の中華民国外交の特徴

(1) 若林正丈『台湾の政治——中華民国台湾化の戦後史』（東京大学出版会，2008 年）。
(2) 若林正丈『台湾——分裂国家と民主化』前掲，12-14 ページ。
(3) Charles Tilly, “War Making and State Making as Organized Crime,” in Peter B. Evans, et al., eds., *Bringing the State Back in* (Cambridge : Cambridge University Press), 1985, pp. 171-172.
(4) *Ibid*., p. 186，王振寰「台湾的政治転型與反対運動」『台湾社会研究季刊』（1989 年春季号），78 頁。
(5) 中国語において「法統」は，政治権力の法的根拠による正統性を意味する。しかし，若林の「法統」体制における「法統」は，具体的には 1948 年の中華民国憲法とそれに基づいて実施された選挙により組織された中央民意機構および政府であることとを根拠とする合法性と正統性を指す。そして，これを政治権力掌握の根拠とし続けた台湾の中華民国政府の体制を「法統」体制と呼ぶ。
(6) 若林正丈『台湾——分裂国家と民主化』前掲，175-177 および 182 ページ。
(7) 王振寰「台湾的政治転型與反対運動」前掲，90-91 頁。
(8) 同上，91-92 頁。台湾経済の担い手という点については，劉進慶『戦後台湾経済分析——1945 年から 1965 年まで』（東京大学出版会，1975 年），隅谷三喜男・劉進慶・凃照彦『台湾の経済——典型 NIES の光と影』（東京大学出版会，1992 年），石田浩『台湾経済の構造と展開——台湾は「開発独裁」のモデルか』（大月書店，1999 年），他参照。
(9) 山田辰雄編『歴史のなかの現代中国』（勁草書房，1996 年），7 ページ。
(10) 同上。
(11) 横山宏章『中国の政治危機と伝統的支配』（研文出版，1996 年），130-132 ページ。
(12) 同上，166 ページ。
(13) 山田辰雄編『歴史のなかの現代中国』前掲，4 ページ，および横山宏章『中国の政治危機と伝統的支配』前掲，349 ページ。
(14) 権威・支配の正統性については，山口節郎「正統性——手続きからかユートピアからか」『岩波講座現代思想　第 16 巻　権力と正統性』（岩波書店，1995 年），井上達夫「合意を疑う」合意形成研究会『カオスの時代の合意学』（創文社，1994 年），中山政夫『政治権力の理論的分析と思想史的展開』（三輪書房，1991 年），H. D. ラスウェル（永井陽之助訳）『権力と人間［改訂版］』（東京創元社，1961 年），マックス・ウェーバー（濱島朗訳）『権力と支配』（有斐閣，1967 年）他。
(15) 山口節郎「正統性——手続きからかユートピアからか」前掲，117-120 ページ。
(16) 中山政夫『政治権力の理論的分析と思想的展開』前掲，277 ページ。

(17) 横山宏章『中国の政治危機と伝統的支配』前掲，329–343 ページ。
(18) 家近亮子「南京国民政府の中央権力機構の変遷と蔣介石」小島朋之・家近亮子編『歴史の中の中国政治——近代と現代』（勁草書房，1999 年），105–130 ページ。
(19) 同上。
(20) 松田康博「中国国民党の『改造』——領袖・党・政府」『法学政治学論究』第 21 号（1994 年 6 月），松田康博「台湾における土地改革政策の形成過程——テクノクラートの役割を中心に」『法学政治学論究』25（夏号）（1995 年 6 月）。
(21) 松田康博「中国国民党の『改造』——領袖・党・政府」前掲，参照。
(22)「本黨現段階政治主張（民國 39 年 9 月 1 日發表於臺北）」李運漢編『中國國民黨史述』（台北：中國國民黨中央委員会黨史委員会，1994 年），254–262 頁。
(23) 松田康博「中国国民党の『改造』——領袖・党・政府」前掲，115–122 ページ。
(24) 劉傑『中国人の歴史観』（文藝春秋，1999 年）。
(25) 横山宏章『中国の政治危機と伝統的支配』前掲，193–210 ページ。
(26) 劉傑『中国人の歴史観』前掲，27–31 ページ。
(27) 同上，180 ページ。
(28) 横山宏章『中国の政治危機と伝統的支配』前掲，202 ページ。
(29) 劉傑『中国人の歴史観』前掲，187–189 ページ。
(30) 同上，181 ページ。
(31) 川島真「顧維鈞」佐藤慎一編『近代中国の思索者たち』（大修館書店，1998 年），182 ページ。
(32) 同上，187 ページ。
(33) 同上，183 ページ。
(34) 衛藤瀋吉『中華民国を繞る国際関係 1949–65』（アジア政経学会，1967 年），26–27 ページ。
(35) 張曦蛟『文學 藝事 外交——葉公超傳』（台北：近代中國出版社，1988 年），178–179 頁。
(36) 若林正丈『台湾——分裂国家と民主化』前掲，63 ページ。
(37) 衛藤瀋吉『中華民国を繞る国際関係 1949–65』前掲，3 ページ。
(38)「和平絶望，奮鬥到底（民國 38 年 4 月 27 日於奉化経渓口）」張其昀主編『先總統　蔣公全集　第三巻　書告類』（台北：中國文化大學出版部，1984 年），3305–3308 頁。
(39) 内戦の国際化については，武見敬三「台湾をめぐる危機の原型」小此木政夫・赤木完爾『冷戦期の国際政治』（慶應通信，1987 年），181–182 ページ。
(40) 高朗『中華民國外交關係之演變（1972～1992）』（台北：五南圖書，1994 年），19 頁。
(41) 松田康博「中国の対台湾政策——『解放』時期を中心に」『新防衛論集』第 23 巻第 3 号（1996 年 1 月），36–37 ページ。
(42) 同上，43 ページ。
(43) 継承国家論などの米国政府の台湾政策については，田中直吉・戴天昭『米国の台湾政策』前掲，294–295 ページに詳しい。
(44) 松田康博「中国の対台湾政策 1979～1987 年」日本国際政治学会編『国際政治』第 112 号（1996 年 5 月），132 ページ。
(45) 松田康博「中国の対台湾政策——『解放』時期を中心に」前掲，および松田康博「中国の対台湾政策——1979～1987 年」前掲，参照。

(46) 高朗『中華民國外交關係之演變（1950～1972)』(台北：五南圖書，1993 年)，40 頁。
(47) 同上。
(48) 陳桂蘭「蔣経国時代の台湾『実務外交』の形成と展開」『法学政治学論究』第 33 号 (1997 年夏季号)。
(49) 井尻秀憲『台湾経験と冷戦後のアジア』前掲，2 ページ，永井陽之助『時間の政治学』前掲，80-100 ページ。

第二章　1950 年代の米台関係と「現状維持」をめぐるジレンマ

(1) 冷戦初期の米国の中国政策と台湾政策について，軍部と国務省の意見対立を軸に米国の政策決定を分析したものとしては，湯浅成大「冷戦初期アメリカの中国政策における台湾——米中関係史」『国際政治』第 118 号（1998 年 5 月），46-59 ページ，袁克勤「米華相互防衛条約の締結と『二つの中国』問題」『国際政治』第 118 号（1998 年 5 月），60-83 ページ，松本はる香「台湾海峡危機［1945-55］と米華相互防衛条約の締結」『国際政治』第 118 号（1998 年 5 月），84-102 ページ，他参照。
(2) NSC37/1, January 19, 1949, U. S. Department of States, *Foreign Relations of the United States*（以下，*FRUS*），*1949, vol. 9, The Far East : China*, Washington D. C.: United State Government Printing Office（以下，USGPO）, 1974, pp. 270-275.
(3) NSC37/2, February 3, 1949, *ibid*., pp. 281-282.
(4) NSC37/5, March 1, 1949, *ibid*., pp. 290-292.
(5) 国務省と軍部の意見対立についての詳細は，湯浅成大「冷静初期のアメリカの中国政策における台湾」前掲，48-50 ページを参照。
(6) JCS 1966/17, August 9, 1949, JCS Geographic File, 1948-1950, Box 22, *NA*.
(7) 湯浅成大「冷戦初期アメリカの中国政策における台湾」前掲，50-51 ページ。
(8) 袁克勤によれば，「今の時点において」との表現は，統合本部の要請によって挿入されたもので，これにより将来の介入の可能性が残されたという（「米華相互防衛条約の締結と『二つの中国』問題」前掲，61 ページ）。
(9) 湯浅成大「冷戦初期アメリカの中国政策における台湾」前掲，51 ページ。
(10) 同上，53 ページ。
(11) 同上，56 ページ。
(12) NSC48/5, May 17, 1951, *FRUS, 1951, vol. 6, Asia and the Pacific, part 1*, USGPO, 1978, p. 33.
(13) NSC128, March 22, 1952, *FRUS, 1952-1954, vol. 14, China and Japan*, USGPO, pp. 20-21.
(14) *Ibid*., p. 132.
(15) *Ibid*., pp. 135-136.
(16) *Ibid*., p. 139.
(17) *Ibid*., p. 157, 顾维钧（中国社会科学院近代史研究所訳）『顾维钧回忆录　第 11 分冊』(北京：中华书局，1989 年)，181 頁。
(18) 顾维钧『顾维钧回忆录　第 11 分冊』前掲，184 頁。
(19) 顾维钧『顾维钧回忆录　第 11 分冊』前掲，379 および 551-552 頁。
(20) 松本はる香「台湾海峡危機［1954-55］と米華相互防衛条約の締結」前掲，85-86 ページ。
(21) *FRUS, 1952-54, vol. 14*, p. 555, 顾维钧『顾维钧回忆录　第 11 分冊』，前掲，182 頁。
(22) *FRUS, 1952-54, vol, 14*, pp. 556-557.

（23）松本はる香「台湾海峡危機［1954–55］におけるアメリカの大陸沿岸諸島政策の変容」前掲，参照。
（24）*FRUS, 1952–54, vol. 14*, p. 616.
（25）松本はる香「台湾海峡危機［1954–55］と米華相互防衛条約の締結」前掲，90 ページ。
（26）顾维钧『顾维钧回忆录　第 11 分册』前掲，360 頁。
（27）同上。
（28）*FRUS, 1952–54, vol. 14*, p. 840.
（29）*Ibid*., p. 846.
（30）*Ibid*., p. 871.
（31）*Ibid*., pp. 828–829, 842–851.
（32）松本はる香「台湾海峡危機［1954–55］と米華相互防衛条約の締結」前掲，94 ページ。
（33）U. S. Department of State, *United States Treaties and Other International Agreements, 1955, vol. 6, part 1*, USGPO, 1956, pp. 433–448.
（34）*FRUS, 1955–57, vol. 2, China*, USGPO, 1986, pp. 99–104, および松本はる香「台湾海峡危機［1954–55］と米華相互防衛条約の締結」前掲，97 ページ。
（35）顾维钧（中国社会科学院近代史研究所訳）『顾维钧回忆录　第 12 分册』（北京：中华书局，1993 年），50 頁。
（36）松本はる香「台湾海峡危機［1954–55］と米華相互防衛条約の締結」前掲，98–99 ページ。
（37）高坂正堯『国際政治――恐怖と希望』（中央公論社，1966 年），121–176 ページ参照。
（38）佐藤栄一「東アジアの冷戦と国連」山極晃編『東アジアと冷戦』（三嶺書房，1994 年），328–329 ページ。
（39）武見敬三「台湾をめぐる危機の原型」前掲，168–190 ページ。
（40）山本草二編集代表『国際条約集 1993』（有斐閣，1994 年），11 ページ。
（41）天羽民雄『多国間外交論――国連外交の実相』（PMC 出版，1990 年），391 ページ。
（42）高朗『中華民國外交關係之演變（1950〜1972）』前掲，184–185 頁。
（43）同上。
（44）天羽民雄『多国間外交論――国連外交の実相』前掲，395 ページ。
（45）同上，187–189 頁。

第三章　1961 年の中国代表権問題をめぐる米台関係

（1）Memorandum of Conversation, March 17, 1961, *FRUS, 1961–63, vol. 22, Northeast Asia*, USGPO, 1996, pp. 33–36.
（2）*Ibid*., pp. 33–36.
（3）*Ibid.*
（4）「民國 50 年 3 月 30 日呈文　副總統與葉大使公超會談記録」國史館所蔵蔣中正總統文物『特交檔案』。
（5）同上。
（6）同上。
（7）「民國 50 年 3 月 27 日　總統召見葉大使公超談話記録」國史館所蔵蔣中正總統文物『特交檔案』（002–080106–00020–006），および周谷「葉公超與蔣介石（八）」『中外雜誌』第 63 巻第 4 期（台北，1998 年 4 月），57 頁。

（8）「民國 50 年 3 月 30 日呈文　中國政府對我國在聯合國代表權問題的立場」國史館所蔵蔣中正總統文物『特交檔案』(002-080106-00020-007)。
（9）同上。
（10）同上。
（11）「民國 50 年 4 月 1 日訓令　外交部沈奉總統及兼院長核示訓令葉大使及蔣代表在聯合國代表權事宜依序辦理」國史館所蔵蔣中正總統文物『特交檔案』(002-080106-00020-009)。
（12）Memorandum of Conversation, April 5, 1961, *FRUS, 1961–63, vol. 22*, pp. 42–45.
（13）Telegram from the Department of State to the Embassy in the Republic of China, April 5, 1961, *ibid*., pp. 46–48.
（14）*Ibid.*
（15）Letter from President Kennedy to President Chiang, *ibid*., pp. 50–51.
（16）Memorandum from Secretary of State Rusk to President Kennedy, *ibid*., pp. 66–69.
（17）周谷「葉公超與蔣介石（八)」前掲，58 頁。
（18）周谷「葉公超與蔣介石（九)」『中外雑誌』第 63 巻第 5 期（台北，1998 年 5 月)，60–61 頁。
（19）同上。
（20）同上，61 頁。
（21）同上。
（22）同上，61-62 頁，および Telegram from the Embassy in the Republic of China to the Department of State, *FRUS, 1961–63, vol. 22*, pp. 76–79.
（23）周谷「葉公超與蔣介石（九)」前掲，61 頁。
（24）同上，62 頁。
（25）Letter from President Kennedy to President Chiang, *FRUS, 1962–63, vol. 22*, pp. 95–97.
（26）*Ibid*., pp. 104–110.
（27）周谷「葉公超與蔣介石（九)」前掲，62 頁。
（28）Transmitted in telegram 195 from Taipei, August 27, *FRUS, 1961–63, vol. 22*, pp. 134–135.
（29）*Ibid*., p. 128.
（30）Memorandum from the President's Special Assistant for National Security Affairs (Bundy) to President Kennedy, August 22, 1961, *ibid*., p. 128.
（31）*Ibid.*
（32）*Ibid*., pp. 133–134 ; Arthur M. Schlesinger, Jr. *A Thousand Days : John F. Kennedy in the White House* (Boston : Houghton Mifflin Company ; Cambridge : The Riverside Press, 1965), p. 483.
（33）Telegram from the Department of State to the Embassy in the Republic of China, September 6, 1961, *FRUS, 1961–63, vol. 22*, pp. 134–135.
（34）蔣介石日記，1961 年 9 月 7，8，9，10 日，上星期反省録 (Hoover Institution, Stanford Unversity)。
（35）Telegram 237, September 11, 1961, *ibid*., p. 137.
（36）*Ibid.*
（37）Telegram from the Department of State to the Embassy in the Republic of China, September 6, 1961, *ibid*., pp. 137–138.
（38）Telegram from Secretary of State Rusk to the Department of State, September 29, 1961, *ibid*., pp. 140–141.

（39）蔣介石日記，1961 年 10 月 1 日。
（40）蔣介石日記，1961 年 10 月 2 日。
（41）Telegram from the Department of State to the Embassy in the Republic of China, October. 2, 1961, *Ibid.*, pp. 142-144.
（42）Memorandum from the President's Special Assistant for National Security Affairs (Bundy) to President Kennedy, October 4, 1961, *ibid.*, pp. 145-146.
（43）Telegram from the Department of State to the Embassy in the Republic of China, October 5, 1961, *ibid.*, p. 149.
（44）Telegram from the Department of the State to the Embassy in the Republic of China, October 7, 1961, *ibid.*, pp. 150-151.
（45）「民國 50 年 10 月 8 日　蔣中正指示葉公超對否決外蒙入聯合國事照原計畫実施否決」（編號 17554）國史館所蔵蔣中正總統文物『籌筆』。
（46）*FRUS, 1961-63, vol. 22*, p. 158.
（47）「民國 50 年 10 月 7 日　蔣中正電沈昌煥致葉公超電是我國最後立場督導代表團進行原計畫」（編號 17553）および「民國 50 年 10 月 8 日　蔣中正指示葉公超對否決外蒙入聯合國事照原計画実施否決」（編號 17554）國史館所蔵蔣中正總統文物『籌筆』。
（48）周谷「葉公超與蔣介石（十）」『中外雜誌』第 63 巻第 6 期（台北，1998 年 6 月），113-114 頁。および Memorandum from Secretary of State Rusk to President Kennedy, October 10, 1961, *ibid.*, pp. 152-153.
（49）*Ibid.*, pp. 150-151.
（50）Memorandum of Conversation, October 11, *ibid.*, p. 154.
（51）Message from the President's Special Assistant for National Security Affairs (Bundy) to the Chief of the Central Intelligence Agency Station in Taipei (Cline), *ibid.*, pp. 154-155.
（52）克萊恩（聯合報國際新聞中心譯）『我所知道的蔣経國』（台北：聯経，1990 年），140 頁。
（53）Message from the Chief of the Central Intelligence Agency Station in Taipei (Cline) to the President's Special Assistant for National Security Affaires (Bundy), *ibid.*, p. 156.
（54）*Ibid.*, pp. 156-157.
（55）*Ibid.*, および「Draft 1 October 1961」國史館所蔵蔣中正總統文物『特交檔案』。
（56）*Ibid.*, p. 157.
（57）Message from the Chief of the Central Intelligence Agency Station in Taipei (Cline) to the President's Special Assistant for National Security Affairs (Bundy), October 16, 1961, *ibid.*, p. 159.
（58）Telegram from the Department of State to the Embassy in the Republic of China, Washington, October 16, *ibid.*, p. 160.
（59）*Ibid.*
（60）「民國 50 年 10 月 18 日 蔣中正電沈昌煥為鞏固我在聯合國地位妥商不否決外蒙入會辦法呈報」（編号 17555）および「民國 50 年 10 月 18 日 蔣中正電沈昌煥否決外蒙入會政策變更乃為確保我在聯合國席位」（編号 17556）國史館所蔵蔣中正總統文物『籌筆』。
（61）蔣介石日記，1961 年 10 月 21 日。
（62）*FRUS, 1661-63, vol. 22*, p. 158.
（63）周谷「葉公超與蔣介石（九）」前掲，符兆祥『葉公超傳——葉公超的一生』（台北：懋聯文化基金，1993 年），張曦蛟『文學 藝事 外交——葉公超傳』前掲，参照。

(64) 蔣介石日記，1961 年 10 月「上星期反省録」。
(65) 陳誠先生日記（三)，1961 年 10 月 27 日，1441–1442 頁。
(66) 陳誠先生日記（三)，1961 年 10 月「上星期反省録」，1443 頁。

第四章　政経分離をめぐる日中台関係の展開

(1) 陳肇斌『戦後日本の中国政策』前掲。
(2) 同上，104 ページ。
(3) 長崎国旗事件をめぐる日中関係については，同上 269–308 ページ，添谷芳秀『日本外交と中国 1945〜1972』前掲，などを参照。
(4) 中国の対外政策と対日政策の関係は，特に「中間地帯論」と対日政策については，岡部達味『中国の対日政策』(東京大学出版会，1976 年)，清水徳蔵『中国的思考と行動様式——現代中国論』(春秋社，1984 年)，安藤正士・入江啓四郎編『現代中国の国際関係』(日本国際問題研究所，1975 年)，増田弘・波多野澄雄編『アジアのなかの日本と中国——友好と摩擦の現代史』(山川出版社，1995 年)，尹慶耀『中共的統戰外交』(台北：幼獅文化事業公司，1984 年)，他参照。
(5) 日本の中国政策と米国との関係については，添谷芳秀『日本外交と中国 1945〜1972』前掲，陳肇斌『戦後日本の中国政策』前掲，緒方貞子（添谷芳秀訳)『戦後日中・米中関係』(東京大学出版会，1992 年)，池井優「戦後日中関係の一考察——石橋・岸内閣時代を中心として」『国際法外交雑誌』第 73 巻第 3 号（1974 年 11 月）他を参照。
(6) 外務省戦後外交記録文書「日本・中華民国間外交関係雑件」(A’1.2.1.7）および「日本中共関係雑件」(A’1.2.1.8)。また，外務省におけるこの時期の中国政策についての詳細な分析は，井上正也『日中国交正常化の政治史』前掲，参照。
(7)「民國 51 年 8 月 30 日　向日本接洽貸款案之経過節略」『李國鼎先生贈送資料影本　各國情勢類　我國向日本接洽貸款案』(台北：國立台湾大学法学院三民主義研究所整理珍蔵)。
(8)「經合會　民國 53 年 6 月　歷年来與日本接洽貸款情形節略」『李國鼎先生贈送資料影本　各國情勢類　我國向日本接洽貸款案』前掲，1–3 頁。
(9) 同上。
(10) 添谷芳秀『日本外交と中国 1945〜1972』前掲，169 ページ。
(11) 伊藤昌哉『池田勇人——その生と死』(至誠堂，1966 年)，175–176 ページ。
(12) 添谷芳秀『日本外交と中国 1945〜1972』前掲，154–155 ページ。
(13) 伊藤昌哉『池田勇人——その生と死』前掲，177–178 ページ。
(14) 張群（古屋奎二訳)『日華・風雲の七十年』(サンケイ出版，1980 年)，189–190 ページ。
(15)「吉田茂来譯文」台北：外交部檔案『吉田茂訪華』。
(16) 張群（古屋奎二訳)『日華・風雲の七十年』前掲，194–202 ページ。
(17)「国府の対日動向の推移について」外務省戦後外交記録文書『中華民国の抗議関係』。
(18)「民國 53 年 3 月 12 日付　外交部（亜）発駐米蔣廷黻大使宛電報」台北：外交部宛『吉田茂訪華』および「民國 53 年 3 月 19 日付　外交部（東）発駐米蔣廷黻大使宛電報」台北：外交部宛『吉田茂訪華』，サンケイ新聞社『蔣介石秘録　第 15 巻』(サンケイ出版，1977 年)，164 ページ。
(19) サンケイ新聞社『蔣介石秘録　第 15 巻』前掲，165 ページ。
(20) 張群（古屋奎二訳)『日華・風雲の七十年』前掲，220 ページ。

(21)「中共対策要綱」の存在については，「東西通商局　中共向けビニロンプラント問題の経緯（昭和 40 年）」外務省戦後外交記録文書『中華民国の抗議関係』他。
(22)「大臣・沈外交部長第 1 回会談の際沈部長の発言に対する当方のコメント」外務省戦後外交記録文書『大平外務大臣中華民国訪問関係一件』。
(23) 同上。
(24)「大平大臣・沈部長会談（39 年 7 月 4 日）」外務省戦後外交記録文書『大平外務大臣中華民国訪問関係一件』。
(25) 同上。
(26)「秘書長與日本前首相吉田茂談話記録」中央研究院近代史研究所外交部檔案（以下，近史所外交部檔案）『張秘書長訪日』(012.21/53)。
(27)「沈昌煥国府外交部長と三木通産大臣との会談要旨」外務省戦後外交記録文書『中華民国の抗議関係』。
(28)『毎日新聞』(1968 年 6 月 9 日)，『朝日新聞』(1968 年 6 月 10 日)。
(29)「昭和 39 年 3 月 16 日　外務政務次官毛利松平訪華報告」外務省戦後外交記録文書『毛利外務政務次官中華民国訪問関係』。
(30) 同上。
(31)「總統致吉田茂先生箋函稿」國史館所蔵蔣中正總統文物『特交檔案 第 065 巻』および「所謂吉田書簡発出等の経緯について（報告）」外務省戦後外交記録文書『中華民国の抗議関係』。
(32) 同上。
(33)「所謂吉田書簡発出等の経緯について（報告）」外務省戦後外交記録文書『中華民国の抗議関係』。
(34)『毎日新聞』(1964 年 5 月 9 日)。
(35) 添谷芳秀『日本外交と中国』前掲，171-172 ページ。
(36)「東西通商課　中共向けビニロン・プラント問題の経緯」前掲，「1964 年 3 月 14 日木村大使発外務大臣宛電報」および「昭和 30 年 3 月 16 日　外務政務次官毛利松平　訪華報告」外務省戦後外交記録文書『毛利外務政務次官中華民国訪問関係』。
(37)「魏大使の外務大臣来訪について」外務省戦後外交記録文書『ビニロン・プラントと輸出関係』。
(38) 同上。
(39) 黄天才『中日外交的人與事——黄天才東京採訪實録』(台北：聯經出版，1995 年)，84-85 頁。
(40)『朝日新聞』(1965 年 2 月 1 日)，『毎日新聞』(1965 年 2 月 1 日)。
(41)（論評）「佐藤内閣は『吉田書簡』を撤回せよ」(『人民日報』1965 年 2 月 12 日)，外務省中国課監修『日中関係基本資料集』(霞山会，1970 年)，251-253 ページ，『朝日新聞』(1965 年 3 月 24 日）および『朝日新聞』(1965 年 4 月 22 日)。
(42)「椎名大臣と魏道明大使との会談記録に関する件」および「1965 年 2 月 9 日　外務大臣宛木村大使電　吉田書簡について」外務省戦後外交記録文書『中華民国の抗議関係』。
(43) 佐藤栄作『佐藤栄作日記　第 2 巻』(朝日新聞社，1998 年)，235 ページ。
(44)『毎日新聞』(1965 年 2 月 9 日)，『朝日新聞』(1965 年 2 月 9 日)。
(45)『朝日新聞』(1965 年 8 月 2 日夕刊)，『毎日新聞』(1965 年 8 月 2 日夕刊)。
(46)『朝日新聞』(1965 年 8 月 3 日夕刊，1965 年 8 月 4 日）および『毎日新聞』(1965 年 8

月 4 日）。
(47)『毎日新聞』（1965 年 8 月 5 日）。
(48)「沈昌煥国府外交部長と三木通産大臣との会談要旨」外務省戦後外交記録文書『中華民国の抗議関係』。
(49)『朝日新聞』（1968 年 1 月 31 日），『毎日新聞』（1968 年 1 月 31 日），および『朝日新聞』（1970 年 4 月 17 日）。
(50)「蔣総統との会談における総統の談話要旨」外務省戦後外交記録文書『毛利外務政務次官中華民国訪問関係』。

第五章　1960 年代の日華関係における外交と宣伝工作

(1)「總統府宣傳外交綜合研究組宛魏景蒙報告文書『為加強國際宣傳建議事項報請』中華民國 60 年 3 月 10 日　(60) 局景党際第字 071 号」近史所外交部檔案『加強國際宣傳案』(707/0001)。

(2) 土田哲夫「中国抗日戦略と対米『國民外交工作』」（第 6 章）石島紀之・久保亨編『重慶国民政府史の研究』（東京大学出版会，2004 年）参照。

(3)「1956 年 11 月 17 日　外交部葉部長宛中央委員會第四組文書」近史所外交部檔案『対日宣傳』(003/0001)。

(4) 黄天才『中日外交的人與事——黄天才東京採訪實録』前掲，参照。

(5) 松田康博『台湾における一党独裁体制の成立』（慶應義塾大学出版会，2006 年），153–154 ページ。

(6)「59 年 5 月 29 日 (59) 新字第 013 號呈」近史所外交部檔案『國家安全會議来往文件』(805/0111)。

(7) 呉瑞雲『戦後中華民国の反共連合政策——台日韓反共協力の実像』（台北：中央研究院東北アジア地域研究，2001 年），36 ページ。

(8) 松田康博『台湾における一党独裁体制の成立』前掲，437 ページ。

(9)「1956 年 2 月 27 日付　葉部長公超宛海外対匪闘争工作統一指導委員會文書　海指 (46) 発字第 105 號函」近史所外交部檔案『周海通宣傳小組』(818.11/0005)。
(10)「海外對匪闘争工作統一指導委員會第 12 次會議記録」近史所外交部檔案『周海通宣傳小組』(818.11/0007)。
(11) 近史所外交部檔案『周海通宣傳小組』(818.11/0008)。
(12) 近史所外交部檔案『周海通宣傳小組』(818.12/0026)。
(13)「日本地区對匪鬥争工作小組工作推進綱要」近史所外交部檔案『周海通宣傳資料』(818.12/0026)。
(14) 呉瑞雲『戦後中華民国の反共連合政策』前掲，41–43 ページ，および石井明「1960 年代前半の日台関係」『国際法外交雑誌』第 101 巻第 2 号（2002 年 8 月），23–24 ページ。
(15)「反共連合組織」については，呉瑞雲『戦後中華民国の反共連合政策』前掲，および石井明「1960 年代前半の日台関係」前掲，参照。
(16) 國史館所蔵陳誠副總統文物「1961 年 3 月 20 日　中國國民党第八中央委員會常務委員会第二八五次會議記録」（檔號 008–011002–00034）。
(17) 阮毅成「中央工作日記 (38)」『傳記文學』2008 Oct. No. 557，137–138 頁。
(18)「1961 年 2 月 19 日　沈昌煥委員宛總統府宣傳外交綜合組文書　海 50 宣外綜第 0002 號」近史所外交部檔案『總統府宣傳外交綜合研究組』(814/0015)。

(19) ニクソン訪中発表時の台湾側の対応として，宣伝外交綜合研究組の動きを分析しているものに，松田康博「米中接近と台湾——情報統制と政治改革」（第 3 章）増田弘編著『ニクソン訪中と冷戦構造の変容——米中接近の衝撃と周辺諸国』（慶應義塾大学出版会，2006 年）がある。
(20) 宣伝外交綜合研究組会議の資料については，近代所外交部檔案の秘書処，新文司などに散在しているほか，國史館所蔵『蔣經國檔案』に含まれている。
(21) 近代所外交部檔案『提報總統府宣外小組資料』(707.6/0012)。
(22) 波多野澄雄編著『池田・佐藤政権時期の日本外交』（ミネルヴァ書房，2004 年)，133，137 ページ。
(23) 吉次公介『池田政権期の日本外交と冷戦——戦後日本外交の座標軸 1960–64』（岩波書店，2009 年)，119–120 ページ。
(24)「1963 年 4 月 17 日付　沈外交部長宛中華民國大使館張厲生大使電」近史所外交部檔案『我對日匪貿易態度　民 51 年 7 月 11 日〜53 年 5 月 20 日』(005.24/126)。
(25)「我對日匪拡大貿易對策之検討」『我對日匪貿易態度』近史所外交部檔案（005.24/126)。
(26)「1963 年 5 月 2 日発　張大使宛外交部電」近史所外交部檔案『我對日匪貿易態度』(005.24/126)。
(27)「日匪貿易之検討」近史所外交部檔案『我對日匪貿易態度』(005.24/126)。
(28)「1963 年 7 月 6 日　日匪貿易問題座談會記録」近史書外交部檔案『我對日匪貿易態度』(005.24/126)。
(29)「1963 年 7 月 25 日　中央委員會第二組　沈昌煥宛文書」近史所外交部檔案『我對日匪貿易態度』(005.24/126)。
(30)「我對日匪拡大貿易對策之検討」近史所外交部檔案『我對日匪貿易態度』(005.24/126)
(31)「1963 年 9 月 4 日付吉田茂の蔣介石総統宛書簡（最終案 S. 38. 9. 3)」日本外務省外交記録公開文書『本邦対中共貿易関係　民間貿易協定関係』(E'0123)。
(32)「監察院對日本政府批准與中共幇優恵貿易一事之決議令仰核議具復由（1963 年 9 月 14 日発)」近代所『我対日匪貿易態度』(005.24/126)。
(33)「中央第四組報告　宣傳外交綜合研究組商討有關中日外交問題節要」近史所外交部檔案『總統府宣傳外交綜合研究組』(814/0017)。
(34) 同上。
(35) 同上。
(36)「宣傳通報」第 341 号，近史所外交部檔案『總統府宣傳外交綜合研究組』(814/0017)。
(37)「宣傳外交綜合研究組第 65 次會議議程」近史所外交部檔案『總統府宣傳外交綜合研究組』(814/0017)。
(38)「對日本資匪問題座談會記録」近史所外交部檔案『總統府宣傳外交綜合研究組』(814/0017)。
(39)「蔣副秘書長於 52 年 10 月 8 日與納爾遜氏會談紀要」『蔣經國與納爾遜會談紀要』國史館蔣經國文物（005000000119A)。
(40)「部長接見日本記者談話記録」近史所外交部檔案『總統府宣傳外交綜合研究組』(814/0017)。
(41)「宣傳通報」第 343 號（1963 年 12 月 19 日)，近史所外交部檔案『總統府宣傳外交綜合研究組』(814/0017)。
(42)「宣傳通報」第 345 號（1964 年 1 月 2 日)，近史所外交部檔案『總統府宣傳外交綜合研

究組』（814/0017）。

（43）「宣傳通報」第346號（1964年1月9日），近史所外交部檔案『総統府宣傳外交綜合研究組』（814/0017）。

（44）「宣傳通報」第344號，近史所外交部檔案『総統府宣傳外交綜合研究組』（814/0017）。

（45）陳建中の1回目，2回目の来日については，石井明「1960年代前半の日台関係」前掲，154-158頁。

（46）「陳建中，1963年12月30日，第119號」近史所外交部檔案『陳建中自東京来電』（012.21/0046）。

（47）同上。

（48）石井明「1960年代前半の日台関係」前掲，157頁。

（49）「陳建中，1964年1月2日付沈外交部長宛書簡」近史所外交部檔案『陳建中自東京来電』（012.21/0046）。

（50）同上。

（51）「宣傳通報」第346號，近史所外交部檔案『總統府宣傳外交綜合研究組』（814/0017）。

（52）「宣傳外交綜合研究組第75次会議議程」近史所外交部檔案『總統府宣傳外交綜合研究組』（814/0017）。

（53）「吉田茂訪華分析報告」（作成者，日時不明）近史所外交部檔案『總統府宣傳外交綜合研究組』（814/0017）。

（54）「對日交渉應堅持之各項原則」近史所外交部檔案『外交部次長朱撫松交下「絶對機密」巻（中日問題）』（805/0071）。

（55）「1964年2月26日總統府宣傳外交綜合研究組報告」『宣傳外交綜合研究組會議報告』國史館所蔵『蔣中正總統檔案』。

（56）「我國對日外交方針」近史所外交部檔案『駐日大使魏道明赴任前後』（010.13/0002）。

（57）近史所外交部檔案『張群秘書長訪日』（012.21/53）。

（58）「周漢和工作綱要」近史所外交部檔案『廖文毅』（819/0010）。

（59）「1962年3月22日　呈報駐日反共合作秘密同志会双方工作進行情形及我方擬向日方提出之事項」國史館所蔵『蔣中正總統檔案』「其他類　張群先生文巻」。

（60）同上。

（61）阮毅成「中央工作日記（16）」『傳記文學』2006 Dec. No. 535。

（62）「部長接見日本駐華大使井口貞夫談話記録節要」近史所外交部檔案『廖文毅』（819/0030）。

（63）「1962年2月20日　沈外交部長，總統府張秘書長転呈總統張群秘書長宛駐日大使張厲生」近史所外交部檔案『廖文毅』（819/0030）。

（64）「1962年2月22日　外交部宛駐日大使館電」近史所外交部檔案『廖文毅』（819/0030）。

（65）阮毅成「中央工作日記（25）」『傳記文學』2007 Sep. No. 544。

（66）阮毅成「中央工作日記（57）および（48）」『傳記文學』2010 May，No. 576 および 2009 Aug. No. 567。

（67）阮毅成「中央工作日記（57）」前掲。

（68）「對日外交特殊工作計劃（草案摘要）」近史所外交部檔案『丘念台報告及台獨党』（006.3/0001）。

（69）「1964年9月9日　外交部沈部長宛唐海澄文書　海指（53）発字232號」近史所外交部檔案『丘念台報告及台獨党』（006.3/0001）。

(70) 台湾青年会の陳純真が，国民党に情報を漏らしたとして，メンバーから暴行を受け，黄昭堂ら 7 人が逮捕された事件。
(71)「1964 年 9 月 25 日　海外對匪闘争工作統一指導委員會第 181 次會議」近史所外交部檔案『唐海澄（海外對中共鬥争統一工作指導委員會)』(707.2/0047)。陳純真事件の詳細については，同資料の報告および宗像隆幸『台湾独立運動私記』(文藝春秋，1996 年)，95-116 ページ。
(72) 戴振豊「廖承志の対日工作と中華民国」王雪萍編著『戦後日中関係と廖承志——中国の知日派と対日政策』(慶應義塾大学出版会，2013 年)，244-245 ページ。
(73)「海指（55）字第 1409 號　外交部長魏道明宛谷振海文書」近史所外交部檔案『我對日匪貿易態度』(005.24/0038)。
(74)「海外對匪闘争工作統一指導委員會第 248 次會議議程」近史所外交部檔案『對中共闘争工作小組会議』(707.2/0060)。
(75)「海外對匪闘争工作統一指導委員會第 249 次會議議程」近史所外交部檔案『對中共闘争工作小組會議』(707.2/0060)。
(76) 馬場公彦『戦後日本人の中国像』(新曜社，2010 年)

第六章　中華民国の国連脱退とその衝撃

(1) サンケイ新聞社『蔣介石秘録　第 15 巻』前掲，197 ページ。

(2) 同上。

(3)「演講　自立自強楽観奮鬥——民國 60 年 8 月 14 日 對三軍官校曁政戰學校慶屆畢業學生講」蔣經國先生全集編輯委員会編『蔣經國先生全集　第 9 冊』(台北：行政院新聞局，1991 年)，126-127 頁。

(4) 同上。

(5)「演講　為救自己的國家而奮鬥——民國 61 年 8 月 24 日　第一屆海外學人國家建設研究會閉幕典禮講」『蔣經國先生全集　第 9 冊』前掲，226 頁。

(6) 高朗『中華民國外交關係之演變（1950～1972)』前掲，215-217 頁。

(7) 司馬桑敦『中日關係二十五年』(台北：聯合報叢書，1978 年)，101 頁。

(8) 佐藤栄作『佐藤栄作日記　第 1 巻』(朝日新聞社，1997 年)，430 ページ。

(9)「外交部魏道明報告」『立法院第 38 會期外交委員會第 7 次會議速記録』(1966 年 12 月 7 日)，『立法院第 44 會期外交委員會第 4 次會議速記録』(1968 年 12 月 6 日)，『立法院第 46 会期外交委員會第 7 次會議速記録』(1970 年 12 月 17 日)，高朗『中華民國外交關係之演變（1950～1972)』前掲，216-221 頁。
(10) 賴樹明『薛毓麒傳——走過聯合國的日子』前掲，184 頁。
(11) 同上，185-186 頁。
(12) 楊旭聲他『七〇年代中華民國外交——透視外交内幕』(台北：風雲論壇，1990 年)，65 頁。
(13) ヘンリー・キッシンジャー（斎藤彌三郎・小林正文・大朏人一・鈴木康雄訳)『キッシンジャー秘録③ 北京へ飛ぶ』(小学館，1980 年)，225 ページ。
(14) 同上。
(15) 同上，223-225 ページ。
(16) 沈剣虹『使美八年紀要——沈剣虹回憶録』(台北：聯経出版事業公司，1982 年)，52 頁。

(17) 同上。
(18) 張紹鐸『国連中国代表権問題をめぐる国際関係（1961-1971)』(国際書院，2007年）によれば，マーフィーのこの発言はニクソン大統領からの指示を逸脱したものだった。
(19) 同上。
(20) 同上，380ページ。
(21) 林金莖氏談話，台北，1992年6月29日。
(22) 張紹鐸『国連中国代表権問題をめぐる国際関係（1961-1971)』前掲。
(23) ヘンリー・キッシンジャー（斎藤彌三郎・小林正文・大朏人一・鈴木康雄訳）『キッシンジャー秘録③ 北京へ飛ぶ』前掲，176ページ。
(24) 同上。
(25) 同上，225ページ。
(26) 楊旭聲他『七〇年代中華民國外交——透視外交内幕』前掲，61頁。
(27) 沈剣虹『使美八年紀要』前掲，66-67頁。
(28) 国連広報センター編『回想 日本と国連の三十年——歴代国連大使が語る「現代史の中の日本」』(講談社，1986年)，125ページ。
(29)『アジア動向年報』(1972年版)，216ページ。
(30)『朝日新聞』(1971年8月20日)。
(31) 佐藤栄作『佐藤栄作日記　第4巻』(朝日新聞社，1997年)，388ページ。
(32) 同上，387-388ページ。
(33) 黄天才『中日外交的人與事——黄天才東京採訪實録』前掲，173-176頁。
(34) 佐藤栄作『佐藤栄作日記　第4巻』前掲，410ページ。
(35) 共同提案国になるとの佐藤栄作首相の決断およびそれに関する日本の政策決定過程については，井上正也『日中国交正常化をめぐる政治史』(前掲）に詳細な分析がなされている。
(36) 沈剣虹『使美八年紀要』前掲，68および70頁。
(37) 同上，55頁。
(38) 續伯雄「悲痛而不壮烈的失敗」『新開天地』(27-46)，1971年11月13日号。
(39) 高朗『中華民國外交關係的演變（1950～1972)』前掲，194頁。
(40) 入江通雅『ニクソン訪中後の日中』(原書房，1971年)，174ページ。
(41) 国連広報センター編『回想 日本と国連の三十年——歴代国連大使が語る「現代史の中の日本」』前掲，127-128ページ。
(42) 林金莖氏談話，台北，1996年8月5日。
(43) 台湾側の当時の国連代表団および外交部関係者複数の談話，1996年8月13日，台北，1996年10月11日，東京，1997年10月25日，東京。
(44) 頼樹明『薛毓麒傳——走過聯合國的日子』前掲，190-191頁。
(45) 松田康博「米中接近と台湾——情報統制と政治改革」増田弘『ニクソン訪中と冷戦構造の変容——米中接近の衝撃と周辺諸国』前掲。
(46) 頼樹明『薛毓麒傳——走過聯合國的日子』前掲，75-80頁。
(47) 衛藤瀋吉『中華民国を繞る国際関係 1949-65』前掲，200-202ページ。
(48) こうした説明を行っているものとして，たとえば，田弘茂他『國防外交白皮書』(台北：業強出版社，1992年)，99頁。
(49) Ralph N. Clough, *Island China* (Cambridge, Mass. : Harvard University Press, 1978), p. 25.

(50) 張紹鐸『国連中国代表権問題をめぐる国際関係（1961-1971）』前掲，参照。
(51) 楊旭聲他『七〇年代中華民國外交』前掲，69-72 頁。
(52) 高朗『中華民國外交關係之演變（1950～1972）』前掲，220-221 頁。
(53)『中央日報』（1972 年 3 月 8 日付）。
(54) 谷浦孝雄編『台湾の工業化——国際加工基地の形成』（アジア経済研究所，1988 年），99 ページ，および隅谷三喜男・劉進慶・凃照彦『台湾の経済——典型 NIES の光と影』前掲，46-48 ページ。
(55) 隅谷三喜男・劉進慶・凃照彦『台湾の経済——典型 NIES の光と影』前掲，291-295 ページ，石田浩『台湾経済の構造と展開』前掲，116-123 ページ。
(56)『中央日報』（1971 年 8 月 13 日）（外交部週報 1061）。
(57)『中央日報』（1971 年 8 月 24 日）（外交部週報 1062）。
(58)『中央日報』（1971 年 10 月 24 日）（外交部週報 1071）。
(59) 國史館編『頼名湯先生訪談録（下）』（台北：國史館，1994 年），471-472 頁。
(60)「1971 年 10 月 29 日 中央日報訊」（外交部週報 1071）。
(61)『中央日報』（1971 年 10 月 30 日）（外交部週報 1071）。
(62)『中央日報』（1972 年 2 月 8 日，1972 年 2 月 19 日）。
(63)『中央日報』（1972 年 2 月 19 日）。
(64)『中央日報』（1972 年 2 月 19 日）。
(65)『立法院公報』（1972 年 2 月 23 日），9 頁。
(66)『立法院公報』（1972 年 2 月 23 日），21-23 頁。
(67) 菊地清「最近の情勢」『中国総覧（1973 年版）』（アジア調査会，1973 年），430 ページ。
(68) Zbigniew Brzezinski, *Power and Principle* (New York : Straus & Girouz, 1983), p. 198 および緒方貞子（添谷芳秀訳）『戦後日中・米中関係』前掲，58-59 ページ。
(69) 1950 年代前半における米中台関係，特に台湾海峡の「現状維持」の意味とその固定化へ至る過程については，松本はる香「台湾海峡危機［1954-55］と米華相互防衛条約の締結」前掲，参照。
(70) 國史館編『頼名湯先生訪談録（下）』前掲，477 頁。
(71) 同上，480 頁，Bruce J. Dickson, "The Kuomintang before Democratization : Organizational Change and the Role of Elections," in Tien Hung-Mao, ed., *Taiwan's Electoral Politics and Democratic Transition* (New York : M. E. Sharpe, 1996), p. 49, および当時の外交部関係者の談話，1996 年 8 月 13 日，台北，1996 年 10 月 11 日，東京，1997 年 10 月 25 日，東京。
(72) 國史館編『頼名湯先生訪談録（下）』前掲，451 頁，頼名湯『頼名湯日記 II（民國 56～60 年）』（台北：國史館，2016 年），734 頁。
(73)『中央日報』（1972 年 3 月 8 日）。
(74) 中国総覧編集員会『中国総覧（1975 年版）』（アジア調査会，1974 年），436-437 ページ。
(75) 沈剣虹『使美八年紀要——沈剣虹回憶録』前掲，99-102 頁。
(76) 外交部編『外交部声明及公報彙編（中華民國 60 年 7 月至 61 年 6 月）』（台北：中華民國外交部，1972 年），29 頁。
(77) 黄嘉樹『第三隻眼看台湾』（台北：大秦出版社，1996 年），485-486 頁，李健编著『台湾与前苏联交往秘录（下）』（北京：中国社会出版社，1995 年），428 頁。
(78) 外交部関係者談話，1997 年 10 月 25 日，東京。

(79) 聯合報社編譯『蘇聯特務在台灣——魏景蒙日記　王平檔案』(台北：聯經出版社, 1995年),. および当時の外交部関係者談話, 1997年10月25日, 東京。
(80) 聯合報社編譯『蘇聯特務在台灣——魏景蒙日記　王平檔案』前掲, 9頁。
(81)「民國61年6月13日在立法院第一屆第49會期　口頭施政方針報告（補充説明)」蔣經國先生全集編輯委員会『蔣經國先生全集　第9冊』前掲, 195-202頁および「民國61年7月13日行政院第1281回院會指示」『蔣經國先生全集　第17冊』前掲, 380頁。
(82) 松田康博「中国国民党の『改造』——領袖・党・政府」前掲。
(83) 同上, 101ページ。
(84) Bruce J. Dickson, "The Kuomintang before Democratization : Organizational Change and the Role of Elections," op. cit., pp. 48-52.
(85) 若林正丈, 林泉忠, 王振寰などによる多くの研究においては, 1972年以降の中央レベルでの人的配置および変動を主に「台湾化」という側面に注目して説明しているが, その経過については参考になる。この他, 江南（川上奈穂訳)『蔣経国伝』(同成社, 1989年), 李達編著『李煥與台灣』(台北：風雲論壇出版社, 1989年), 陳明通『派系政治與臺灣政治變遷』(台北：月旦出版社, 1995年）などを参照。
(86) Bruce J. Dickson, "The Kuomintang before Democratization : Organizational Change and the Role of Elections," op. cit., pp. 48-55.
(87) 王景弘『列入記録——危疑年代（1970-1973）的台湾外交私密談話』(台北：玉山社出版事業股分有限公司, 2013年), 102-107頁。
(88) 同上, 124-125頁。
(89) 同上, 126-127頁。

第七章　日華断交のとき

(1) 沈剣虹『使美八年紀要——沈剣虹回憶録』前掲, 52頁。
(2) 黄嘉樹『第三隻眼看台湾』前掲, 485-486頁, 李健编著『台湾与前苏联交往秘录（下)』前掲, 428頁。
(3) 林美莉編輯校訂『王世杰日記　下冊』(台北：中央研究院近代史研究所, 2012年), 435頁。
(4)「民國61年6月13日在立法院第一屆第49会期口頭施政方針報（補充説明)」蔣經國先生全集編輯委員会『蔣經國先生全集　第9冊』前掲, 195-202頁。
(5)『中国総覧（1975年版)』前掲, 437ページ。
(6) 武見敬三「国交断絶期における日台交渉チャンネルの再編過程」神谷不二編著『北東アジアの均衡と動揺』(慶應通信, 1984年), 78-79ページ。
(7) 黄天才『中日外交的人與事——黄天才東京採訪實録』前掲, 185-186頁。
(8) 外交部・駐日代表処関係者談話, 1997年10月25日, 東京。
(9) 黄天才『中日外交的人與事——黄天才東京採訪實録』前掲, 98頁。
(10) 司馬文武『為國民党的外交下半旗』(台北：八十年代出版社, 1986年), 126頁。
(11) 東京大学東洋文化研究所『現代台湾文庫　黄少谷資料』(以下,『黄少谷文書』)。
(12)『黄少谷資料』前掲。
(13)『黄少谷資料』前掲。
(14) 辜寛敏口述, 張炎憲, 曾秋美採訪整理『逆風蒼鷹——辜寛敏的台濁人生』(台北：呉三連臺灣史料基金會, 2015年), 323頁。

(15) 中嶋嶺雄『中国総覧』前掲，152–153 ページ。
(16) 日中国交回復促進議員連盟編『日中国交回復関係資料集』（日中国交資料委員会，1972 年），139–140 ページ。
(17) 佐藤政権においても，江鬮真比古の香港ルートを通じた工作や岡田晃香港総領事のルートを通じての接触，保利茂による工作などを試みたことがわかっているが，積極的な応答を受けることができなかった。この経緯については，井上正也『日中国交正常化の政治史』前掲，471–478 および 485–486 ページに詳しい。
(18) 井上正也『日中国交正常化の政治史』前掲，496 ページ。
(19) 蕭向前（竹内実訳）『永遠の隣国として——中日国交回復の記録』143，157 ページ，藏士俊（黄英哲導讀）『戦後日・中・台三角関係』（前衛出版，1997 年），147 頁，「竹入語る」『朝日新聞』1997 年 8 月 27 日付。
(20) 大平正芳著，福永文夫監修『大平正芳全著作集 7』（講談社，2012 年）。
(21)「民國 61 年 7 月 13 日行政院第 1281 回院會指示」蔣經國先生全集編輯委員会『蔣經國先生全集　第 17 冊』前掲，380 頁。
(22)『中央日報』（1972 年 7 月 21 日），『外交部公報』第 37 巻第 3 号（1972 年 9 月 30 日），23 頁。
(23) 林金莖「日華断交を振り返って」『問題と研究』（1992 年 2 月号），2 頁。
(24) 林金莖「日華断交を語る」『産経新聞』（1992 年 6 月 16 日）および『梅と桜——戦後の日華関係』（サンケイ出版，1984 年）264–265 ページ。
(25) 同上。
(26)『中央日報』（1972 年 7 月 26 日）。
(27) 永野信利『天皇と鄧小平の握手——実録・日中交渉秘史』（行政問題研究所，1975 年），44 ページ。
(28)『中國時報』（1972 年 8 月 1 日）。
(29)『朝日新聞』（1972 年 8 月 4 日）。
(30) 蔣經國先生全集編輯委員会『蔣經國先生全集　第 17 冊』前掲，386 および 388 頁。
(31) 呂芳上主編『蔣中正先生年譜長編　第 12 冊』（台北：國史館・國立中正記念堂管理処・財團法人中正文教基金会，2015 年），791，792 および 798–799 頁。
(32) 平野実『外交記者日記——大平外交の 2 年（上）』（行政通信社，1979 年），40 ページ。
(33) 佐藤栄作『佐藤栄作日記　第 5 巻』（朝日新聞社，1997 年），169 ページ。
(34)『中央日報』（1972 年 8 月 9 日），『蔣經國先生全集　第 13 冊』前掲，282 頁。
(35)「民國 61 年 8 月 10 日行政院第 1285 回院會指示」『蔣經國先生全集　第 17 冊』前掲，389–390 頁。
(36)「本部日本問題工作小組會議記録」近代研究所外交部檔案「本部日本問題工作小組會議記録」0112-001。
(37) 林金莖『梅と桜——戦後の日華関係』前掲，266–267 ページ。
(38) 同上。
(39) 沈剣虹『使美八年紀要——沈剣虹回憶録』前掲，106 および 112 頁。
(40) 沈剣虹『使美八年紀要——沈剣虹回憶録』前掲，106–107 頁。
(41) 井上正也『日中国交正常化の政治史』前掲，498–500 ページ。
(42) 平野実『外交記者日記——大平外交の 2 年（上）』前掲，46 ページ。
(43) 井上正也『日中国交正常化の政治史』前掲，510 ページ。

(44) 平野実『外交記者日記——大平外交の 2 年（上）』前掲，50 ページ。
(45)「1972 年 8 月 3 日 中華民國國際關係研究會第 51 回學術座談會」『問題與研究』1972 年 9 月號，1-15 頁。
(46) 大平正芳回想録刊行会編著『大平正芳回想録・伝記編』（鹿島出版会，1982 年），330-331 ページ。
(47)「〈社論〉檀島会談後田中内閣的動向」『中國時報』（1972 年 9 月 5 日）。
(48) 石井明「日台断交時の『田中親書』をめぐって」『社會科學紀要』第 5 輯（2001 年 3 月），100-101 ページ。
(49) 井上正也『日中国交正常化の政治史』前掲，528-531 ページ。
(50) 同上，531 ページ。
(51) 中江要介『らしくない大使のお話』（読売新聞社，1993 年），53 ページ。
(52) 東郷文彦『日米外交三十年——安保・沖縄とその後』（中央公論社，1989 年），193 ページ。
(53) 中江要介『らしくない大使のお話』前掲，129-130 ページ。
(54) 同上。
(55)『産経新聞』（2005 年 9 月 26 日）。
(56) 辜寛敏口述，張炎憲・陳美蓉採訪整理『逆風蒼鷹——辜寛敏的臺獨人生』前掲，94-95 頁。
(57) 同上，102-105 頁。
(58) 同上。
(59)「日台断交秘話」『産経新聞』（2005 年 9 月 26 日），および辜寛敏口述，張炎憲，陳美蓉採訪整理『逆風蒼鷹——辜寛敏的臺獨人生』前掲，
(60) 辜寛敏口述，張炎憲・陳美蓉採訪整理『逆風蒼鷹——辜寛敏的臺獨人生』前掲，121-125 頁。
(61)「極秘 駐日大使館経済参事劉維徳於 61 年 8 月 18 日下午四時晋見楊次長」近代史研究所外交部檔案『中日断交後重要交渉事項』第三冊，02-03。
(62) 同上。
(63)「駐日大使館應變構想」近代史研究所外交部檔案『本部對中日断交之應變計劃』012.1-89003 および，第 2 冊，
(64) 林金莖『梅と桜——戦後の日華関係』前掲，266 ページ。
(65) 同上，267 ページ。
(66) 松本彧彦『台湾海峡の懸け橋に——いま明かす日台断交秘話』（見聞ブックス，1996 年）128-131 および 135-146 頁。
(67) 同上，128-131 ページ。
(68) 平野実『外交記者日記——大平外交の 2 年（上）』前掲，48-49 ページ。
(69) 林金莖『梅と桜——戦後の日華関係』前掲，293 ページ。
(70) 大平正芳回想録刊行会編著『大平正芳回想録・伝記編』前掲，329 ページ。
(71) 椎名悦三郎追悼録編『記録 椎名悦三郎（下巻）』（椎名悦三郎追悼録刊行会，1982 年），170 ページ。
(72) 椎名素夫「日中・日台二つの 20 年②」『産経新聞』（1992 年 9 月 26 日），および中江要介「日中正常化と台湾」『社會科學研究』第 24 巻第 1 号（2003 年 12 月），99-100 ページ。

(73) 大平正芳回想録刊行会編著『大平正芳回想録・伝記編』前掲，329 ページ。
(74) 蔣経国先生全集編輯委員会『蔣経国先生全集　第 17 冊』前掲，396 頁。
(75)『中央日報』(1972 年 8 月 25 日)。
(76)『中華日報』(1972 年 8 月 19 日)。
(77)「民國 61 年 8 月 31 日行政院第 1288 回院會指示」『蔣經國先生全集　第 17 冊』前掲，400-401 頁。
(78) 松本彧彦『台湾海峡の懸け橋に——いま明かす日台断交秘話』前掲，128-131 および 135-146 ページ。
(79) 田村重信・豊島典雄・小枝義人『日華断交と日中国交正常化』(南窓社，2000 年)，247 ページにおいて，当時外交部東亜太平洋司副司長であった詹明星は，松本—張群会談については知らなかったと述べている。
(80) 松本彧彦『台湾海峡の懸け橋に——いま明かす日台断交秘話』前掲，144 ページ。
(81) 椎名悦三郎追悼録編『記録 椎名悦三郎（下巻)』前掲，164-165 ページ。この発表の遅れが，政府および国民党内部で反対意見の調整に時間が必要であったためなのかはわからない。あるいは予定どおりの日程で訪台させる気はもとよりなかったとの見方もある（当時国民党中央委員会秘書処主任であった陳水逢氏の談話，1992 年 7 月 22 日)。
(82) 梁粛戎口述『梁粛戎先生訪談録』前掲，164-165 頁。梁粛戎の回想によれば，蔣経国行政院長との間で以下のような会話がなされたという：

「もし日本と中共が国交を樹立し，我々との外交関係も放棄しなかったら，つまり中共を承認し，また我々をも承認していると言った場合，我々はこれを望むのでしょうか。蔣副院長はしばらく考え込んで，ただ彼らの言うことを聞いてみようとだけ言った。私の理解によれば，このとき蔣副院長はおそらく，日本は近隣の国であり，日本と我が国との経済・貿易関係は米国とのそれよりも重要であり，もし日本が中共を承認し，我々と断交すれば，事の重大さは一昨年に国連を脱退したことよりももっと大きいものになるであろうことまですでに考えており，そこで蔣副院長は，私に向かって彼らの言うことを聞いてみよう，と言ったのであろう。その意味は，日本が二重承認をしたら，蔣副院長もそれを望むということであった。(引用者注：蔣副院長は，蔣行政院長の誤り)」(165 頁)。

二重承認の可能性については，台湾政府内にそうした考えをもつ者がいなかったとは断定できない。たとえば，中央日報駐日特派員であった黄天才の回想録によれば，断交当時，外交部の中には，日本が中国と国交を樹立しても，台湾側と必ずしも断交しないのではないかとの希望的観測があったことが指摘されている（黄天才『中日外交的人與事——黄天才東京採訪實録』前掲，208-209 頁)。しかし，こうした記述に関して複数の対日外交関係者にインタビューしたところでは，「二重承認」を意図していたというよりも，台湾政府が断交しないといえば，二重承認を拒否する中国は日本との国交樹立に踏み切れないだろうとの考え方であったという。
(83) 戒厳令下の台湾におけるこのようなデモは，台湾国内の強硬姿勢の伝達を意図した動きとして「官製のデモ」とも言われ，「政府の不快感の表現」との捉え方もされている（伊原吉之助『台湾政治改革年表・覚書（1943-1987)』(帝塚山大学教養学部紀要抜刷，1992 年，187 ページ)。しかし，このデモについては，当夜，沈昌煥外交部長が宇山大使を通じて空港における不祥事に遺憾の意を表し，今後の警備は万全を期すとの陳謝を伝えてきたという（椎名悦三郎追悼録編『記録 椎名悦三郎（下巻)』前掲，172 ページ)。

したがって，このデモは「官製のデモ」であったというよりも，少なくとも蔣経国行政院長率いる政府には，日中国交樹立に反対する「愛国的なデモ」をやめさせる理由はなかったということであろう（国民党中央党部関係者談話，1996年8月7日，台北）。

(84) 発言録の邦訳を担当した劉興炎氏へのインタビューによれば，国会議員の座談会における発言録については，国民党中央党部でその前日までには台湾側発言者の発言が準備されていたという。

(85)『中國時報』（1972年9月6日および9月19日），『中央日報』（1972年9月9日）。この他，『政治評論』などの雑誌にも多くの同様な主張が掲載されている。

(86)『中國時報』（1972年9月27日）。国防部長は9月18日の立法院経済・国防委員会において，海空軍により台湾海峡を通過する日本船を監視するなどの強硬な態度を日本に示すよう主張しており（『中國時報』1972年9月19日），全く関係がない事件とは言い切れない。

(87) 石井明「日台断交時の『田中親書』をめぐって」『社会科学紀要』第50輯（2001年3月），105ページ。

(88)「蔣介石總統閣下鈞鑒　一九七二年九月十三日　日本國内閣總理大臣田中角栄」（以下，「田中親書」）台湾外交部檔案『中日断交後重要交渉事項　第三冊』012-003。

(89) 石井明「日台断交時の『田中親書』をめぐって」前掲，92-97ページ。

(90)「何以要反対日本政府之媚匪行動？　試擬與椎名悦談話参考要点」『黄少谷文書』。

(91)「何應欽上将與椎名特使會談之談話紀要」『黄少谷文書』。

(92) 中江要介「椎名悦三郎・蔣経国会談記録――『中江メモ』」『社会科学研究』第24巻第1号（2003年12月），および「行政院蔣院長接見日本政府特使椎名悦三郎談話記録」『黄少谷文書』。本文では，『黄少谷文書』からの引用。『中江メモ』では，「蔣（固い表情で）田中総理は日中関係の処理に当たり，必ず今の結論に準拠されるのか」と問いかけたの対し，椎名が「この協議会結成当初，田中総理，大平外相二人とも総会に出席して『必ず協議会の意見に従ってやる』と挨拶している」と記されている。

(93) 中江要介「椎名悦三郎・蔣経国会談記録――『中江メモ』」前掲，75ページ，「行政院蔣院長接見日本政府特使椎名悦三郎談話記録」前掲。

(94)「特集 日台断交20年」『産経新聞』（1992年10月8日）。

(95) 林金莖氏談話，1992年6月29日，台北。

(96) 中江要介「日中正常化と台湾」前掲，102ページ。

(97)「九月二三日　斉世英・梁粛戎　沈昌煥宛書簡」台湾外交部檔案『中日断交後重要交渉事項　第三冊』，012-003。

(98) 同上。

(99)「『日匪関係正常化』最近発展及我因應方針」『黄少谷文書』。

(100)「民國61年9月27日行政院第1292回院會指示」『蔣經國先生全集　第17冊』前掲，409-410頁。

(101) 黄天才『中日外交的人與事――黄天才東京採訪實録』前掲，208-209頁，および林金莖氏談話，1992年6月29日，台北および1994年11月10日，東京，詹明星氏談話，1996年8月13日，台北。

(102)「本会議参加應付『日匪勾結』工作之大事紀要」『黄少谷文書』。

第八章　外交関係なき「外交」交渉

（1）小林正敏「日華断航の背景と問題点（上・下）」『問題と研究』第3巻第12号（1974年9月）および第4巻第1号（1974年10月）。
（2）徐年生「戦後の日台関係における日華議員懇談会の役割に関する研究：1973-1975」『北大法学部研究科ジュニア・リサーチ・ジャーナル』2004年1月，他。
（3）若林正丈編著『台湾——転換期の政治と経済』（田畑書店，1987年），384-385ページ。
（4）緒方貞子（添谷芳秀訳）『戦後日中・米中関係』前掲，58-62ページ。
（5）沈剣虹『使美八年紀要——沈剣虹回億録』前掲，85頁，周忠菲『中美建交中的台湾問題』（上海：上海社会科学院出版社，1994年），20頁，およびヘンリー・キッシンジャー（斎藤彌三郎・小林正文・大朏人一・鈴木康雄訳）『キッシンジャー秘録③　北京へ飛ぶ』前掲，237ページ。
（6）林金莖『梅と桜——戦後の日華関係』前掲，391ページ。
（7）衛民『中華民國的雙邊外交』（台北：國家政策研究中心，1991年），56頁。
（8）日航については北京と台北の両方に乗り入れることはできないと日中間で決められたが，その後航空協定を結んだアメリカのパンナムやその他の航空会社は，両地点への乗り入れを行っている。
（9）『日本経済新聞』（1974年4月21日），『毎日新聞』（1974年4月21日）。
(10) 外務省アジア局中国課監修『日中関係基本資料集　1970-1992年』前掲，140-141ページ。
(11) 中華民國外交部『外交部聲明及公報彙編——中華民國62年7月至63年6月』，4-5頁および8-9頁。
(12)『朝日新聞』（1973年3月12日夕刊）。
(13)「青天白日旗」は正確には中国国民党の党旗を指すが，ここでは中華民国の国旗の通称として用いる。
(14)『第71回国会衆議院外交委員会会議録』第16号（1973年5月9日），馬樹禮「日中関係史話（一）」『中外雑誌』（台北），第55巻第5期（1994年5月），58頁。
(15)『第72回国会衆議院外務委員会会議録』第21号（1974年4月27日）。
(16) 大平正芳回想録刊行会編著『大平正芳回想録・伝記編』（鹿島出版会，1982年），353-354ページ。
(17) 林金莖『梅と桜——戦後の日華関係』前掲，391ページ，馬樹禮「中日關係史話（一）」前掲，56頁。
(18) 日本アジア航空株式会社10年史編集会議編『日本アジア航空物語』（日本アジア航空株式会社，1985年），46ページ。
(19)「東郷外務省審議官談話」『朝日新聞』（1973年5月1日）。
(20)『中央日報』（1973年5月25日）。
(21)『中央日報』（1973年5月26日）。
(22)『中央日報』（1973年5月26日），『聯合報』（1973年6月26日）。
(23)『中央日報』（1973年5月27日）。
(24) 日本アジア航空株式会社10年史編集会議編『日本アジア航空物語』前掲，144ページ。
(25)『中央日報』（1973年6月7日）。
(26)「航権問題考験中日関係〈東京通訊〉」『中央日報』（1973年6月21日）。
(27) 林金莖『梅と桜——戦後の日華関係』前掲，391ページ。

(28)「中華民國 62 年 7 月 14 日外交部發言人談話」中華民國外交部『外交部聲明及公報彙編——中華民國 62 年 7 月至 63 年 6 月』前掲，6-7 頁。
(29) 馬樹禮「中日關係史話（一）」前掲，58 頁。
(30) 同上。
(31) 日本アジア航空株式会社 10 年史編集会議編『日本アジア航空物語』前掲，46-57 ページ。
(32) 馬樹禮「中日關係史話（一）」前掲，58-59 頁。
(33) 日本アジア航空株式会社 10 年史編集会議編『日本アジア航空物語』前掲，14 ページ。
(34)『朝日新聞』(1974 年 1 月 11 日)。
(35) 馬樹禮「中日關係史話（二）」前掲，110 頁，馬樹禮『使日十二年』(台北：聯經出版事業公司，1997 年)，24-25 頁，および日本アジア航空株式会社 10 年史編集会議編『日本アジア航空物語』前掲，27 ページ。
(36)『朝日新聞』(1974 年 1 月 17 日)。
(37) 林金莖『梅と桜——戦後の日華関係』前掲，396 ページ，および日本アジア航空株式会社 10 年史編集会議編『日本アジア航空物語』前掲，48 ページ。
(38)「民國 63 年 2 月 26 日在立法院第一屆第 53 會期第一次會議口頭施政報告（書面報告）」蔣經國先生全集編輯委員會『蔣經國先生全集　第 9 冊』(台北：行政院新聞局，1991 年)，598 頁。
(39)「(社説) 我對日毅然斷航的立場及其影響」『中央日報』(1974 年 4 月 21 日)。
(40)『中央日報』(1974 年 1 月 27 日)。
(41) 林金莖氏談話，1994 年 11 月 10 日，台北。
(42) 林金莖『梅と桜——戦後の日華関係』前掲，396 ページ，日本アジア航空株式会社 10 年史編集会議編『日本アジア航空物語』前掲，48 ページ。
(43) 平野実『外交記者日記——大平外交の 2 年（下）』前掲，15-16 ページ。
(44) 大平正芳回想録刊行会編著『大平正芳回想録・伝記編』前掲，353-354 ページ。
(45)『第 72 回国会衆議院外務委員会会議録』第 7 号（1974 年 2 月 27 日），および『第 72 回国会衆議院外務委員会会議録』第 10 号，(1974 年 3 月 8 日)。
(46) 平野実『外交記者日記——大平外相の 2 年（下）』前掲，16 ページ。また，板垣理事長は，馬樹禮代表から，一時帰国した際に蔣経国行政院長に「航空問題に関する政府の方針は変わらぬ」と報告をさえぎられたとの話を聞いたという（日本アジア航空株式会社 10 年史編集会議編『日本アジア航空物語』前掲，49 ページ)。
(47)「第 1363 回院會指示　1974 年 2 月 28 日」蔣経国先生全集編輯委員会『蔣經國先生全集　第 18 冊』(台北：行政院新聞局，1991 年)，72 頁，「在立法院施政報告　1974 年 2 月 26 日」『蔣經國先生全集　第 9 冊』前掲，598 頁，日本アジア航空株式会社 10 年史編集会議編『日本アジア航空物語』前掲，49 ページ。
(48) 平野実『外交記者日記——大平外相の 2 年（下）』前掲，17 ページ。
(49)『朝日新聞』(1974 年 4 月 11 日)。
(50) 林金莖『梅と桜——戦後の日華関係』前掲，406-407 ページ。
(51) 馬樹禮氏談話，1994 年 8 月 16 日，台北。
(52) 古屋奎二氏談話，1994 年 10 月 3 日，および馬樹禮氏談話，1994 年 8 月 16 日，馬樹禮「日中關係史話（三）」『中外雜誌』(台北）第 56 巻第 1 期（1994 年 7 月号)，106 頁。
(53)『朝日新聞』(1974 年 4 月 20 日夕刊，4 月 19 日夕刊)。

（54）馬樹禮『使日十二年』前掲，37-38 頁。
（55）古屋奎二氏談話，1994 年 10 月 3 日。
（56）馬樹禮氏談話，1994 年 8 月 16 日，台北，馬樹禮『使日十二年』前掲，51 頁。
（57）馬樹禮『使日十二年』前掲，16-17 頁。
（58）馬樹禮「中日關係史話（一)」前掲，59 頁。
（59）馬樹禮氏談話，1994 年 8 月 16 日，台北。
（60）馬樹禮「中日關係史話（一)」前掲，59 頁。
（61）林金莖氏談話，1992 年 6 月 29 日，1994 年 11 月 10 日，台北。
（62）馬樹禮『使日十二年』前掲，51 および 57-59 頁。
（63）同上，88 頁。
（64）林金莖氏談話，1994 年 11 月 10 日，台北。
（65）『中華週報』第 712 号（1974 年 5 月 27 日)。
（66）『朝日新聞』(1974 年 6 月 22 日)。
（67）『観光白書』昭和 51 年度版，52 年度版。
（68）『台湾総覧』1976 年度版，1977 年度版。
（69）『中國時報』(1974 年 7 月 18 日，7 月 26 日)。
（70）『中央日報』(1974 年 7 月 30 日)。
（71）日本アジア航空株式会社 10 年史編集会議編『日本アジア航空物語』前掲，154 ページ。
（72）馬樹禮「中日関係史話（三)」前掲，110 頁，馬樹禮『使日十二年』前掲，60-61 頁。
（73）馬樹禮「中日関係史話（三)」前掲，108 頁，馬樹禮『使日十二年』前掲，55 頁。
（74）『中華週報』第 737 号（1974 年 11 月 25 日)。
（75）『記録 椎名悦三郎（下巻)』前掲，301-302 ページ。
（76）馬樹禮氏談話，1994 年 8 月 16 日，台北。
（77）馬樹禮『使日十二年』前掲，66-69 頁。
（78）馬樹禮氏談話，1994 年 8 月 16 日，台北，馬樹禮「中日關係史話（三)」前掲，112-113 頁，馬樹禮『使日十二年』前掲，66-75 頁。
（79）『第 75 回国会衆議院外務委員会会議録』第 5 号（1975 年 2 月 21 日)。
（80）日本アジア航空株式会社 10 年史編集会議編『日本アジア航空物語』前掲，156 ページ，馬樹禮『使日十二年』前掲，88 頁。
（81）日本アジア航空株式会社 10 年史編集会議編『日本アジア航空物語』前掲，52 ページ。
（82）詳細は，馬樹禮『使日十二年』前掲，68-74 頁。
（83）『第 73 回国会参議院外交委員会会議録』第 17 号（1975 年 7 月 1 日)。
（84）「民國 64 年 7 月 9 日　外交部聲明」中華民國外交部『外交部聲明及公報彙編――中華民國 63 年 7 月至 64 年 12 月』，6 頁および「民國 64 年 7 月 10 日　行政院第 1432 回院會指示」蔣經國先生全集編輯委員會『蔣經國先生全集　第 18 冊』前掲，329-330 頁。
（85）馬樹禮『使日十二年』前掲，8 頁。
（86）『中華週報』第 741 号（1974 年 12 月 23 日)。
（87）陳水逢氏談話，1992 年 7 月 22 日，台北。
（88）小島朋之「中国は両国論を激烈に非難？」『東亜』No. 387（1999 年 9 月号)，中川昌郎「『両国論』発言と中国の反発」『東亜』No. 387（1999 年 9 月号)。
（89）松田康博「中国の対台湾政策 1979～1987 年」前掲，132 ページ。

第九章　中華民国外交から台湾外交へ

（1）川島真他『日台関係史 1945–2008』前掲，参照。
（2）若林正丈『台湾の政治――中華民国台湾化の戦後史』前掲，参照。
（3）1971 年，78 年前後の米中関係改善に関する台湾の対応と国内政治改革の関係については，松田康博「米中接近と台湾」増田弘編著『ニクソン訪中と冷戦構造の変容――米中接近の衝撃と周辺諸国』前掲，および松田康博「米中国交正常化に対する台湾の内部政策決定――情報統制の継続と政治改革の停滞」加茂具樹・飯田将史・神保謙編著『中国改革開放への転換――「一九七八年」を越えて』（慶應義塾大学出版会，2011 年）参照。
（4）拙稿「1970 年代の台湾の外交政策に関する一考察――外交と内政と中台関係の相互作用」『東アジア地域研究』第 6 号（1999 年 7 月），参照。
（5）王文隆「蔣經國院長與中華民國外交（1972–1978）」『傳記文學』第 92 巻第 1 期（548 号）（2008 年 1 月）参照。
（6）「民國 61 年 6 月 13 日在立法院第一屆第 49 會期口頭施政方針報告（補充説明）」蔣經國先生全集編輯委員会『蔣經國先生全集　第 9 冊』前掲，195–202 頁，および「民國 61 年 7 月 13 日行政院第 1281 回院會指示」前掲『蔣經國先生全集　第 17 冊』，380 頁。
（7）拙稿「蔣経国時代初期の対日政策――日台断交を一事例として」『地域研究』第 17 号（1999 年 3 月），参照。
（8）川島真他『日台関係史 1945–2008』前掲，93 ページ。
（9）拙稿「蔣経国時代初期の対日政策――日台断交を一事例として」前掲，245 ページ。
（10）「別れの外交」の表現については，一外交当局者「井尻秀憲氏『日中国交樹立の政治的背景と評価』についての一私見」『東亜』（1988 年 3 月号），83 ページ。
（11）田村重信・豊島典雄・小枝義人『日華断交と日中国交正常化』前掲，232 ページ。
（12）「本部日本問題工作小組會議記録」台湾外交部檔案『中日斷交後重要交渉事項　第一冊』，0112–001。
（13）同上。
（14）武見敬三「国交断絶期における日台交渉チャネルの再編過程」前掲，78–79 ページ。
（15）黄天才『中日外交的人與事』前掲，185–186 頁。
（16）同上，98 頁。
（17）邵毓麟（1909～1984）は，日本に留学し，外交部では駐横浜総領事，情報司司長などを歴任，1949 年に初代駐韓国大使となり活躍したが，駐日大使となる本人の希望は叶わなかった。
（18）「陶希聖報告世局演變等」國史館所蔵『蔣經國總統檔案』（005000000618A）。
（19）司馬文武『為國民党的外交下半旗』前掲，126 頁。
（20）黄天才・黄肇珩『勁寒梅香――辜振甫人生紀実』（台北：聯経出版事業公司，2005 年），380 頁。
（21）台湾にある中華民国を「正統中国」「伝統中国」だといっても日本人の理解はなかなか得られないが，戦後日本に恩があり，日本の復興を助けたのは蔣介石であり，その蔣介石が率いるのが「正統中国」だという言い方は日本人に受け入れられる。したがって，唯一の「王牌」が蔣介石総統なのだと，張群は黄天才に語ったという（黄天才『中日外交的人與事――黄天才東京採訪實録』前掲，183–184 頁）。
（22）「1972 年 1 月 20 日　總統接見岸信介談話簡要紀録」國史館所蔵『蔣經國總統檔案〈忠勤檔案〉』（005–010206–00072–002）。

(23) 深串徹「戦後初期における台湾の政治社会と在台日本人——蔣介石の対日『以徳報怨』方針の受容をめぐって」『日本台湾学会報』14 号（2012 年 6 月），64 ページ。
(24) 川島真「戦後日本外交文書における蔣介石像」(「蔣中正與近代中日関係」国際学術研討会，2004 年 11 月），http://hdl.handle.net/2115/11307。
(25) 同上。
(26) 中川一郎他『青嵐会——血判と憂国の論理』（浪漫，1973 年），202 ページ。
(27) 馬樹禮『使日十一年』前掲，255-256 頁。
(28) 同上，333-336 頁。
(29) 台湾外交部檔案『對日政經配合』(031.33-89003)。
(30)「1973 年 6 月 15 日付　馬樹禮發外交部電」前掲『對日政經配合』。
(31)「行政院力行小組五人委員會第一五〇次會議」(1973 年 11 月 27 日）前掲『對日政經配合』。
(32) 航空路線問題後，日華懇会長の灘尾弘吉は，メンバーが個別に経済関係をもたないように指示したという。黄自進訪問，簡佳慧紀録『林金莖先生訪問紀録』（台北：中央研究院近代史研究所，2003 年），201 頁。
(33) 銭復『銭復回憶録　巻二』（台北：天下遠見出版股份出版公司，2005 年），182-198 頁。
(34) 同上，198-199 頁。
(35) 張超英口述，陳柔縉執筆，坂井臣之助監訳『国際広報官　張超英』（まどか出版，2008 年），145-146 ページ。
(36) 同上。
(37) 許水徳『全力以赴——許水德喜壽之回憶録』（台北：商周出版，2008 年），006-007 頁。
(38) 同上，157 頁。
(39) 川島真他『日台関係史 1945-2008』前掲，158 ページ，城山英巳『中国共産党「天皇工作」秘録』（文藝春秋，2009 年），114-117 ページ，楊振亜『出使乐瀛)』（上海：辞書出版，2007 年），73-77 頁，張超英口述，陳柔縉執筆，坂井臣之助監訳『国際広報官　張超英』前掲，226 頁。
(40) 同上書，165 頁，および川島真他『日台関係史 1945-2008』前掲，161-162 ページ参照。
(41) 川島真他『日台関係史 1945-2008』前掲，161-164 ページ参照。
(42) 許水德の回憶録によれば，蔣孝武と麻生太郎，許勝発立法委員らが「親睦会」を設立準備する動きをとったことが日華懇メンバーの不興を買い，李登輝訪日を阻止する結果となったという（許水徳『全力以赴』前掲，158-163 頁）。またそれは，全国工業総会理事長・許勝発が蔣孝武と連携して，辜振甫がリードしてきた東亜経済人会議への挑戦という意味も有していたという（申子佳・張覚明・鄭美倫『辜振甫傳』新店：書華出版事業，1994 年，107 頁）。
(43) 井尻秀憲『中台危機の構造』前掲，109-112 ページ。
(44) 李登輝（中嶋嶺雄監訳)『李登輝実録』（産経新聞社，2006 年），63-64 ページ。
(45) 曾永賢口述『従左到右六十年——曾永賢先生放談録』（台北：國史館，2009 年），233 頁。
(46) 同上，234-236 頁。
(47) 張超英『国際広報官　張超英』前掲，230-276 ページ。
(48) 李登輝・司馬遼太郎「場所の苦しみ，台湾人に生まれた悲哀——台湾紀行　街道をゆく」『週刊朝日』99（1994 年 5 月 6 日）。

(49) 井尻秀憲『中台危機の構造』前掲，33 ページ。
(50)『Foresight』1995 年 6 月 17 日～7 月 14 日号，12 ページ。
(51) 川島真他『日台関係史 1945-2008』前掲，163 ページ。

終　章「現状維持」の再生産と台湾外交の形成

(1) 李鐘元『東アジア冷戦と韓米日関係』（東京大学出版会，1996 年）参照。

(2) 井尻秀憲『中台危機の構造』前掲，13 ページ。

(3) 高坂正堯『国際政治――恐怖と希望』前掲，198 ページ。

(4) 同上，201 ページ。